经典酷车
Cool Cars

（英）昆汀·威尔逊　著
方鲁凝　译

北京·旅游教育出版社　

昆汀·威尔逊

经典酷车

Cool Cars

伦敦，纽约
墨尔本，慕尼黑和德里
A Dorling Kindersley Book
www.dkchina.com
Original Title：Quentin Willson's Cool Cars
Copyright © 2001 Dorling Kindersley Limited, London
Text Copyright © Quentin Willson

北京市版权局著作权合同登记章图字：01-2012-4757

策　　划：丁海秀　安颖侠
责任编辑：安颖侠

图书在版编目（CIP）数据

经典酷车／（英）威尔逊著；方鲁凝译．——北京：旅游教育出版社，2013.2
　ISBN 978-7-5637-2445-1

Ⅰ.①经… Ⅱ.①威… ②方… Ⅲ.①汽车—介绍—世界 Ⅳ.①U469

中国版本图书馆CIP数据核字(2012)第157625号

经典酷车
（英）昆汀·威尔逊 著
方鲁凝 译

策划引进：	北京时尚博闻图书有限公司
网　　址：	www.book.trends.com.cn
出版单位：	北京旅游教育出版社
地　　址：	北京市朝阳区定福庄南里1号
邮　　编：	100024
发行电话：	（010）65778403 65728372 65767462（传真）
本社网址：	www.tepcb.com
E-mail：	tepfx@163.com
印刷单位：	北京利丰雅高长城印刷有限公司
经销单位：	新华书店
开　　本：	889mm×1194mm　1/40
印　　张：	12.5
字　　数：	303千字
版　　次：	2013年3月第1版
印　　次：	2013年3月第1次印刷
定　　价：	138.00元

（图书如有装订差错请与发行部联系）

目录

前言
8-11

AC 艾斯-布里斯托尔
12-15

AC 眼镜蛇427
16-19

AC 428
20-23

阿尔法·罗密欧 1300 小蜘蛛
24-27

美国汽车公司 佩舍尔（步测者）
28-31

阿斯顿·马丁 DB4
32-35

阿斯顿·马丁 V8
36-39

奥迪 全时四驱 运动版
40-43

奥斯汀 迷你库伯
44-47

奥斯汀-希利 小精灵 MkI
48-51

奥斯汀-希利 3000
52-55

宾利 大陆R型
56-59

宾利 飞驰
60-61

宝马 507
62-65

宝马 3.0CSL
66-69

宝马 M1
70-73

别克 路霸 1949
74-77

别克 路霸 1957
78-81

别克 限量款里维拉 700 系列 1958
82-85

别克 里维拉 1964
86-89

别克 里维拉 1971
90-93

凯迪拉克 62系列
94-97

凯迪拉克 埃尔多拉多 敞篷版 1953
98-101

凯迪拉克 埃尔多拉多 敞篷版 1959
102-105

凯迪拉克 埃尔多拉多 敞篷版 1976
106-109

凯迪拉克 赛威
110-113

雪佛兰 克尔维特 1954
114-117

雪佛兰 贝尔爱尔 1957
118-121

雪佛兰 贝尔爱尔 诺马德（游牧者）1957
122-123

雪佛兰 3100 脚踏板
124-125

雪佛兰 英帕拉（羚羊）
126-129

雪佛兰 克尔维特 黄貂鱼 1966
130-133

雪佛兰 科维尔 蒙扎
134-137

雪佛兰 科迈罗 RS 敞篷版
138-141

雪佛兰 克尔维特 黄貂鱼 1969
142-145

雪佛兰 蒙特卡罗
146-147

雪佛兰 诺瓦 SS
148-149

雪佛兰 科迈罗 SS396
150-153

克莱斯勒 帝王
154-157

克莱斯勒 纽约客
158-161

克莱斯勒 300F 1960
162-165

克莱斯勒 300L 1965
166-169

雪铁龙 开路先锋
170-173

雪铁龙 2CV
174-177

雪铁龙 DS 21 敞篷版
178-181

雪铁龙 SM
182-185

欧陆 马克 II
186-189

戴姆勒 SP250 达特
190-193

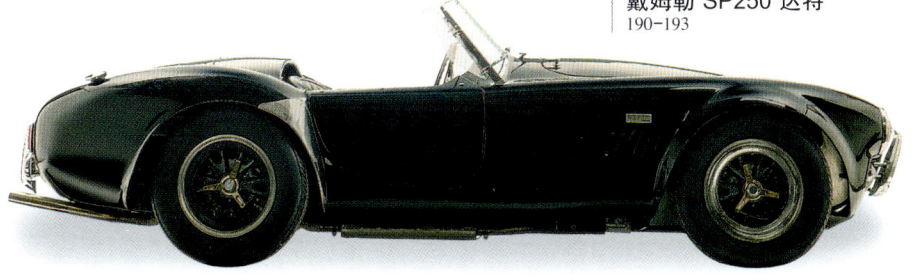

达特桑 费尔莱迪（淑女）1600
194-195

达特桑 240Z
196-199

德罗宁 DMC 12
200-203

德索托 风俗
204-207

德·托马索 潘特拉 GT5
208-211

道奇 风俗 皇家 蓝瑟
212-215

道奇 挑战者 R/T
216-219

埃德塞尔 百慕大
220-223

埃德塞尔 科塞尔（海盗船）
224-227

法希 维加 II
228-231

法拉利 250 GT SWB
232-235

法拉利 275 GTB/4
236

法拉利 代托纳
237

法拉利 迪诺 246 GT
238-241

法拉利 365 GT4 BB
242-245

法拉利 308 GTB
246

法拉利 400 GT
247

法拉利 特斯塔罗萨
248-251

菲亚特 500D
252-255

福特 GT40
256-259

福特 雷鸟 1955
260-263

福特 费尔莱恩 500 天际线
264-267

福特 福肯（猎鹰）
268-269

福特 银河 500XL 森利纳
270-273

福特 雷鸟 1962
274-277

福特 野马 1965
278-281

福特 谢尔比 野马 GT500 1967
282-285

歌顿 基伯 GT
286-287

霍顿 FX
288-291

哈德森 超级6型
292-293

哈德森 大黄蜂
294-297

捷豹 XK 120
298-301

捷豹 C 型
302-305

捷豹 XK150
306-307

捷豹 E 型
308-311

杰森 截击者
312-313

凯撒 达林
314-317

凯撒 亨利·J. 科塞尔（海盗船）
318-319

兰博基尼 缪拉
320-323

兰博基尼 康塔什 5000S
324-327

蓝旗亚 奥莱莉亚 B24 蜘蛛
328-331

蓝旗亚 斯彻特斯
332-335

林肯 卡普里
336-339

林肯 大陆 1964
340-343

林肯 大陆 马克 IV 1972
344-347

莲花 埃利特
348-351

莲花 伊兰 斯普瑞特
352-353

玛莎拉蒂 吉卜力
354-357

玛莎拉蒂 卡亚拉米
358-359

马自达 RX7
360-363

梅赛德斯 300SL 鸥翼
364-367

梅赛德斯 280SL
368-371

水星 蒙特雷
372-375

水星 美洲豹
376-379

MG TC 侏儒
380-383

MG A
384-385

MG B
386-387

摩根 普鲁斯4型
388-391

莫里斯 迈纳 敞篷版
392-395

NSU Ro80
396-397

奥兹莫比尔 斯达费尔（星火）
398-401

奥兹莫比尔 特罗那多
402-405

奥兹莫比尔 4-4-2
406-409

帕卡德 霍克
410-411

潘哈德 PL17 泰格
412-413

标致 203
414-417

普利茅斯 福瑞（激怒者）
418-421

普利茅斯 巴拉可达 1964
422-425

普利茅斯 可达 1970
426-429

庞蒂克 奇伏坦（酋长）
430-433

庞蒂克 博纳维尔
434-437

庞蒂克 GTO
438-441

庞蒂克 火鸟
442-445

保时捷 356B
446-449

保时捷 卡雷拉 911 RS
450-451

漫步者 安拜斯德（大使）
452-455

雷诺-阿尔派 A110 柏林尼塔
456-459

劳斯莱斯 银云Ⅲ
460-463

萨博 99 增压版
464-465

西姆卡 阿宏德 培兰希尔
466-469

斯蒂倍克 阿文蒂
470-471

新宾 泰格（虎）
472-473

丰田 2000GT
474-475

凯旋 TR2
476-479

凯旋 TR6
480-483

塔克 托培多（鱼雷）
484-487

大众 甲壳虫 卡曼
488-491

大众 高尔夫 GTi
492-493

沃尔沃 P1800
494-495

威利斯 吉普 MB
496-499

致谢及图片来源
500

前言

就在我写这本书的时候,正赶上从未有过的购买二手车的好时机。自从20世纪80年代后期以来,二手酷车的价格就一直在无情地下跌。在最近10年,被公认为最具魅力的二手酷车的价格也只及它们巅峰时期价格的3/4而已,于是二手酷车市场变成了买家的超级乐园。比如法拉利代托纳(Ferrari Daytona)、早期的捷豹E型(E-Type)、采用了宝塔车顶设计的梅赛德斯SL(Mercedes SL)、法希维加(Facel Vega)、阿尔法Spider(Alfa Spider)以及奥斯汀-希利(Austin-Healey)都从曾经让人不敢问津的骇人高价上跌落下来。

实际上,经典二手酷车的市场很不景气,这些经典二手车的卖家有时得损失当初用以购车价格的一半,甚至更多。你不用费力就能够找到售价1.5万英镑阿斯顿·马丁V8(Aston Martin V8),而当初购买这部车的发票上的价格则是3万英镑;或者是售价只有1万英镑的闪闪发光的MkII捷豹(MkII Jag),而原购买发票上的价格竟然是5万英镑!过去的两年里,我总是纳闷二手酷车还会不会再便宜了,结果它们的价格果然一再走低。每个月的价格都会再略微下降一点,使得许多从前因为高昂的价格而难以接近的偶像级酷车变得如此诱人、如此接近。二手酷车市场从未像今天这样,从如此高的价格跌至如此低的价格,而且削价出售的二手汽车的品质完全没有问题,这一切简直令人难以置信。

通过阅读经典的汽车杂志,或者参加几个二手汽车拍卖会,你能发现无数整修得漂亮无比的经典二手酷车。它们的细节处理都相当精致,而价格却惊人地低。其中一些二手酷车,车主曾经对之投入了无数金钱和精力,实际上它们比一部新车还要好;还有些二手车经过仔细修复，因年代而产生的氧化痕迹都被忠实地保留下来，使汽车更具历史的质感。大多数二手酷车都配有详细的历史记录，记载着曾经的车主信息、经证实的原产地等。但最重要的是，市场上所有的二手酷车都向狂热的汽车收藏买家提供了以惊人的低价购入心爱汽车的难得机会。

当你开始浏览二手经典酷车的广告时，你会变得急不可耐、兴奋无比。只要花买一部全新的福特福克斯（Ford Focus）的钱，就能买到一部堂皇的劳斯莱斯银云（Rolls-Royce Silver Cloud）！都用不了买一部全新的宝马5系（BMW 5 Series）的价格就可以买到一辆法拉利330 GT（Ferrari 330 GT）！ MGA（MGA）和TR3（凯旋3）不过是一部二手福特嘉年华（Ford Fiesta）的价格，而保时捷356（Porsche 356）则与已经跑了不少公里的奥迪A4（Audi A4）一个价格！如果你想想原来这些名车的价格，再加上车主在它们身上所花费的时间、精力和金钱，用这么便宜的价格将它们买回家，简直就像偷一样啊！这些经历岁月洗礼的汽车，不仅真正地具有独特个性，更别具诱惑力，每次当你开着它奔驰在路上，它无疑仍然是让无数路人瞩目的闪耀明星。而这，正是我们热爱、迷恋二手酷车的原因——我们内心深处想要与众不同的欲望。

今天经典二手酷车的价格居于10年来的最低谷，但是下跌的趋势恐怕不会持续很久了。短视的、急功近利的投资者已经放弃了二手汽车市场，将其留给真心热爱收藏二手车的买家来操作。这些人购买二手车的初衷并非为了赚钱，而是出于私人兴趣的收藏。尽管经济形势犹如过山车，但是经典二手酷车始终被视为时代偶像。我们总能在电视上看到它们，广告图册、MTV，还有好莱坞电影里也不乏它们的身影，它们总被视为诱人、性感和酷的代名词。如果你问起一位金发美女，愿意

坐在一部现代的马自达MX-5（Mazda MX-5）里，还是坐在一部20世纪70年代的梅赛德斯350SL（Mercedes 350SL）里，我想如果她真的有脑子，她一定会选择后者。

她选择奔驰是因为奔驰承载了太多的历史。选择这部车，更能彰显她的品位、辨别力和风格，比一打儿闪亮的全新宝马更具说服力。就如同老房子和老家具，一部老车总能传达出更多的信息。它们的存在，显示着买家的与众不同、敏感细腻、理性聪慧，而选择一部新车，恐怕车主的这些特质就无法表现得如此清晰。选择经典老车，更证明了买家没有被现今的广告单上天花乱坠的汽车宣传迷昏了头，而是做了自己的独特决定。还有什么比这个更特别的？广告界称这类买家为"激进的破除成规者"，他们是不听媒体诱导而作出自己明智判断的人。购买一辆二手经典酷车，能够表达出买家独特的见解，更富个人魅力。简言之，选择了经典二手酷车的买家大多是具有独特想法的、有趣的人。

其实，经典二手酷车的最大优点在于驾驶感觉的贴近可触。现代汽车通常做得过于精致，但是仍然有许多人更喜欢直接感受到汽车的声音和运动，而不喜欢被隔绝的感觉。比如他们更中意让人血脉贲张的发动机咆哮声，排气管奏出的热情澎湃的乐章，还有化油器发出的嘶嘶响声。驾驶着一部XK捷豹（XK Jag）或者新宾泰格（Sunbeam Tiger），将

使驾驶者与汽车结成强烈的感情纽带，带来更丰富的驾驶体验，比一个下午坐在20世纪90年代的MGF（MGF）上稳稳地开车的感觉要好多了。

这就是我写这本书的意图。我给大家奉献了这本色彩艳丽的小书，提醒你，你还有一个选择。走出门去，那里有富藏二手经典酷车的宝藏，不仅价格出奇地便宜，而且你在选择和驾驶的过程中都会得到巨大的乐趣。它们魅力无穷，不仅会让你，更会让每一个看到你驾驶它的人都惊羡不已。在这本书里，你会看到我对世界上最迷人的汽车的个人评介，所有收录的汽车都是经典中的经典。读一读，看一看，然后赞叹吧。如果这本书能让一些人意识到二手酷车的美丽，以及拥有一部二手酷车的巨大乐趣，那就是我的巨大成功了。祝驾驶愉快！

昆汀·威尔逊

AC 艾斯-布里斯托尔

艾斯-布里斯托尔（Ace-Bristol），难得一见的美丽。正是借由AC艾斯-布里斯托尔，平凡无奇的泰晤士迪顿公司（Thames Ditton）瞬间成为汽车界瞩目的中心，并赢得了英国中产阶层对其制造美丽流线型运动汽车的认同。恒久的雅致、敏捷、泰然自若，简单的机械构造，艾斯为同样传奇的"眼镜蛇"（Ace Cobra）建立了平台。艾斯-布里斯托尔采用轻量化铝质车身，动力上选择了AC独立研发的精巧的UMB2.0设备、更强劲有力的2.0布里斯托尔（Bristol）100D2发动机，或者采用2.6升的福特泽福/微风（Ford Zephyr）发动机，这使得Ace无论从性能上还是在外观上，都显得那么魅力四射。

艾斯-布里斯托尔凭借其出色的外形而被载入汽车史册。简约、整洁的风格使得法拉利相比之下亦显得厚重笨拙。纯粹主义者认为布里斯托尔-动力（Bristol-powered）版本才是艾斯的纯正种马，才最接近它的原始精神——生产于1953年，由托热罗设计的搭载了布里斯托尔-动力的原型车。

侧面
它是那个年代最帅气的敞篷跑车，如今自阿尔法·罗密欧旗下的朱列塔斯普瑞特（Alfa Romeo Giulietta Sprint）一般的可爱，富含着一种意大利式的简约。艾斯绅士的轮廓验证了"简单的就是最好的"这句至理名言。

侧窗
两侧可翻折的防风有机玻璃，能够防止汽车在高速行驶时驾驶舱产生更多不稳定的气流。

AC 艾斯-布里斯托尔

令人印象深刻的配置
艾斯配备三个索莱克斯（Solex）化油器，顶置推杆式气门技术，轻量化铝质汽缸盖和铸铁曲轴箱等专业配置。这使得艾斯成为每一个俱乐部赛车手的梦想。

黄铜牌子
艾斯的六活塞点火顺序就标示在发动机的牌子上。

发动机
来自宝马328（BMW 328），专为艾斯特别调校。布里斯托尔2.0发动机，采用了半球形燃烧室，能够输出125马力。

发动机罩锁
前绞索设计（向前开启的）的发动机罩被两个镀铬锁锁上，用一把小小的T形钥匙可以开启。

规格
车型：AC 艾斯-布里斯托尔（1956—1961）
产量：463
车身风格：双门两座敞篷跑车
构造：立体构架底盘，轻合金车身
发动机：六活塞推杆式 1971毫升
输出功率：105bhp at 5000 rpm（选装高性能版为5750转产生125最大马力）
变速箱：四速手动布里斯托尔变速箱（超速挡可选）
悬挂：四轮高低叉臂叶片弹簧独立悬挂系统
刹车：四轮鼓式刹车。1957年以后，前制动改用盘式刹车
最高速度：188km/h（117mph）
0—60MPH（0—96km/h）9.1秒
0—100MPH（0—161km/h）27.2秒
A. F. C：7.6公里/升（21.6英里/加仑）

刹车
1957年，前轮盘式刹车系统被列为可选配置，后来就变成标准配置了。

配比

简单来说,AC就是一个发动机舱,加上一个客舱,再加上一个行李舱。在操控方面,量产车型采用比舍普凸轮转向装置,使得回转圆达到11米,方向盘转向圈数只有很少的两圈。

同样的方向盘

方向盘与奥斯汀-希利(Austin-Healey,参见第48页至第55页)和戴姆勒SP250(Daimler SP Dart,参见第190页至第193页)一样。

结构

金属管构成的网状支架铺上铝板,被称为超轻量化(Superleggera)的结构,其外形是基于1949年款法拉利122设计的。

出口的成功

艾斯作为AC最成功的一款跑车,大量出口到美洲。在美国,艾斯被视为英国公子哥用来捕获俏佳人的一款靓车,正因为如此,它的价格甚至与一栋小别墅差不多。

散热

艾斯宽大的牙齿状的前格栅让空气能够轻易到达巨大的发动机散热器。散热器与另外一款AC 2.0沙龙车共享。

AC 艾斯-布里斯托尔

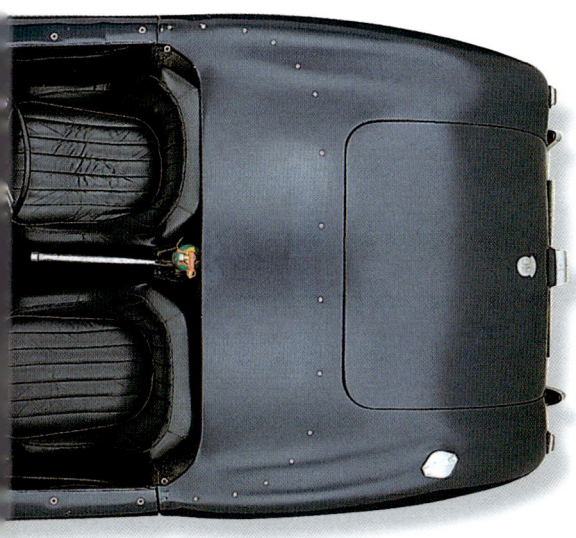

内饰
按照纯正的英国传统，艾斯的驾驶舱里并不复杂，仪表和开关都毫无规则犹如卵石抹面一样，随意安排在仪表盘上。两个标度盘一个是时速表，另一个是转速表。

车舱遮挡
对于那些喜欢把车篷敞开驾车的死忠来说，一个车舱遮挡装置能让你的脸被冷风吹僵的时候，你的脚还能保持暖和。（译注：很多老式敞篷车都配备一个除驾驶员之外的露天区域的覆盖物。在敞篷开车的时候，可以保持车内温度）

后置发动机的乐趣
发动机后置，整车重心因此后移了18%（更趋近于平衡）。这的确对于提升驾驶性能大有帮助。在1957年的勒芒24小时拉力赛上，艾斯创造了在3781公里的路程中，平均时速156公里/小时的纪录。是有史以来最快的一部带有布里斯托尔发动机的跑车。

后部的变化
后期布里斯托尔重新设计了后甲板，将后灯变成方形，并加大了行李箱的空间。

AC 眼镜蛇 427

这是一个在AC车型中很难想象的结合——传统的英国汽车制造商和颇具魅力的得克萨斯赛车手卡罗尔·谢尔比（Carroll Shelby），共同缔造了充满传奇色彩的AC眼镜蛇（Ac Cobra）427。作为AC旗下的运动型跑车，AC眼镜蛇427搭载美系肌肉车福特野马的4.2升和4.7升的V8发动机。1965年，凡事都追求极致的谢尔比，更是强悍地装入了能够产生巨大爆发力的福特7.0升发动机，榨取了它的每一分力量去实现赢取勒芒耐力赛的梦想。尽管427的速度未能使其胜出，它的销量也并不大，但它很快被公认为最具竞争力和史上最浪漫的车型之一。我们看到的这部车牌为GTM 777F的AC眼镜蛇427曾经是世界上加速最快的量产车纪录保持者。1967年，由英国记者约翰·博斯特（John Bolster）驾驶该车，以最高时速265公里/小时（165英里/小时）和0-60英里（约96公里）/小时的加速只需4.2秒的惊人成绩，刷新了世界纪录。

肌肉外形
427的外形看起来风驰电掣，是那种瞬间就能定格在你眼前的车。艾斯敏捷简约的美已经过时，取而代之的是车的前后弧度拱起的球状造型。19厘米宽的轮胎简直可以碾平一个板球场。

轮圈
最初采用销栓锁紧结构的海利布莱德（Halibrand）镁合金轮圈，后来在供应枯竭的时候改由谢尔比公司的员工派特·布鲁克（Pete Brock）设计的斯达布斯特（Starburst）轮圈。

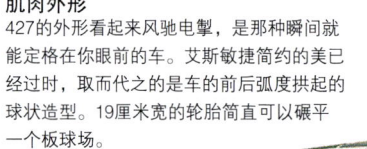

AC 眼镜蛇 427

车身
眼镜蛇的车身结构为在钢管框架、手工打造的铝质车身。它的重量很轻,但却非常坚固。

保险杠
采用镀铬钢管制造,重量很轻。

排气
赛车版眼镜蛇跑车多采用侧出式排气系统,既提升了汽车动力,又增强了咆哮的声音。

侧面车窗
侧面的防风有机玻璃,能够在汽车疾驰时,有效减少风所产生的噪声。

冷却
侧翼的通风口帮助降低刹车系统和发动机的温度。

增加的马力
赛车版(Competition)和准赛版的发动机经过改装后,能够超过500马力。

发动机
427配备了强劲的7升发动机,多年来一直是全美汽车大赛(NASCAR:National Association of Stock Car Automobile Racing)的大赢家,能够轻松迸发持续数小时的强大动力。街头版的动力输出则从300马力到425马力不等。

车窗框
抛光风挡玻璃框为手工打造。

散热器单元
散热器配备了两个强效电风扇,保持汽车通风散热。

空气过滤器
在巨大的空气过滤器下面,是两个大型的四腔化油器。

轮胎
因为谢尔比长期代理销售固特异轮胎(Goodyear)的缘故,所以眼镜蛇也采用了固特异轮胎。

底盘升级
底盘是全新升级的,比早期的眼镜蛇289要结实3倍,还具备电脑设计的防前俯冲、防后仰等突出特点。令人吃惊的是,289最初的索乐兹伯里(Salisbury)差速器完全能够胜任427巨大的扭矩。

AC 眼镜蛇 427

动力十足

我们能从当时的宣传海报上看到，连最小级别的4.7升的眼镜蛇都能达到222公里/小时（138英里/小时）的时速，能在不到6秒之内尖叫着达到96公里/小时（60英里/小时）。

发动机的变化

初始的眼镜蛇的发动机的排量是260立方英寸，后来使用了野马289 V8发动机。

规格
车型：AC 眼镜蛇 427（1965—1968）
产量：316
车身风格：轻合金双门两座敞篷跑车
构造：独立的钢管底盘、铝质车身
发动机：6.9升 V8
输出功率：425 bhp at 600 rpm
变速箱：四速同步啮合变速箱
悬挂：四轮螺旋弹簧独立悬挂系统
刹车：四轮盘式刹车
最高速度：265km/h（165mph）
0—60MPH（0—96km/h）4.2秒
0—60MPH（0—96km/h）10.3秒
A. F. C：5.3km/l（15mpg）

内饰

眼镜蛇的内部采用20世纪60年代简洁传统的英国运动车的设计风格——黑白仪表、小号座椅以及木纹包边的方向盘。

AC *428*

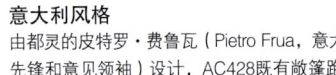

我们需要赋予AC428一个全新的词汇——也许应该是"野兽级的"!除了从前辈"眼镜蛇"(Cobra)那里获得了更加强劲的动力,AC428还带有雕塑一般庄严的美。升级版的"彪形大汉"天生就拥有极为优秀的纯种的英式机械构造、美式动力和意大利式的设计——这种结合令它所向披靡。敞篷的428于1965年10月首次出现在伦敦汽车展上。同时,428的第一款滑背式的固定硬顶跑车,也为即将在1966年3月开幕的日内瓦汽车展上亮相做好了准备。但是,产品的出厂自始至终一直令人困扰。在1967年之前,这部车始终无法出厂销售。直到1969年3月,AC428一共也只生产了50部。部分原因来自于428的价格介于昂贵奢侈的法拉利和玛莎拉蒂等意大利汽车与相对便宜的阿斯顿·马丁(Aston Martin)以及杰森(Jensen)等英国汽车之间。直到20世纪70年代,428还只是维持超小规模的产量。至此,它的日子也屈指可数了。面临1973年的石油危机,AC428终于被迫停产。最后一部428——也是第80部——于1974年被售出。

意大利风格
由都灵的皮特罗·费鲁瓦(Pietro Frua,意大利著名设计师、行业先锋和意见领袖)设计,AC428既有敞篷跑车也有滑背跑车。在AC427的底盘之上改造而成,轴距增加了15厘米。

薄薄的皮肤
早期的AC428采用铝质车门和发动机罩,后来全部改为钢质。

AC 428

规格	
车型：AC 428（1966—1973）	
产量：80（51部敞篷跑车, 29部滑背跑车）	
车身风格：双门两座敞篷跑车，双门两座滑背跑车	
构造：独立钢管底盘、铝质车身	
发动机：福特V8 6.9升或7升	
输出功率：345bhp at 4600 rpm	
变速箱：福特四速手动，或者三速自动变速箱；后轴带有索勒兹伯里（Salisbury）限滑差速器	
悬挂：四轮双横臂筒独立悬挂系统	
刹车：四轮格林（Girling）助力盘式刹车	
最高速度：224km/h（139.3mph）	
0—60MPH（0—96km/h）5.9秒	
0—60MPH（0—96km/h）14.5秒	
A. F. C：4.2-5.3km/l（12—15mpg）	

同时代汽车的外观

AC428的很多精彩设计元素让我们想起许多同时代的汽车，尤其是玛莎拉蒂的米斯特拉尔（Maserati Mistral）。这并不令人惊奇，玛莎拉蒂的米斯特拉尔也同样出自皮特罗·费鲁瓦之手。

通风口
为了解决发动机过热的问题，后来的通风口都移到了车轮后面。

轮圈条辐
标准配置的轮圈实际上装配了三层密齿交叉条辐，外面由一个三耳的销栓锁紧。

22 经典酷车

全天候
车篷整齐地叠收在盖板之下,早期车型中的盖板是由金属制成的。当篷布合上的时候,多少会让驾驶者有点幽闭恐怖的感觉,还好有个塑料的后"车窗",让人舒服些。

仪表盘
开关装置好比节日的五彩纸屑一样无序地散落在各处,但是仪表却在驾驶者眼前整齐而清晰地排列成组。最左端的是时速表,能读出最高290公里/小时(180mph),而最右端的转速表的极限是8000rpm。

后视图
428可能是一部精良的肌肉车,但是并不是独一无二的一部。它的一些特征也是从其他汽车制造商那里得来的灵感,比如说学习了菲亚特汽车公司(Fiat)的后车灯。

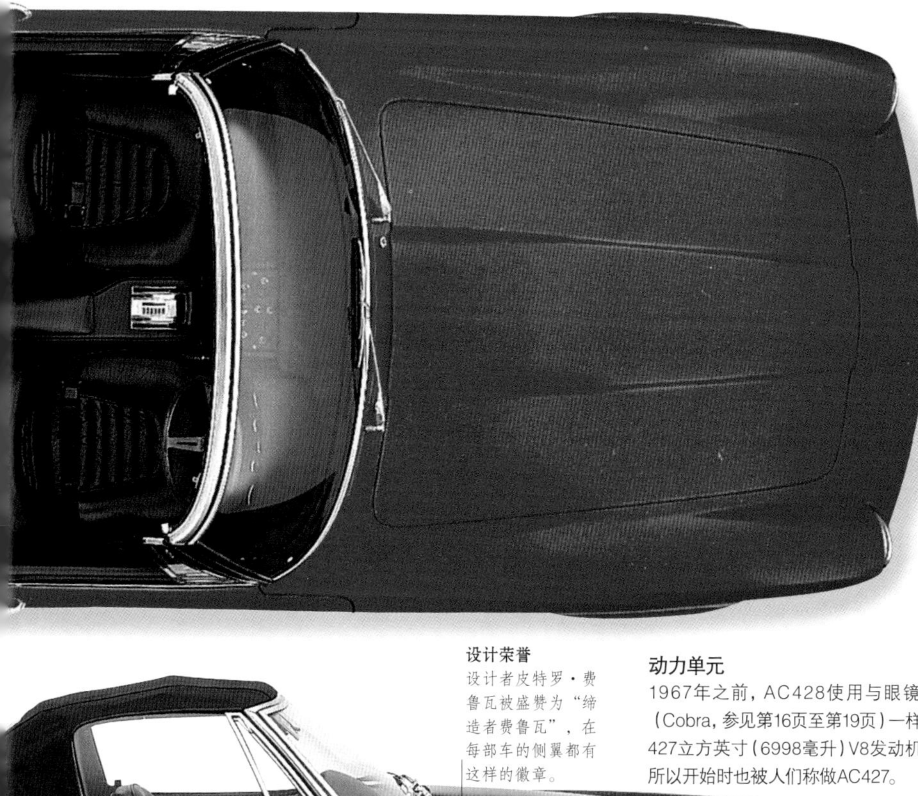

AC 428

设计荣誉
设计者皮特罗·费鲁瓦被盛赞为"缔造者费鲁瓦",在每部车的侧翼都有这样的徽章。

动力单元
1967年之前,AC428使用与眼镜蛇(Cobra,参见第16页至第19页)一样的427立方英寸(6998毫升)V8发动机,所以开始时也被人们称做AC427。

阿尔法·罗密欧 1300 小蜘蛛

这是达斯汀·霍夫曼在电影《毕业生》里的座驾，阿尔法·罗密欧1300小蜘蛛（Alfa Romeo 1300 Junior Sprider）已经成为影响意大利人民的最平易近人的偶像级汽车。当你了解到这部小巧玲珑的阿尔法配备了全铝车身、双凸轮轴发动机、异常精确的转向系统、敏感而强力的制动系统、调校平衡稳定的底盘，加上犹如电影里男明星一样俊朗外观的时候，它在人们心中所占据的崇高地位就一点也不足为奇了。你也不会奇怪它被称为贫民的法拉利。它的首次亮相是在1966年日内瓦车展上，为了给这"新婴儿"取个好名字，阿尔法甚至还举办了世界范围内的竞赛。在考虑过14万个诸如劳洛勃丽吉达（Lollobrigida）、芭铎（Bardot）、努沃拉里（Nuvolari）、甚至是斯大林（Stalin）这样的入围名字之后，他们最终定下了"二重奏（Duetto）"这个名字。"二重奏"清晰明了地综合了这部车由两家公司合作，标志中集合了三个词的特有形象。蜘蛛最终卖出10万多部。

当时的争论
这批蜘蛛是由平尼法瑞那（Pininfarina）汽车设计公司最后设计的蜘蛛之一，汽车前端和后端都显得浑圆，两侧过于深入的扇形车轮拱造型招致许多批评。一家英国汽车杂志称它"密实而丑陋"。

车篷
蜘蛛的车篷设计得非常高效，驾驶者不用离开座位就能用一只手拉起它。

标志
平尼法瑞那的标志显示着它的信誉。

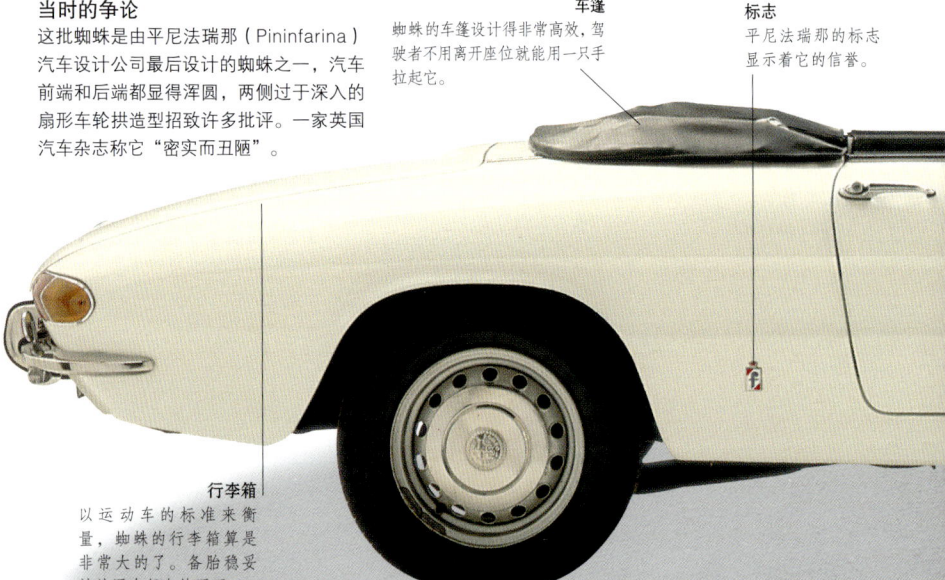

行李箱
以运动车的标准来衡量，蜘蛛的行李箱算是非常大的了。备胎稳妥地放置在行李箱下面。

阿尔法·罗密欧 1300 小蜘蛛

内饰
直到1970年，仪表盘都被漆成金属色。次要按钮都可以用手控制，而厂商尤其别出心裁地将挡风玻璃雨刷器的按钮设计成脚踏式，出现在汽车地板上。

规格
车型：阿尔法·罗密欧 1300 小蜘蛛（1968—1978）
产量：7237
车身风格：双门两座敞篷跑车
构造：全钢一体车身
发动机：全合金双凸轮轴 1.3升
输出功率：89bhp at 4600 rpm
变速箱：五速变速箱
悬挂：前轮独立悬挂系统；后轮螺旋弹簧桥式悬挂系统
刹车：四轮盘式刹车
最高速度：170km/h（106mph）
0—60MPH（0—96km/h）11.2秒
0—100MPH（0—161km/h）21.3秒
A. F. C：10.3km/l（29mpg）

赛车阿尔法
后来的阿尔法·罗密欧蒙特利尔（Montreal）装配了来自赛车血统的2.5升V8发动机，最高时速能达到225公里/小时（140mph）。

前车灯
有机玻璃防风前车灯罩在美国市场是禁止的，因此1300小蜘蛛从未采用过。

车轮拱罩
缺乏防锈处理，意味着车轮拱罩容易被腐蚀。

驾驶位置
所有的蜘蛛都采用意大利样式的"猩猩般的"驾驶位置设计——适合那些长手臂短腿的人。

尾部
直至1970年,所有的蜘蛛的尾部都像船尾一样。这种风格正是所有的阿尔法纯粹主义者喜爱的。后来,船一样的尾部被(巴西设计师)卡姆所设计的方形尾部所取代。

车身工艺
蜘蛛车身的腐蚀速度之快让人惊恐,主要是由于车身用的钢材质量不佳。

风格
小蜘蛛曾经是"二战"后阿尔法出产的最伟大的汽车之一,它颇具时代感的设计尤其出色。设计者是巴蒂斯塔·平尼法瑞那(Battista Pininfarina)——总部位于意大利都灵的著名设计工作室的创始人。

阿尔法·罗密欧 1300 小蜘蛛

车鼻部分
消失的前鼻使汽车在停车时很容易造成碰撞凹痕。

阿尔法的婴儿
1300 小蜘蛛是家族里的小婴儿,1968年为了避税才加入了蜘蛛系列。同样加入该系列的还有二重奏(Duetto)——1600蜘蛛;在这个系列中还有1750毫升的车型。由于大批量生产,以及维护费用相对较高,意味着蜘蛛的售价极具诱惑力的低。

别具一格的格栅
别具一格的前格栅后面藏着一具双凸轮轴、半球形燃烧室的高效发动机。一些生产于20世纪70年代中期的蜘蛛曾经出口到美国,但是却受到了苛刻的限制。比如带有三元催化器的1750型蜘蛛,最高时速仅仅为159公里/小时。

美国汽车公司 佩舍尔（步测者）

1973年的石油危机使美国人不得不面临令人惊恐的未来，1加仑（约4.5升）的汽油要超过40美分了！一夜之间，汽车制造业的股票同理查德·尼克松总统一样，变成了赔钱货。底特律（译注：底特律，美国汽车工业中心，有着汽车城之称）的第一反应就是立刻斩杀费油的肌肉车。然后着手复兴紧凑车型（compact），并进一步开发了微型车（sub-compact）。AMC于1970年首先进入了微型车市场，推出了广受大众推崇的小精灵（Gremlin）。1975年的佩舍尔（AMC Pacer）是另一种野兽。广告宣称它是"第一部狂野的小型车"，它拥有三厢轿车的车厢和欧式通勤车的鼻子，但却没有设计一个与车身匹配的车尾。具有讽刺意味的是，它其实也没那么省油，可是毕竟是部小型车，美国人也就并不在乎多花那么一点油钱。仅1975年一年就售出了7万部。

颇受非议的设计风格

在20世纪70年代中期，佩舍尔被当做终极权威进行销售。车商的广告宣传单上赫然写着"21世纪的门面车"。我们高兴地看到——他们错了。当时的汽车专家称它为"车轮上的足球"或者"一只大青蛙"。

风挡玻璃

空气动力学结构的风挡玻璃能够帮助降低油耗，并且有效减少驾驶舱内的噪声。

美国汽车公司 佩舍尔（步测者）

玻璃裹身
在当时所有的美国轿车中，佩舍尔采用了最大面积的玻璃车窗，使得本来处在可选配件表上售价425美元的四季冷暖空调成为必不可少的装备。然而没有人能够否认，这部车从外面看起来，真是酷极了。

内饰
内饰是典型的底特律风格（美式风格），采用运动风格十足的带安全带的座椅和帅气的聚氨酯仪表盘。

选装差速器
Twin-Grip 差速器是价值46美元的可选配置。

最大的头部空间
相比于同时代的雪佛兰（Chevelle）或者托里诺（Torino）来说，步测者的头部空间和腿部空间都相当的宽裕，让人感觉宽敞舒适。

宽体

车身的宽度简直与车身长度差不多。虽然人们对于这部车的外观评价不一,但是其中也不乏赞誉之辞。《汽车时尚》(*Motor Trend*)杂志评价佩舍尔是"所有美国小型车中最具创新精神的一部"。这一荣誉属于理查德·蒂格(Richard Teague),他还主持设计了1984年款的吉普切诺基(Jeep Cherokee)。

行李箱空间

后座可以折叠,使得行李箱的空间可以扩展到令人印象深刻的30立方英尺(约283.6立方厘米)。

可放倒的前座

对于舒适度的关注也延展至汽车前部。26%的佩舍尔的前座椅靠背可以向后放倒。

加长

1977年,佩舍尔的车身长度又增加了10厘米,并且提供了旅行版选项。

费钱的额外配件

令人惊奇的是,佩舍尔从来也不是一部便宜的车。增加几个内饰选装配件和四季冷暖空调,你就不得不向零售商支付高达5000美元的支票。而奢华版的内饰包括内里和后部面板的木纹效果,使得佩舍尔高雅得如同利伯莱斯(Liberace,美国著名钢琴大师)。

转向结构

佩舍尔是首批采用齿轮齿条式转向结构的美国汽车之一。

美国汽车公司 佩舍尔（步测者） 31

规格
车型：美国汽车公司 佩舍尔（步测者）
产量：72 158（1975年款）
车身风格：三门沙龙车
构造：钢质承载式车身
发动机：232立方英寸，258立方英寸直列六缸
输出功率：90-95bhp
变速箱：三速手动变速箱，带有超速挡选项；可选三速自动变速箱
悬挂：前轮螺旋弹簧悬挂系统；后轮半椭圆形叶片弹簧系统
刹车：前轮盘式刹车，后轮鼓式刹车
最高速度：169km/h（105mph）
0—60MPH（0—96km/h）14秒
A. F. C：6.4—8.5km/l（18—24mpg）

后部的灵感
令人难以置信，佩舍尔的后部设计灵感来自于保时捷928。

发动机
发动机为一点也不逊色的258立方英寸、直列六缸规格。如果你追求与众不同，还可以选择304立方英寸V8。

保险杠
最开始的时候使用聚氨酯保险杠，后来量产的佩舍尔改成了钢质保险杠以节省成本。

阿斯顿·马丁 *DB4*

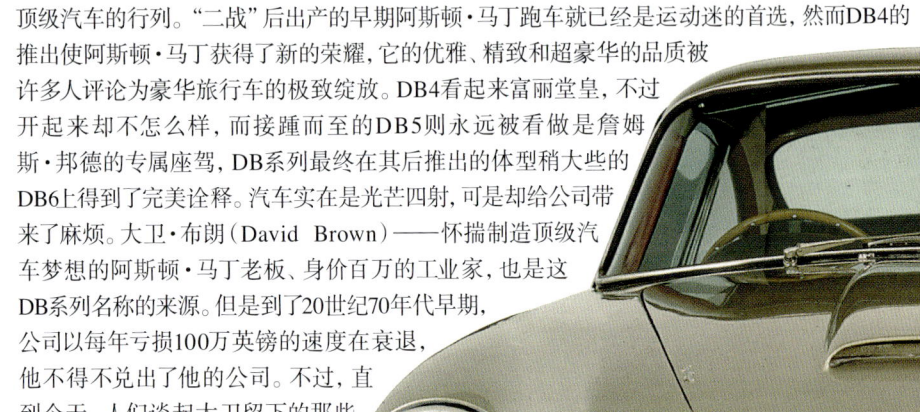

1958年发布的DB4（Aston Martin DB4）昭示着阿斯顿·马丁光辉岁月的到来。它传承了经典的六缸DB阿斯顿的血统，并将阿斯顿·马丁推到了世界顶级汽车的行列。"二战"后出产的早期阿斯顿·马丁跑车就已经是运动迷的首选，然而DB4的推出使阿斯顿·马丁获得了新的荣耀，它的优雅、精致和超豪华的品质被许多人评论为豪华旅行车的极致绽放。DB4看起来富丽堂皇，不过开起来却不怎么样，而接踵而至的DB5则永远被看做是詹姆斯·邦德的专属座驾，DB系列最终在其后推出的体型稍大些的DB6上得到了完美诠释。汽车实在是光芒四射，可是却给公司带来了麻烦。大卫·布朗（David Brown）——怀揣制造顶级汽车梦想的阿斯顿·马丁老板、身价百万的工业家，也是这DB系列名称的来源。但是到了20世纪70年代早期，公司以每年亏损100万英镑的速度在衰退，他不得不兑出了他的公司。不过，直到今天，人们谈起大卫留下的那些传奇的经典车型，仍然尊敬地称之为大卫·布朗·阿斯顿。

仪表盘
这是形式胜于功能的伟大胜利，所有仪表刻意散放在仪表盘上，好比散热格栅故意做成嬉笑状一样。

阿斯顿·马丁 DB4

后视镜
在这个时期的捷豹车型中,你也能看到类似的防目眩后视镜。

英式"超轻"
Superleggera是意大利语"超轻"的意思,指的是车身构造技术而言——在钢管制成的框架之上,包裹铝质面板。

后铰链
第一代DB4采用后铰链式发动机罩设计。

规格

车型:阿斯顿·马丁DB4(1958—1963)
产量:1040部硬顶跑车;70部敞篷跑车;95部硬顶DB4 GTS跑车
车身风格:双门硬顶跑车;双门敞篷跑车
构造:制钢管状底盘框架;铝合金钣金
发动机:直列六缸 3670毫升/3749毫升
输出功率:240bhp at 5500 rpm
变速箱:四速手动变速箱,可以选择超速挡
悬挂:前轮,双叉臂、筒式减震器和螺旋弹簧组成的独立悬挂系统;后轮,带有瓦特(Watt)联动装置的桥式悬挂系统
刹车:四轮盘式刹车
最高速度:225+km/h(140+mph)
0—60MPH(0—96km/h)8秒
0—100MPH(0—161km/h)20.1秒
A. F. C:3.6—7.8km/l(14—22mpg)

阿斯顿的微笑
像这样在横条辐上面加上垂直竖条的前散热格栅,是只有4系列DB4才具备的显著特征,4系列DB4于1961年9月至1962年10月之间制造。

并非自命不凡
毫无疑问,DB4有着严肃的态度。它的线条可能非常有意大利风格,但是并不是同时代的法拉利和马莎拉蒂那种优雅——阿斯顿的灵魂深处绝对是纯英国范儿。

行李箱板
复杂的行李箱盖上的曲线意味着这款车的行李箱面板是所有车身部件中最难制作的部分。由于采用手工精制,所以没有任何两部车是一样的。

车灯
前后转向灯直接来自同时代的全功能路虎。

邦德的座驾
DB4坚固、充满气概,但是并不粗野。比笨拙的斗牛犬(Bulldog)更加英式、更加精致,也更具挑战性。真是一部完美的007詹姆斯·邦德的梦幻之车。

经典设计
车身由意大利米兰的卡罗泽丽亚(译注:卡罗泽丽亚,创建于1878年意大利米兰,历史相当悠久的独立车厂)设计。DB4外形优雅,且具有强大的力量。在铝质外壳下,是塔德克公司(Tadek Marek)的双凸轮轴直列六缸发动机,是阿斯顿在赛车项目中曾经采用的配置。

保险杠
保险杠的设计借鉴自英国的Mk2、福特泽福(Zephyr)和佐蒂亚克(Zodiac)。

发动机
它看起来很像同时代的捷豹XK双凸轮轴直列六缸发动机,但是塔德克公司的设计不仅动力更强大,而且也更复杂。它带有三个SU化油器,更大的气门,而且又额外增加了20马力的动力。

内饰
硬顶车型中的后排空间有限,看一看那康诺利真皮座椅的丰富质感和质量。然而驾乘感却不像看上去那么令人印象深刻——因为后部悬挂系统是通过基本的连杆结构来发生作用。

悬挂
前部悬挂系统是由双叉臂结构和螺旋弹簧以及筒式减震器组成。

阿斯顿·马丁 V8

这是一个体重几乎达到两吨的巨人,它配备了一具彪悍的5.3升全手工打造的发动机。在20世纪70年代,DBSV8的确可被誉为阿斯顿公司的赚钱机器。在1967年的六缸DBS基础之上改造而成,全新的DBSV8于1970年4月面世了。它的极速可以达到闪电般的257公里/小时,更加不可思议的是,它的0—60加速竟然可以达到7秒内。正因为此,阿斯顿的新"牛头犬"轻而易举地在每一位百万富翁的购物单中,占得了一席之地。然而,一场世界范围内的经济萧条悄然来临,纽波特·帕格内尔工厂(Newport Pagnell)1975年年产仅仅19部V8。阿斯顿的董事们闷闷不乐,好在公司最终渡过难关。1972年,DBSV8更名为阿斯顿·马丁V8(Aston Martin V8),并且持续生产至1989年。其间更缔造了拥有400马力的、传奇的领先和光芒四射的敞篷版轻快。由于过多装饰、昂贵而不切实际且难以置信地耗油,DBSV8和阿斯顿·马丁V8只能存在于环境保护主义还没有进入人们视野的那个年代。

新结构
DBS不同于DB4、DB5、DB6,是第一批没有采用传统超轻管状结构底盘的阿斯顿·马丁跑车。在20世纪80年代,和法拉利、玛莎拉蒂一样,阿斯顿·马丁的价格也飙升到了当时的天价。

阿斯顿线条
驾驶舱的曲线流畅,自然地滑到车尾。这是阿斯顿·马丁的典型特征,与DB7遥相呼应。

阿斯顿·马丁 V8

后部外观
巨大的后悬使车后部外观看起来有点臃肿凌乱。

后部车窗
很窄的后车窗限制了驾驶员的后部视野。

后扰流板
并不夸张的后部扰流板是车身优美曲线的一部分。

双出排气
手工打造的保险杠包裹着巨大的双排气管,时刻警示着车身下面潜藏着阿斯顿巨大的V8发动机。

鼓起的发动机罩
巨大的发动机罩是向上鼓起的,这是为了给4个化油器腾出足够的地方。

出身豪门名流的车主们

阿斯顿·马丁以其令人难以置信的优越表现,吸引了许多出身豪门名流的车主。它好得足够拥有詹姆斯·邦德、约旦国王侯赛因、电影明星彼得·塞勒斯,甚至威尔士王子这样的主人。王子曾经拥有一辆DB6 Volante。

发动机
合金V8最早出现在罗拉(Lola)公司出产的运动赛车中。巨大的空气过滤器盒子下坐落着4个韦伯(Weber)双腔化油器,它每跑4.6公里就需要狂吞一升汽油。

20世纪80年代的价格
在20世纪80年代,顶级状况的DBS需要至少5万英镑才可以到手。

动力单元
V8的发动机能够爆发300马力,但是后来的车型更能达到400马力。

车鼻
压迫感十足的车鼻,是DBS的特点。

007的座驾
在007詹姆斯·邦德系列电影中的《黎明生机》一片中,1984年的AM V8Volante与邦德的扮演者提摩西·达尔顿同样抢眼。早在1964年的电影《金手指》中,DB5就是第一部出现在007电影中的阿斯顿,那时驾驶着它的是007的扮演者肖恩·康纳利。

扰流板
车前端底部的扰流板,帮助车前端在加速的时候减少升力。

经典的驾驶舱

多年来，DBS的驾驶舱一直不断地进行技术革新，却没有失去原有的传统韵味。驾驶舱内的特色包括真皮和木材纹理的装饰、空调、电控车窗和带有磁带播放器的收音机。几乎所有的V8都采用了克莱斯勒的托克弗莱特自动变速器。

车身
V8铝质车身的手感顺滑，工艺非常优秀。

奢华内饰
和其他的阿斯顿一样，V8的内饰装潢极其奢华。

规格

车型：阿斯顿·马丁V8（1972—1989）
产量：2842（包括Volante 和Vantage系列）
车身风格：双门四座硬顶跑车
构造：铝质车身、钢质底盘
发动机：双顶置凸轮轴合金5.3升 V8
输出功率：从未正式公开，大约为345bhp（Vantage为400bhp）
变速箱：三速自动变速箱，或者五速手动变速箱
悬挂：前轮独立悬挂系统；后轮迪式悬挂系统
刹车：四轮盘式刹车
最高速度：259km/h（161mph），Vantage为278km/h（173mph）
0—60MPH（0—96km/h）6.2秒（Vantage为5.4秒）
0—100MPH（0—161km/h）14.2秒（Vantage为13秒）
A．F．C：4.6km/l（13mpg）

奥迪 全时四驱 运动版

史上最昂贵、最出众的一款奥迪汽车售价6万英镑——那就是时速250公里/小时（155mph）的全时四驱运动版（AUDI Quattro Sport）。这部车的轴距很短，搭载了全合金材质、300马力的发动机，车身由强化铝玻璃纤维和凯夫拉尔纤维整合而成。整车魅力十足，性能表现足以媲美法拉利GTO。全时四驱运动版改变了我们对于四轮驱动的常规看法。1980年以前，四轮驱动系统除了耗资巨大、重量很沉不说，道路表现也非常差。人人都认为如果在高性能双门跑车上强加四轮驱动系统，会非常难以操控，变速箱会热得发烫、狂叫不止，而且汽车也将非常地耗油。然而奥迪的工程师则证明了这种看法是错误的。1982年，全时四驱运动版赢得了世界拉力赛冠军。虽然荣誉已经远去，但是全时四驱运动版并没有被热爱它的车迷们遗忘，至今仍然是倾慕者收藏的热门车型。

功能性的内饰
仪表盘的布局没有什么特别之处，一切都非常的德国化——清晰、简洁，并且方便实用。全时四驱运动版里唯一称得上"奢侈"的就是半皮面内饰材质。

拉力赛的成功
在拉力赛中，奥迪超凡的涡轮增压发动机能够迸发出400马力。到了1987年，令人畏惧的S1运动版已经能达到509马力。为了达到B组别的审批要求，奥迪只制造了220部运动版汽车，而且全部采用左舵设计。只有很少的几部车用于出售，非常幸运的家伙才能拥有它。

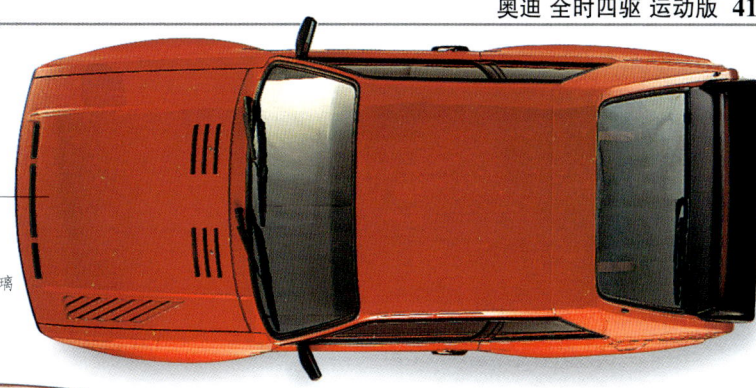

发动机罩
车鼻部分很长，发动机罩隆起，覆盖着为涡轮增压装置散热的中冷器。

车顶
车顶部分由铝和玻璃纤维材质制成。

手工打造的车身
车身由一个22位技师组成的团队打造。

火热风格
无论从哪一个角度来看，全时四驱运动版都是充满雄性激素的英雄，极富野性和攻击性。然而全时四驱运动版的空气动力设计并不太理想。

规格

车型：奥迪 全时四驱 运动版（1983—1987）
产量：220（全部为左舵驾驶）
车身风格：双门两座硬顶跑车
构造：凯夫拉尔合成纤维、铝、玻璃纤维以及钢质一体车身
发动机：2.1升五缸涡轮增压
输出功率：304bhp at 6500 rpm
变速箱：五速手动变速箱，四轮驱动
悬挂：四轮独立悬挂系统
刹车：四轮通风盘式刹车，带有ABS防抱死系统
最高速度：250km/h（155mph）
0—60MPH（0—96km/h）4.8秒
0—100MPH（0—161km/h）13.9秒
A. F. C：6km/l（17mpg）

42 经典酷车

限量版
20世纪80年代中期,每天出产的1700部奥迪车里面,只有3部是全时四驱运动版;在一年全时四驱运动版产量中,只有很少的一部分是运动版本。

后车灯
1984年的全时四驱系列中,所有的后车灯都是熏黑的。

四座?
虽然它看上去好像是四座汽车,其实只能容纳两个标准尺寸的座椅。

车轮罩拱
有棱角的箱形的车轮罩拱是全时四驱运动版的标志性特征,对于遮挡住宽大的9J*15的轮子非常必要。

驾驶感
虽然比普通的全时四驱难驾驭,但是运动版的转向更加轻盈精确。

奥迪 全时四驱 运动版 **43**

发动机

五缸2.1升的合金发动机比普通版本轻22.7公斤,带有双顶置凸轮轴,每缸4个气阀,还有巨大的涡轮增压装置和博世LH型连续燃油喷射系统(Bosch LH-Jetronic Injection)。托森(Torsen)中央差速器给予了50/50的车身前后配重比。后差速器锁在车的速度超过24公里/小时(15mph)时,就会自动解开。

— 涡轮增压

涡轮迟滞是早期全时四驱运动版的一个大问题。在32-96公里/小时(20-60mph)的区间内,它的确比900毫升的大众波罗(VW Polo)要慢一些。

技术上的开路先锋

四轮驱动的汽车现已成为大部分大型的汽车制造商的必备车型。另外,安全气囊、防抱死刹车系统等技术的运用,更令人类向更安全的驾驶又迈进了一步。我们必须感谢开启了这一切的——奥迪全时四驱运动版。

奥斯汀 迷你库伯

迷你库伯（Mini Cooper）是英国最著名的运动汽车传奇之一，是20世纪60年代那些极具权威的汽车拉力赛的常客。迷你好比一件积聚了众多灵感的工艺品——因为其尺寸、操控性以及前轮驱动形式，使它可以在比它更大、也更笨重的汽车周围穿梭"跳舞"，并且将它们落在后面，取得胜利。热辣的迷你库伯是超精确方向系统和完美平衡控制的结合体，开着它你能够逃脱任何追逐。这部车最初的构想出自赛车制造大师约翰·库伯（John Cooper），而迷你汽车的设计师亚力克·伊斯哥尼斯（Alec Issigonis）认为，这部车应该是一部实用性多于追逐性能的"人民汽车"，并不想过多地调校改装。幸运的是，大不列颠汽车公司（British Motor Corporation）决定在迷你的车身上进行改装调校，并尝试改装1000部迷你车，这真是BMC历史上最棒的决定之一。

聚光灯
车顶的聚光灯可以在汽车内部进行旋转操作。

轮胎
库伯S（Cooper S）采用子午线轮胎，但是标准的库伯并非如此。

奥斯汀 迷你库伯

赛车后部
我们看到的车牌为"24PK"的迷你库伯身着经典迷你拉力赛车"制服"——直通排气、迷你莱特（Minilite）轮圈、防倾杆、双油箱、轻量化粘贴式的车牌。BMC还主动设立了一个专门的竞赛部门。

库伯S
奥斯汀迷你库伯S版本制造于1963年到1967年，选择0.97升或者1.07升的发动机，车轮更宽，使用不同的徽章标签。

风挡玻璃
前窗是玻璃制的，但是为了减少重量，其他部分的车窗都采用防风有机玻璃。

车牌
竞赛部门总是交换车号牌、车身和底盘编号，这样就很难辨别出哪一部是原厂的库伯。

底盘的四角
重心很低，每个车轮都被设计在尽可能靠近底盘四个角的位置。如此，迷你库伯操控起来就像有轨电车一样稳稳当当。

出身赛车名门
1964年蒙特卡罗汽车拉力赛（Monte Carlo）上库伯展现了它巨大的杀伤力，力克4.7升的费尔莱恩（Fairlane）取得桂冠。库伯还赢得了1962年和1964年的荷兰郁金香拉力赛（Tulip Rally）、1963年的阿尔卑斯山拉力赛（Alpine Rally）、1965年和1967年的蒙特卡罗汽车拉力赛，还有其他25项赛事的冠军。

罕见的发动机排量

虽然我们在这里看到的是1.07升发动机,但是0.97升版本是所有库伯中最罕见的,一共只有964部。

发动机

1.07升A系列的发动机能够在转速为7200rpm的时候产生72马力。曲轴、连杆、阀门和摇臂都为增强型,库伯还有更大的油泵和超强的变速箱。洛克希德(Lockheed)刹车盘和刹车分泵能够提供强大的制动力。

前格栅

前格栅非常易于拆装,以方便在分电器、油冷设备、启动马达和发电机出现故障的紧急时刻,迅速进行修理。

赛车经历

我们看到这部车牌为"24PK"的迷你库伯,是由彼得·穆恩爵士(Sir Peter Moon)和约翰·丹温普特(John Davenport)在1964年的马恩岛拉力大奖赛(Isle of Man Manx Trophy Rally)上驾驶过的赛车。但是在引领车队在拉力赛倒数第二阶段,进行到Druidale赛区的比赛中,24PK的车身严重受损,不得不重新更换整个车身外壳。许多曾经参赛的迷你库伯赛车的一生都颇为坎坷,常常经过几次大修或者重新更换车身外壳。

奥斯汀 迷你库伯 47

不同的价格
库伯和库伯S版本的售价相差很多——标配库伯售价569英镑，而库伯S售价695英镑。

前车灯
在汽车拉力赛的夜间路段，库伯需要最大程度的照明。前车灯外额外增加了由皮带条固定的车灯保护罩，以保护车灯不被路上溅起的石子打破。

规格

车型：奥斯汀 迷你库伯（1963—1969）
产量：145 000（全部车型）
车身风格：沙龙车
构造：钢质一体车身，安置在前后两个子框架之上
发动机：四缸0.97升/0.99升/0.99升/1.07升/1.07升
输出功率：65bhp at 6500 rpm到76bhp at 5800 rpm
变速箱：四速变速箱，首挡位非同步啮合
悬挂：四轮独立悬挂系统，带有锥状橡胶垫和叉臂；1964年后引入液力补偿技术
刹车：前轮洛克希德（Lockheed）盘式刹车；后轮鼓式刹车
最高速度：161km/h（100mph）
0—60MPH（0—96km/h）12.9秒
0—100MPH（0—161km/h）20秒
A. F. C：10.6km/l（30mpg）

内饰
库伯的内饰具有明显的赛车特征：木制包边的蒙特利塔（Moto-Lita）方向盘、灭火器、霍达（Halda）里程表、转速表、秒表、地图灯。看上去常规的标准配置包括时速表、加热器和控制开关。

奥斯汀-希利 小精灵 MkI

有些汽车专家认为,所有设计出色的汽车,都具有明显的特征,让人一眼就能认出来。如果真是这样的话,哪部车也没有这部车的样子可爱好认了。它装了咧着大嘴的前格栅和大大睁开且略带惊讶的"眼睛"。那标志性地鼓起的"眼睛"给它带来了一个有趣的名字——"青蛙眼"。现在每个人都能够认出奥斯汀-希利小精灵MkI那迷人的独特之处。其实青蛙眼的设计最初是出于实用的考虑。当时唐纳德·希利汽车公司(Donald Healey Motor Company)和奥斯汀(Austin)已经联合推出了奥斯汀-希利100(Austin-Healey100)。1958年,它的小兄弟小精灵(Sprite)诞生了。在奥斯汀A35沙龙车的发动机和驱动装置的基础上进行改造,小精灵是一部简朴的运动车,它的价格相对便宜,而且还具备些许莫里斯汽车(Morris Minor)的特征。无论如何,"青蛙眼"已经是一部真正的运动车,甜美的排气管音乐就能够证明这一点。

引起误解的外表

仅仅不到3.5米,"青蛙眼"并不像看起来那么小。外表时尚,只是它吸引车迷的一个原因而已。它坚韧,甚至是粗糙的驾驶感觉,颇具有传统的英国运动车的特色。操控非常灵活,你可以开着它飞驰在弯弯曲曲的小路上,顺畅地转弯,换挡速度非常快,给人以十足的运动享受。

后部视野
有机玻璃后车窗限制了后部的视野。

奥斯汀-希利 小精灵 MkI

发动机

奥斯汀-莫里斯（Austin-Morris）A系列发动机简直就是一颗宝石。它第一次被运用在奥斯汀A35沙龙车上（Austin A35 saloon），后来还在几代迷你车上得到应用（参见第44页至第47页）。"青蛙眼"的发动机进行了内部调校，额外增加了强力的阀门弹簧以及两个SU化油器，以达到50马力（净值为43马力）。以今天的标准看来，它算不上是燃情的公路车，但是在20世纪50年代末，它是一部生机勃勃、高速运行性能精良的好车。

接近发动机
后铰链鳄鱼嘴式的发动机罩，使人们更加容易接近发动机，因而"青蛙眼"给那些DIY狂热者们带来了无尽的乐趣。

低车身
"青蛙眼"的车身很低，帮助驾驶者平顺过弯。它的实际离地距离比看上去的要高一些——仍然不到12.7厘米。

保险杠
镀铬前保险杠不仅是一个明智而实用的选择，更是时髦的配件。

赛车

小精灵在勒芒拉力赛以及佛罗里达的赛布林拉力赛上表现优异,到今天仍然是炙手可热的俱乐部赛车。

青蛙眼

唐纳德·希利(Donald Healey)最初的设计原本要采用如同后来的莲花伊兰(Lotus Elan,参见第352页至第356页)那样翻灯设计,但是由于需要增加额外的开销而作罢。我们现在看到的突出的头灯,反而成了这款车的特色。冲压发动机罩,主要由四块面板构成,车灯就嵌在上面。

双重功能车灯

示宽灯还有转向灯的功用。

奥斯汀-希利 小精灵 MkI

后来的车身设计

这部车的设计经典简洁,绝不过多采用没有必要的镀铬装饰,也没有车门的外部把手来破坏车身整体的流线造型。1961年,"青蛙眼"的车身采用了一种更加传统的方式重新设计。接下来直到1979年,小精灵一直打着MG侏儒(MG Midget)的标志。

浑圆的翘臀
这可能都算不上是行李箱,因为它根本打不开。行李箱的入口锁被安排在车内后座后面。

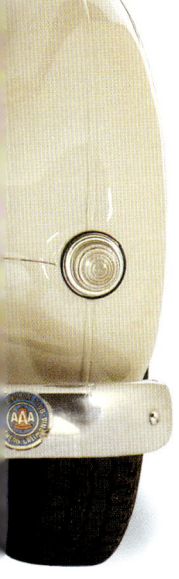

变速杆
结实的变速杆让司机用起来非常舒服。

使用舒适的驾驶舱
"青蛙眼"的驾驶舱用起来方便极了,就像一双合手的手套。所有的一切对于运动车的驾驶者都在可及范围之内。时速表在右边,转速表在左边。

规格

车型:奥斯汀-希利 小精灵MkI(1958—1961)

产量:38 999

车身风格:双门两座敞篷跑车

构造:承载式车身、底盘

发动机:BMC A系列0.94升四缸顶置式气门发动机

输出功率:43bhp at 5200 rpm

变速箱:四速手动变速箱,前三速带有同步啮合

悬挂:前轮叉臂螺旋弹簧独立悬挂系统;后轮钢性轴1/4椭圆形叶片弹簧悬挂系统

刹车:四轮液压鼓式刹车

最高速度:135km/h(84mph)

0-60MPH(0-96km/h)20.5秒

A. F. C:12.5-16km/l(35-45mpg)

奥斯汀-希利 3000

在1952年的伯爵宫汽车展上,希利100取得了轰动性的成功。奥斯汀公司老板伦纳德·劳德(Leonard Lord)当时已经与希利公司签好合同,向这款汽车供应发动机。但是当他注意到运动车在市场上的巨大号召力之后,他决定奥斯汀也要参与制造一部运动车!在一夜之间,奥斯汀-希利100横空出世。唐纳德·希利填补了美国运动汽车市场中高端的捷豹XK120与相对便宜且口碑甚好的MGT系列之间的空白。他的预感是准确的,80%的奥斯汀-希利100流向了美国本土。时光流逝,这部强壮的"彪形大汉"在岁月的洗礼下,变得越发精致了。1956年,六缸发动机代替了原来的四缸;1959年,奥斯汀-希利 3000(Austin-Healey 3000)诞生了。它更加精致——新加入了前轮盘式刹车系统、手动可摇车窗,车速也比从前更快。现在展示的这部车是奥斯汀-希利 3000生产线上最后的作品之———3000 Mk3。它马力强大,是最快的希利汽车之一,更是一部真正的运动车。

已然成熟

奥斯汀-希利多年来体重不断增加,当然也越来越精致。难能可贵的是,它始终坚持最初的运动车精神。它已经发展成为步履稳健的纯粹的运动车。

车轮与白色胎壁

带有销栓锁紧结构的辐条轮圈在一些车型上是可选的配置,在另一些车型上则是标准配置。白色胎壁一般来说是美国车的标志。

奥斯汀-希利 3000

驾驶舱变热
发动机以及舱内地板下的排气使驾驶舱变热。

舒适度
早期的车篷需要10分钟才能完成关闭。后来在此基础上进一步改进了车篷支撑设备。

发动机罩进气口
所有的六缸希利汽车,包括100/6和3000,都以发动机罩进气口为特色。它们的发动机比普通汽车的发动机更长,因此把散热器的位置前推,进气口能够帮助发动机罩下空气更好地流通。

风挡玻璃
1962年，3000的风挡玻璃采用包边设计，配备了手动可摇车窗。曾经颇为粗犷的运动车也变得复杂而精致。

发动机
在被称做"大希利"的3000的巨大发动机罩下面，是2.9升的直列六缸发动机。这算得上最具男子汉气概的大尺寸古董车了，能迸发有力的150马力。

造型风格的影响
希利汽车改变外观有两个主要的原因：一是出于美国市场的需求，二是由于奥斯汀公司的介入。奥斯汀公司既是零部件供应商，更在这车的财政预算上掌握生杀大权。但是从一开始，风格设计就一直是最重要的资产，你在3000Mk3身上看到的，是所有推动外形风格改进的原因集合所达到的巅峰。

改良的后部
原型车的后部最初采用了时尚的尾鳍设计，但是经过改良后被经典而浑圆的臀部所取代了。

奥斯汀-希利 3000

奢华进阶
从前的希利比较简朴,但是奥斯汀-希利的驾驶舱一改简朴作风,加倍奢华起来。抛光仪表盘镶饰板,可上锁的手套箱,精细的皮革,多处镶嵌地毯。只有一样东西仍然保持传统——发动机还是那么热。这就意味着驾驶舱内的温度总是很高。

咧着嘴乐的希利
与传统的希利格栅相比,奥斯汀-希利的前格栅变得更宽,好像咧着嘴乐一样。

更多动力
美国人是购买希利最多的顾客,他们需要更多的速度刺激。于是,1959年,2.6升六缸的希利 100/6升级成为2.9升,新车型的名字叫做3000。

规格

车型: 奥斯汀-希利 3000(1959—1968)
产量: 42 926(所有车型)
车身风格: 双门两座敞篷跑车、双门2+2敞篷跑车
构造: 非承载式底盘、车身
发动机: 2.9升顶置气门直列六缸发动机
输出功率: 3000Mk1: 124bhp at 4600 rpm; 3000Mk2: 132bhp at 4750 rpm; 3000Mk3: 150bhp at 5250 rpm
变速箱: 四速手动变速箱,带有超速挡
悬挂: 前轮叉臂式螺旋弹簧独立悬挂系统、防倾杆;后轮1/4椭圆形叶片弹簧悬挂系统,前后部均采用杆臂结构
刹车: 前轮盘式刹车,后轮鼓式刹车
最高速度: 177—193km/h(110—120mph)
0—60MPH(0—96km/h) 9.5—10.8秒
A. F. C: 6—12km/l(17—34mpg)

宾利 大陆R型

宾利大陆（Bentley Continental）首发于1952年，曾经是世界上速度最快的四座沙龙车之一，被誉为"杀死距离的现代魔力飞毯"；就算是在43年以后，它仍然被认为是人类历史上最伟大的汽车之一。这款专门为英伦绅士们设计的汽车非常低调，但是其柔中带刚的美丽在那个年代其他汽车身上实属罕见。劳斯莱斯公司为了给富豪们缔造一部极速沙龙车，采取了减小汽车的尺寸和重量的方针。全铝车身结构成功实现了减重的效果，而风洞测试实现了光滑圆润的外形。那些在汽车后部自然延展的鳍，并不是装饰——它们的实际目的是为了让汽车的方向更具稳定性。但是如此前卫的进化所费不菲。1952年，宾利大陆R型是当时最昂贵的汽车，售价7608英镑，相当于今天的50万英镑。

战后经典

1952年，战争时期的艰苦生活慢慢变成回忆，这是当时能够买到的最炫目、最潇洒的汽车了。如今，这部当时代表了高贵血统和特权阶层的汽车，已成为20世纪50年代英国富足与乐观的辉煌回忆。收藏家都同意，大陆是战后最好的宾利车，也是所有时代中最伟大的汽车之一。

只供出口

售价如此高，大陆一开始就只定位于出口。

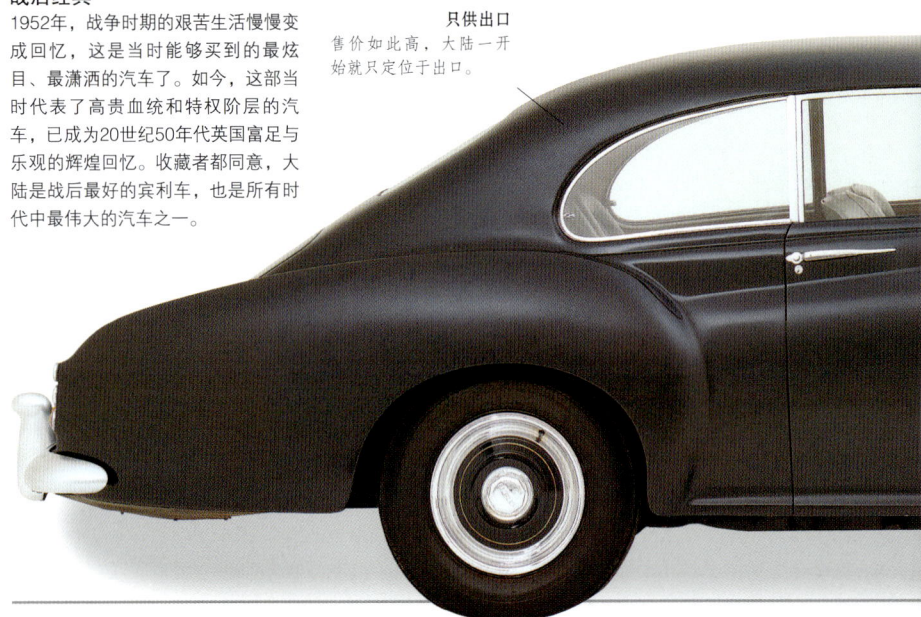

宾利 大陆R型

高品质驾驶感
大陆是这样一种汽车,诱惑你将油门踏板猛踩到底,还能用超级刹车装置保证你的安全。

设计的相似之处
大陆与1948年巴黎汽车博览会上的平尼法瑞那R型(Pininfarina R-Type)原型车有着惊人的相似。

散热器前格栅
经典的哥特式(Gothic)的散热器前格栅造型比劳斯莱斯多利安式(Doric)的前格栅要看上去"运动"得多。

车灯
前雾灯曾被认为是超车时毋庸置疑的"通行灯光"。

空气动力学测试

在大陆设计阶段中,在风洞测试中耗费了许多时间,用来测量前进时候的风阻。后轮上方的弧线形后侧翼帮助汽车导流。在早期的原型车测试阶段,发现一套标准的6层(6 ply)轮胎只能跑32公里。

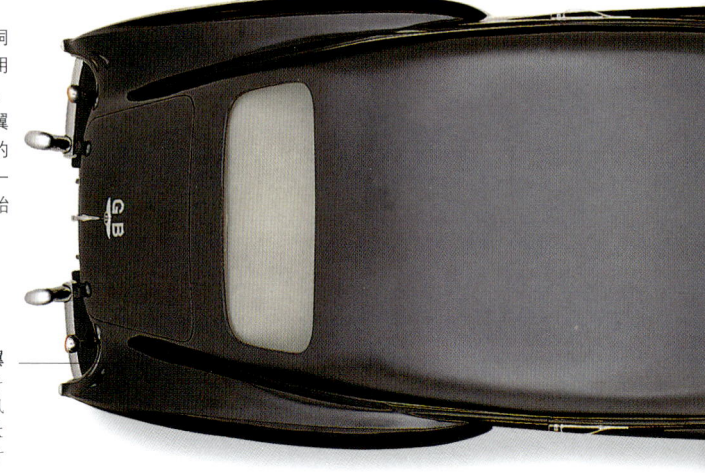

后翼

收紧的后翼如同漏斗一样,将疾驰时的风归为平顺的气流。大陆的空气动力学设计远远超前于时代。

铝质结构

不仅车身采用产自H.J.穆莱纳有限公司(H.J. Mulliner & Co. Ltd)的轻量铝,侧面车窗和玻璃框架都采用同样质地的轻量铝。原型车采用高品质的合金保险杠,后来投产的汽车则使用钢质保险杠。

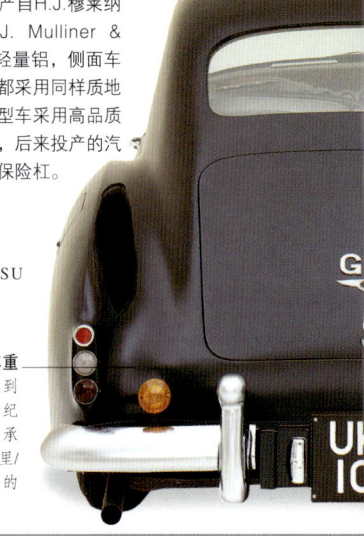

化油器

汽车采用两个SU HD8化油器。

车重

车身重量尽力降到最低,因为20世纪50年代的轮胎可承受不了超过193公里/小时(120mph)的速度。

发动机

大陆采用一具直列六缸4.5升发动机,1954年5月增加到4.8升,当时被认为是超大型的发动机。它使汽车在首挡速度就能达到80公里/小时。

宾利 大陆R型

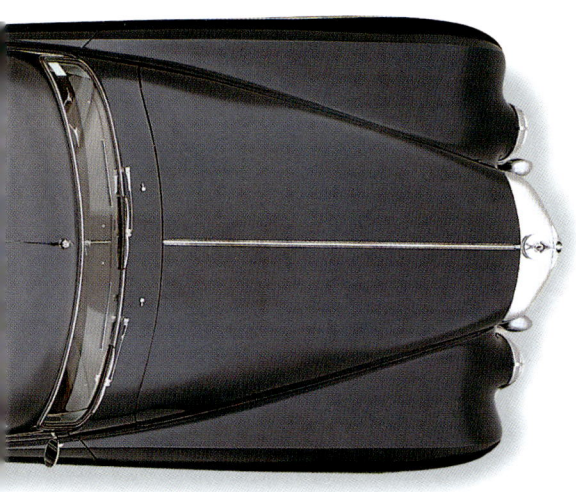

规格

车型：宾利 大陆R型（1952—1955）
产量：208
车身风格：双门四座沙龙车
构造：钢质底盘，合金车身
发动机：4.5升或者4.8升 直列六缸发动机
输出功率：从未公开过，只称马力"充足"
变速箱：四速同步啮合手动变速箱，或者自动变速箱作为可选
悬挂：前轮叉臂螺旋弹簧独立悬挂系统；后轮叶片弹簧桥式悬挂系统
刹车：前轮盘式刹车，后轮鼓式刹车
最高速度：185km/h（115mph）
0—60MPH（0—96km/h）13.5秒
0—60MPH（0—96km/h）36.2秒
A. F. C：6.9km/l（19.4mpg）

后车窗
邮筒式的后车窗是对战前汽车风格的一次大回归。

行李箱空间
行李箱的空间足够大，能装下旅行用的行李。

后部外观
汽车的后翼看起来像短跑运动员发达的大腿。

轮圈
原型车的后轮配有轮圈罩。

豪华仪表盘
与其优雅的外观相匹配，大陆的内部也非常精致美丽。初期的R型配备的手动变速箱，采用了落地式变速杆，透出这部车的运动特性。后来出产的大陆都采用自动变速箱。

宾利 飞驰

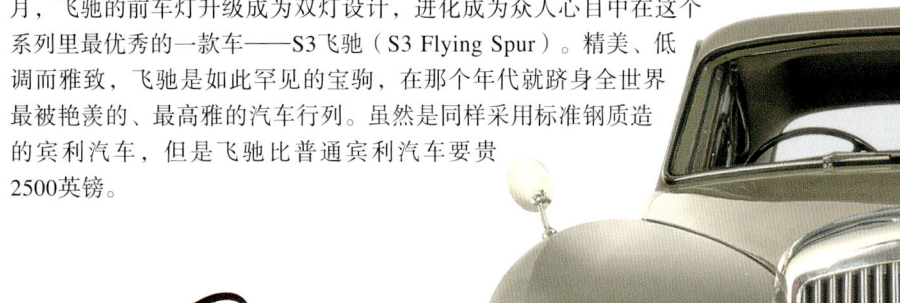

被人们称为"二战"后最美丽的宾利汽车,飞驰(Flying Spur)是第一部四门版大陆。起初劳斯莱斯不允许车身制造商H. J. 穆莱纳(H. J. Mulliner)使用大陆(Continental)这个名字,强调大陆仅限于双门房车。但是经过数月的游说,劳斯莱斯才最终同意这部外形滑顺的飞驰也使用大陆的系列名字。

比这个神圣的名字更具价值的是,首次发部于1957年的飞驰使用了标准化的S1底盘。1959年,它移植了劳斯莱斯220马力的短冲程轻量化铝质V8发动机。1962年7月,飞驰的前车灯升级成为双灯设计,进化成为众人心目中在这个系列里最优秀的一款车——S3飞驰(S3 Flying Spur)。精美、低调而雅致,飞驰是如此罕见的宝驹,在那个年代就跻身全世界最被艳羡的、最高雅的汽车行列。虽然是同样采用标准钢质造的宾利汽车,但是飞驰比普通宾利汽车要贵2500英镑。

内部
内部包括细节精致的开关装置、真皮以及胡桃木饰板,还有来自西英格兰的布匹。

宾利 飞驰

沉重的后部
收紧的后部和陡然下滑的车顶线条,都是为了在空气动力学方面体现更好的性能。

助力方向盘
巨大的方向盘是电动助力的。

手工打造完美
车身制造商H. J. 穆莱纳(H.J. Mulliner)在劳斯莱斯的底盘上安装上手工精心制作的车身外壳。虽然顾客们不得不等上18个月才能拿到这部车,但是到手的汽车的确体现出最佳的品位,可谓登上了精致的巅峰。

发动机
V8的汽缸盖、发动机舱以及活塞都是铝质的。

规格

车型:宾利飞驰(1962—1966)
产量:291
车身风格:四门五座沙龙车
构造:非承载式钢质交叉条辐箱形底盘,铝质车身
发动机:6.2升 V8
输出功率:从未官方公开
变速箱:四速自动变速箱
悬挂:前轮叉臂螺旋弹簧独立悬挂系统;后轮半椭圆形叶片弹簧悬挂系统
刹车:四轮格林(Girling)鼓式刹车
最高速度:185km/h(115mph)
0—60MPH(0—96km/h)10.8秒
0—60MPH(0—96km/h)34.2秒
A. F. C:4.9km/l(13.8mpg)

前部外观
飞驰的前车灯车鼻,与采用标准钢质造的宾利S3一样,只是它的散热器格栅和发动机罩线条更低一些。车身为纯手工铝质打造。

宝马 507

谁曾想到,在20世纪50年代中期,宝马公司就能够生产出像507这样性感有魅力的汽车。在1955年的法兰克福国际车展上,阿尔布莱西特·格尔茨伯爵(译注:Count Albrecht Goertz,宝马507之父)设计的507重拳出击。宝马507(BMW 507)是一部把幻想变为现实的汽车,它并不奢华浮夸,但是却极为引人注目和有风度。宝马希望507可以改善公司在当时并不稳定的财政状况,在高利润的美国市场中大卖特卖。但是,宝马的异域造型和性能却与其价格不匹配,这部车贵得令人咋舌。汽车部件大部分需要手工制造,在1959年3月停止生产之前,一共只生产了252部507(也有些人说是253部)。事实上,507把宝马推向了金融危机深渊的边缘。不过,如果它真的不幸成为宝马的最后一部汽车,那也算是最美丽的一种死法。

日耳曼传统
直接从沙龙版本上移植了钢管底盘,阿尔布莱西特·格尔茨选用的铝质车身让人想起同时代的梅赛德斯-奔驰300SL公路车——当然,它比宝马507稍微便宜一点。从前面看起来,507与后来推出的AC 艾斯和眼镜蛇(参见第12页至第19页)非常相似。

刹车
大多数507采用四轮阿尔芬(Alfin)鼓式刹车。后来有些507则采用了更为有效的前轮盘式刹车。

车门把手
如同汽车的保险杠一样,车门把手设计低调。如果不是因为太过于好用,你简直就不会察觉它的存在。

工具箱
如同所有的现代宝马车一样,507的行李箱里带有工具箱。

宝马 507

规格

车型：宝马 507（1956—1959）
产量：252/3 大部分为左舵驾驶
车身风格：双门两座敞篷跑车
构造：箱形和管状底盘、铝质车身
发动机：全铝质3.1升 V8，每缸两阀门
输出功率：150bhp at 5000 rpm；后来某些车型可以达到160bhp at 5600 rpm
变速箱：四速手动变速箱
悬挂：前轮不等长双A臂、扭力杆弹簧、筒式减震器；后轮扭力杆弹簧桥式悬挂系统
刹车：四轮鼓式刹车，后来的车型采用前轮盘式刹车，后轮鼓式刹车
最高速度：201km/h（125mph）；选装的3：42：1的终传比（变速器），可以达到217—225km/h（135—140mph）
0—60MPH（0—96km/h）9秒
A. F. C：7.8—8.8km/l（22—25mpg）

驾驶状况
507容易转向过度，油门反应非常迅捷、快速，以至于车尾瞬间就能甩过去。

散热通风口
侧翼上华丽的镀铬格栅覆盖着发动机散热通风口。

可选动力
160马力的507升级版本的速度能够达到225公里/小时（140mph）。

轮圈
像这样的销栓锁紧结构的拉奇（Rudge）轮圈，是买家们抢购的对象。

潇洒的车身
507采用钢管底盘、全铝质车身。宝马尽力弱化锃亮的金属感,而强调简洁干净的线条。发亮的金属部分也只用在很简单的位置上,比如后保险杠,没有拖沓的保险杠防擦条保护。

发动机
3.2升的全铝发动机,重量轻,动力又足够强劲。与同时期的保时捷车采用同样的双真利时(Twin Zenith)化油器。

车篷
事实上你很少有机会看到507的车篷合上,其实它的车篷很容易合起,而且非常好看。

排气管的音乐
宝马排气管的声音轻快、悦耳,V8发动机那柔滑的声音令人无法认错。

宝马车的标志
宝马507车身上面拥有八个宝马的螺旋桨标志,包括轮圈上的装饰,这些让507更加优雅,如果再算上方向盘中央的标志,那就是九个。

发动机问题
3.2升的发动机,在堵车的时候总是过热;而在开阔的公路上的时候又总是过冷。

喇叭拉杆
内饰明显受到当时美国风格的影响,在方向盘的后面是设计精巧的喇叭拉杆。

内饰
507与同时代的503不同,采用直接嵌在地板上的挡杆来控制四速变速箱。仪表板包括一个时钟、时速表和转速表。有些车里还配备了可以在车内控制的旁观镜。

宝马 *3.0 CSL*

一个小小的字母可以表达完全不同的意思。正是宝马3.0CSL（BMW 3.0CSL）名字末尾的"L"使这部车显得十分与众不同。20世纪60年代末70年代初的宝马无B柱双门硬顶轿跑车是一部外形十分雅致美丽的好似玻璃暖房一样的旅行车。加上"L"之后，它就成为传奇之车。"L"是德语中轻金属（Leichtmetall）的意思，把"L"钉在车臀，它就意味着给汽车穿上了华丽盛装。初始的1974年CSL配备的是一台2.985升的发动机，可以爆发出180马力的输出功率，没有前保险杠，铝和薄钢混合而成车身钣金。1972年8月，汽缸内径的增加使CSL的发动机排量升级到3.003升，输出功率达到200马力，搭载着这颗发动机的CSL还获准进入世界拉力锦标赛第二组别。由于它的双翼很宽大，所以被称为"蝙蝠"汽车，这让所有的年轻男孩都热血沸腾，跃跃欲试。这是一部终极的公路车，一部伟大的竞速者，它罕见而生命短暂，但却价格昂贵。这部具有超凡魅力、越来越稀少的宝马已经成为一代经典车型。

漂亮的外观

虽然算不上狂野和迅捷，CSL只是很温和的一款汽车，毫无疑问是那个年代长得最漂亮的一款。它采用无柱式设计，虽然使用了黑色内饰，但是它的驾驶室仍然显得光线充足，空气清新。四周大面积的玻璃车窗却让驾驶室内温度很高，但是位于后柱宝马标志下面的通风口多少能帮助降低温度。

轮胎
标准的轮胎是来自米其林（Michelin）的195/70/14 XWX型号。

宝马 3.0 CSL

空气套件
你可以选择在车顶后部加装高位导流板，还有其他7件空气动力配件，都是可以选择的。

方向盘
直接从CS/CSi车型上移植。

巨大名片
车后巨大的数字，使得任何人都不会认错刚才是什么车超过了他们，飞驰而过。

行李箱
早期CSL的行李箱、发动机罩和车门都是铝质的。

多余的扰流板
为了通过认证，至少500部公路车不得不装配上巨大的后扰流板。这些扰流板实在怪异，因此是否保留就由买家酌情处理了。

车体外壳
轻金属（Leichtmetall），意味着车身面板是由铝和较轻标准钢质成的。

比赛用发动机
CSL的比赛用发动机的排量从3.2升升至3.5升。

刹车
对于CSL巨大的动力来说，通风盘式刹车是非常必要的。

发动机

在真正的赛车配置中，3.2升直列六缸发动机能够爆发接近400马力的功率。1976年，加上涡轮增压以后能够达到500马力。但是英国规格的3升3.0CSL公路车虽然使用燃油喷射技术，但只能达到200马力。

20世纪70年代的特价车

1973年的石油危机过后，用很便宜的价钱就能买到CSL。

升级发动机

早期带有化油器的CSL 2.9升发动机能够产生180马力。为了通过认证，1972年以后的发动机排量增加到3升，正如我们在图片中看到的。

保险杠

在德国市场上出售的CSL没有装配前保险杠和玻璃纤维的后保险杠。很明显，我们在图片上看到这部车配有前保险杠，因此这是一部英国规格的CSL。

出口成功

1972年，宝马公司新成立了M运动分部。CSL是在这个新部门领导下生产的第一批汽车。这部车很快就给宝马公司带来了成功，开始是在欧洲热销，后来出口到美国一样大受欢迎。1973—1979年间，CSL除了一次失败以外，赢得了所有欧洲房车锦标赛（European Touring Car Championship）的桂冠。

宝马 3.0 CSL

内部
如图所示的英国规格的CSL，保留了重量很轻的谢尔（Scheel）凹背折椅；增加了脚垫、标配电控前后车窗、助力方向盘和木制板条装饰。

限量版
英国的改装车商改装了500部燃油喷射版本的CSL。

规格

车型：宝马 3.0 CSL（1971—1974）
产量：1208（所有版本）
车身风格：双门四座硬顶跑车
构造：钢和铝质一体车身
发动机：2.9升，3.0升，3.1升直列六缸发动机
输出功率：200bhp at 5500rpm（3003毫升）
变速箱：四速手动变速箱
悬挂：前轮麦弗逊悬挂系统；后轮拖曳臂、螺旋弹簧、防倾杆
刹车：四轮助力通风盘式刹车
最高速度：217km/h（135mph）（3.0升）
0—60MPH（0—96km/h）7.3秒（3.0升）
0—100MPH（0—161km/h）21秒（3.0升）
A. F. C：7.8—8.8km/l（22—25mpg）

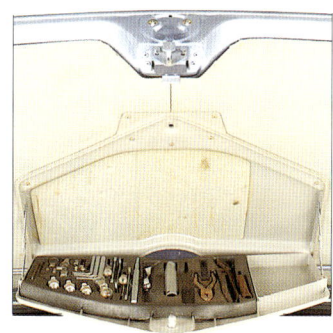

自己动手
公路版的3.0 CSL只比CS/CSi版轻一点，甚至还配备了宝马原厂的工具箱，整齐放置在行李箱底下。

宝马 *M1*

宝马M1（BMW M1），一个简单的名字，一个简单的概念。M代表着Motorsport GmbH，即宝马独立的运动竞技部门。至于那个数字"1"，代表着这将是宝马历史上第一次不只从极具竞争力的沙龙车和双门硬顶跑车中去发展全能赛车，而是直接建造一部外形更具冲击力的、战无不胜、兼备公路性，同时又可以享受赛道的成功的汽车。此车的雏形出现于1977年，1978年M1开始量产。截至1980年结束生产之前，仅仅出产了457部赛道和公路性能兼备的M1。这使得它成为宝马历史上最罕见的车型，也是收藏者最想得到的最时髦的现代宝马跑车。虽然它的赛车运动生涯口碑不错，但是它作为一部全时终极公路车的表现更为出色，它可不仅仅是拥有257公里/小时的"高速公路风暴"。只有极少数人才可以获得一部宝马M1，它的绝佳机械设计更是绝顶优秀，在许多方面都和20世纪30年代那华丽的328一样不同凡响。

国际合作制造

M1具有广泛的国际影响。它源于1972年法国人保罗·伯拉克（Paul Bracq）缔造的一部概念车，而M1车型外观的最后完成则来自乔治·阿罗（Giorgio Giugiaro）位于意大利都灵市的Ita设计室（ItalDesign）。兰博基尼也参与了机械部分的设计。然而，虽然M1的外形来自于集体创作，集合了许多车型的外观特点，但是它双肾设计的前格栅仍然非常像"宝马"，能让人一眼便认出是宝马汽车。

左舵驾驶
所有的宝马M1都是左舵驾驶。

悬挂
悬挂系统由弹簧、叉臂和筒式减震器组成。

前扰流板
M1有一个退化的唇状前扰流板。

宝马 M1

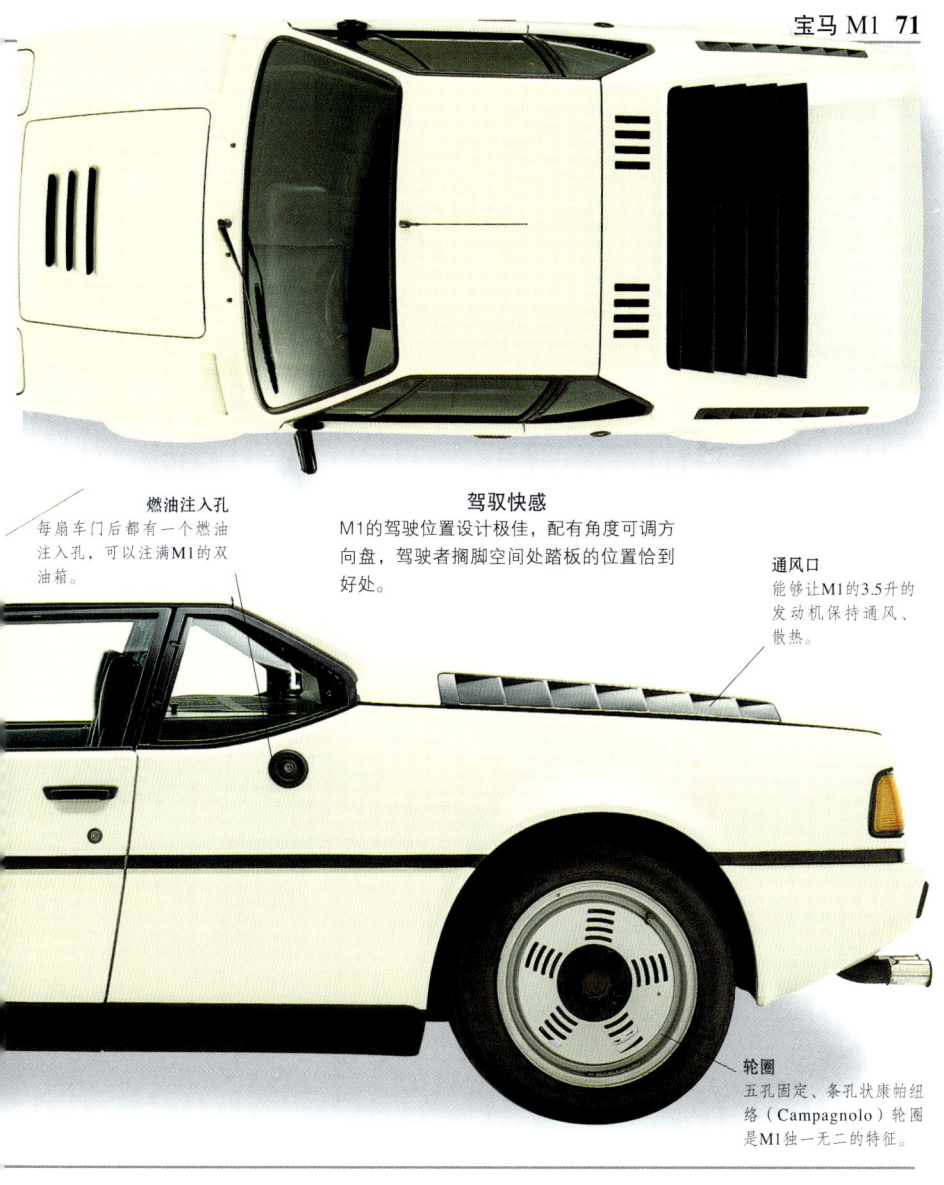

燃油注入孔
每扇车门后都有一个燃油注入孔,可以注满M1的双油箱。

驾驭快感
M1的驾驶位置设计极佳,配有角度可调方向盘,驾驶者搁脚空间处踏板的位置恰到好处。

通风口
能够让M1的3.5升的发动机保持通风、散热。

轮圈
五孔固定、条孔状康帕纽络(Campagnolo)轮圈是M1独一无二的特征。

汽缸盖

汽缸盖采用轻合金铸造而成,发动机配备了两个齿链式顶置凸轮轴操控在每个汽缸上的四个阀门。

发动机

M1 3.5升的直列六缸发动机与宝马635CSi一样,为铸铁汽缸组。不同的是,它采用了锻造的合金曲轴和比宝马635CSi略长的挺杆。

旁观镜

巨大的旁观镜对于操控M1来说至关重要,它们是电控可调的。

宝马 M1

黑色内饰
全黑内饰或许略显沉闷,不过搭配和安装全都采用了极高的规格。与其他某些超级跑车不同,M1的加热和通风系统运转得非常好。然而,后视范围却被后窗严实的板条和巨大的发动机盖遮挡了不少。

后车灯灯组
巨大的后车灯灯组与6系跑车和7系沙龙车一样。

前车灯
作为备用的可收起的前车灯,位于镶嵌在前杠上的前车灯的上面。

规格
车型:宝马 M1(1978—1980)
产量:457(全部为左舵驾驶)
车身风格:中置发动机,双门两座硬顶跑车
构造:管状钢质立体构架,玻璃纤维车身
发动机:直列六缸发动机,每缸四阀门,双顶置凸轮轴3.4升
输出功率:277bhp at 6500rpm
变速箱:ZF五速变速箱配合限滑差速器
悬挂:四轮:高硬度弹簧、叉臂、(德国)倍斯登(Bilstein)筒式避震器
刹车:四轮助力通风盘式刹车
最高速度:261km/h(162mph)
0—60MPH(0—96km/h)5.4秒
A. F. C:8.5—10.6km/l(24—30mpg)

完全M1赛车比赛
宝马公司与国际一级方程式赛车建造者协会(FOCA,Formula One Constructors' Association)合作创办了专业汽车赛事(译注:1979—1980,欧洲F1各站开赛前,特别为BMW M1开设的赛事,是一项普通车手与F1高手同场竞技的赛事),这是只有M1参赛的比赛,主要为了给1979年和1980年的国际汽车大奖赛(Grand Prix)助威。

别克 *路霸 1949*

1949年的别克路霸（Road Master）之美让当时的汽车界感到震惊——它的车身很低，笔直的发动机罩和长坡度的车顶设计，美得如同钢铁铸就的一首诗。1949年的路霸是第一部真正带有战后外观特征的别克汽车，由奈德·尼克雷斯（Ned Nickles）在通用的C车身（C-BODY）基础上设计打造。此车在两处进行了大胆的设计：侧面散热通风口和极具侵略性的25齿前格栅。哈利·厄尔（Harley Eral）的空气动力美学也在路霸身上得以实践，使得路霸一举创下了接近40万的销量。别介意路霸的风挡玻璃仍然是两块，它也没有配备助力方向盘，而且动力单元采用的仍然是老式的直列八缸发动机。尽管如此，它看起来仍然非常优秀，并配备了全新的戴勒福自动变速器（Dynaflow）。

非同小可的成功标志

多年来，美国通用汽车公司的广告一直这样宣称："如果有更好的汽车出产，那一定是别克生产。"在那个年代，风流妖娆俊俏的路霸可真是四个轮子上的非凡之物，距离凯迪拉克也就一步之遥。如果您能拥有一部路霸，那就说明您的人生已经超越了众人。

聚光灯
带反光镜的聚光灯，是价值25美元的可选配置。

通风口
低配版的别克车只有三个通风口，而只有豪华版的路霸配备了四个通风口。

别克 路霸 1949

可爱的尾鳍
充满艺术装饰感的后尾灯看上去非常高档、有品位,它平滑自然地融入汽车的后翼。甚至没人猜到,这些后灯被设计成了凸起的尾鳍的样子。

悬挂
1945年以后出产的路霸上,全部标配四轮螺旋弹簧悬挂系统。

通风口
路霸的通风口,如同喷气机的发动机正在喷火。

操控标志
1948年的路霸,推出了戴勒福(Dynaflow)自动变速箱作为可选配置。在这部1949年的路霸车身上,戴勒福的标志一共出现了5次。

轮胎与转向
路霸的轮胎是820*15的白胎壁轮胎,无转向助力系统,需要沉重的5圈才能完成由左到右的转向过程。

标志
戴勒福(Dynaflow)推出的自动变速箱理念在当时相当新鲜,以至于别克骄傲地将它刻写在汽车的尾翼上。

广告宣传

1949年经典的路霸为后来的路霸定下了基调。广告热切地褒奖这款车为"别克中的别克"。

时代风向标

路霸的车身看上去与奥兹莫比尔98（Oldsmobile 98）和凯迪拉克62系列非常相似，但是却是别克系列车里绝对独树一帜的一款。它宽大、夺目，是那一时代的完美作品，也开启了更低车身、线条更加流线的新时尚。乐观，奢华，闪闪发光，路霸承载着明晰的时尚风格线索。它飞驰起来，隔着一个街区的人都能知道，这不是一部普普通通的汽车——这可是一部别克车！甚至更好，这可是世界上你能用钱买到的最棒的一部别克车！

经典的后部造型
优雅盛放，垂坠的泪珠形的车身后部造型绝对完美。

风格
通用公司的C车身（C-BODY）尾部楔形风格十足。

别克 路霸 1949

早期标志
如同枪炮瞄准镜一样的发动机罩、獠牙状的前格栅、精致的通风口,都是独具风格的设计元素,成为别克车著名的标志性特征。虽然风挡玻璃被分开成两块,但是仍然呈现出完美的曲面。

发动机
路霸配备了火球(Fireball)的直列八缸铸铁320立方英寸发动机。

前格栅
经典的垂直的前格栅设计在1955年的车型中被替换掉了。

仪表盘
1949年新设计的仪表盘被形容为"飞机驾驶舱体验",因为时速表是穿过方向盘,径直出现在司机的眼前。

规格

车型:别克 路霸 1949
产量:18 415(1949年款)
车身风格:双门滑背车
构造:钢质车身和底盘
发动机:5.1升 直列八缸发动机
输出功率:150bhp
变速箱:两速戴勒福(Dynaflow)自动变速箱
悬挂:四轮螺旋弹簧悬挂系统
刹车:四轮鼓式刹车
最高速度:161km/h(100mph)
0—60MPH(0—96km/h):17秒
A. F. C:7km/l(20mpg)

别克 路霸 1957

1957年，美国正在为进入20世纪60年代而全力加速。小理查德（Little Richard）因为摇滚歌曲《露西尔》（*Lucille*）的大卖而一举登上榜单的首名，"猫王"还有9首热门歌曲在榜上。杰克·凯鲁亚克（Jack Kerouac）写下了他那经典不朽的小说《在路上》（*On the Road*），激励了无数美国人沿着艾森豪威尔总统大力兴建的州际公路，驾车寻找生命中的"应许之地"。当时的汽车大量使用夸张的尾鳍和镀铬元素，通用公司也投入了几亿美元以使别克车系看上去更时髦。1957年的路霸的车身很低而且很有力——巨大的车体长达5.46米，宽达1.83米，动力增强到300马力。此外，它还拥有时髦的背鳍，弧光曲棱（Sweepspear）流线型车身，后围也大量使用镀铬元素。它两侧配备了4个散热通风口，别克的标志让人想起1949年路霸还装配了优雅迷人的前翼。但是美国人并不怎么喜欢别克的新变化，尤其是一些时髦的喷气机时代的设计元素。

飞机的设计风格
20世纪50年代，飞行器的设计风格极大地影响了汽车设计，1957年的路霸也不例外。曲面风挡玻璃，如同飞机驾驶舱的车顶，涡轮机风格的轮圈罩，人人都可以想象自己驾驶着它飞越平流层，后面拖着长长的烟的样子。

汽车驾驶室还是飞机驾驶舱？
轻巧地陡然下降的车顶线条，在很大程度上吸收了喷气式战斗机的驾驶舱设计元素。

高度
1957年的路霸的底盘比之前更低、更时髦。

别克 路霸 1957

发动机
V8 的压缩比是 10:1，燃料意味着 100 辛烷值。

变幻无常的时尚
有弧度的一体风挡玻璃，第一次出现于 1954 年，到了 1957 年的时候，已经在几乎所有车型上普及了。

喷气飞机时代
这里巨大的镀铬突出物，暗示着这部汽车具有涡轮喷气飞机一般的强劲动力。

奢侈的豪车
路霸是别克产品线里最奢华的汽车之一，他们骄傲地在发动机罩上写下了别克的代表性的字样。

前格栅
1957 年款的路霸中，又采用了经典的垂直的前格栅装饰条设计，这一设计在 1955 年曾一度被取消。

弧光曲棱
激动人心的弧光曲棱（译注：弧光曲棱车身特征线，是别克经典血统的传承与创新，令车身比例呈现修长、优雅的完美视觉；流畅的腰线在后门把手处流转上扬，勾勒出飘逸的灵动效果，富含变化的美感）大大提高了轮罩拱的线条。

新的悬挂
1957 年的路霸的前部悬挂系统采用了球窝接头设计。

行李箱
在人人都是购物狂的20世纪50年代,路霸巨大的行李箱最合适不过了。它能轻松装下你在大商场买的所有东西。

发动机
炙手可热的别克5.9升V8发动机可以爆发出300马力。它的速度能够达到180公里/小时(112mph),在10秒钟内就能完成0-60mph(96公里/小时)的加速。戴勒福(Dynaflow)变速器的叶片间距可变,能够像飞机的螺旋桨推进器那样调整角度。

装饰过度
采用过多镀铬装饰让汽车后悬显得异常巨大,加上"达格玛"(译注:达格玛风格,指20世纪50年代的汽车保险杠常常采用的一种设计风格,大量使用镀铬元素和华丽装饰。"达格玛"一词取自当时著名的电视女明星达格玛的名字)风格的带棱保险杠、锋利的尾灯——这简直是设计上的梦魇。颇有意思的一个创新是燃油入口帽被挪到了车尾汽车牌照正上方的一个狭槽里。

尾鳍局部
我们从路霸的设计上可以看出,在1957年的时候,汽车设计师们过分追求尾鳍的时尚设计已经到了荒谬的程度。不幸的是,1957年的路霸也是如此,看上去和其他的美国车没什么两样。那种简单淳朴的特质一去不复返,别克开始失去作为高端汽车制造商的良好声誉——别克在那一年的销量下跌了24%。

别克 路霸 1957

有限的视角
带有涂色玻璃的后车窗设计局促,在倒车的时候并没有给予司机太多帮助。

规格

车型:别克 路霸1957
产量:36 638(1957年款)
车身风格:双门五座硬顶跑车
构造:钢质车身,交叉结构底盘
发动机:5.8升 V8
输出功率:250bhp at 4400rpm
变速箱:两速戴勒福(Dynaflow)自动变速器
悬挂:四轮螺旋弹簧独立悬挂系统
刹车:四轮液压鼓式刹车
最高速度:180km/h(112mph)
0—60MPH(0—96km/h):10.5秒
0—100MPH(0—161km/h):21.2秒
A. F. C:4.2km/l(12mpg)

助力方向盘
从1953年起,电动助力方向盘和戴勒福变速器就被指定在所有路霸的标准配置中。

通用饰章
方向盘中心的通用饰章表示别克出产于通用设在美国密歇根州的佛凌特(Flint)工厂。

内饰
路霸的标准配置包括红色班机(Red Liner)时速表,手套箱灯,里程表指示灯,还配有相应配色的仪表盘。从1955年开始,购买路霸的客人可以在10种不同的内饰中进行选择。

别克 限量款里维拉700系列 1958

1958年的限量款里维拉（Limited Riviera）简直是最华而不实的汽车之一。跨度5.78米长，2吨重，它就是别克这倒霉的1958年的写照。尽管厂商加上了闪烁的装饰，又将这部车挂上了"Limited（限量款）"的标签，限量款里维拉还是遭遇了失败。汽车刚刚投入使用的时候，通用公司的戴勒福自动变速箱（Dynaflow）的液压系统出现了一些问题，而且这部车的刹车系统似乎也不乐意工作。此外，在这个汽车制造业衰退的年份，这部车的价格进入凯迪拉克的区间——甚至比凯迪拉克62系列还贵了33美元。1958年，限量款里维拉只出产了7436部。20世纪50年代晚期，底特律（美国汽车业）已经迷失了它前进的方向，1958年的限量款里维拉也无路可走。

装饰
内饰由灰色的布料以及乙烯基塑料制造。座椅的靠背采用了泡沫橡胶材质。

五十年代之子
在那个追求"巨大"的年代，飞机和航空母舰都对汽车的设计产生了重大影响。而限量款里维拉几乎半个车都融化在极度丰富的装饰中。限量款里维拉静止不动的时候，看起来就像需要第五个轮子来支撑过重的后悬重量。

车身风格
除了四门版的里维拉，700系列也包括两门敞篷版。

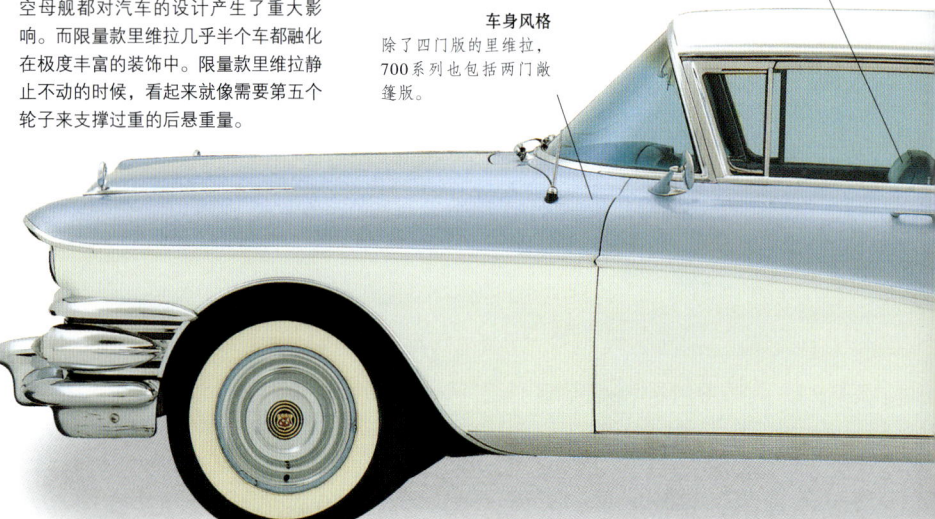

别克 限量款里维拉700系列 1958

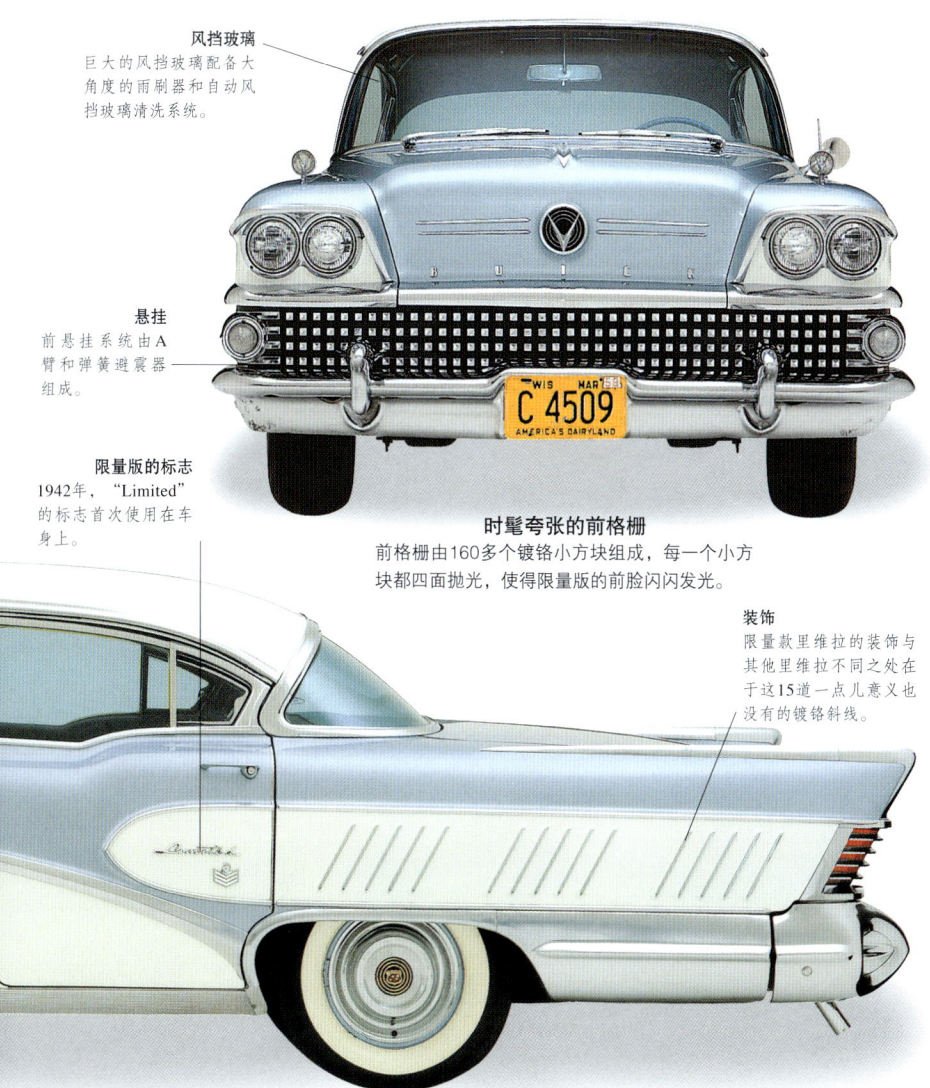

风挡玻璃
巨大的风挡玻璃配备大角度的雨刷器和自动风挡玻璃清洗系统。

悬挂
前悬挂系统由A臂和弹簧避震器组成。

限量版的标志
1942年,"Limited"的标志首次使用在车身上。

时髦夸张的前格栅
前格栅由160多个镀铬小方块组成,每一个小方块都四面抛光,使得限量版的前脸闪闪发光。

装饰
限量款里维拉的装饰与其他里维拉不同之处在于这15道一点儿意义也没有的镀铬斜线。

84 经典酷车

后部外观
别克的后部真是一个大杂烩,丰满的曲线、倾斜的尾鳍和平行的尾灯。行李箱大得惊人,都能装下一个足球队的装备了。

停车辅助
车身侧翼上的标志看上去可能很夸张,但是停车的时候却非常有用,它可以帮助估测巨大的车身能否安全停入。

悬挂
空气悬挂系统可以给气囊加压(以调整车身高度),被设为选装配置。但这套系统表现并不稳定,总是出错。不过,它确实可以达到降低车身高度的作用。

发动机视图
顶置气门的B12000发动机能够爆发出300马力、364立方英寸的排量,这些规格列在纸上,可谓让人印象深刻。可是真的跑在路上的时候,限量款却太重了,行动迟缓得很。

别克 限量款里维拉700系列 1958

规格

车型：别克 限量款里维拉700系列 1958
产量：7436（1958年所有700系列）
车身风格：双门六座硬顶跑车，双门敞篷跑车，四门六座硬顶轿车
构造：钢质一体车身
发动机：5.8升 V8
输出功率：300bhp
变速箱：戴勒福（Dynaflow）自动变速箱
悬挂：前轮A臂加弹簧避震器组成的悬挂系统；后轮螺旋弹簧桥式悬挂系统；可选配空气悬挂系统
刹车：四轮鼓式刹车
最高速度：177km/h（110mph）
0—60MPH（0—96km/h）：9.5秒
A. F. C：4.6km/l（13mpg）

镀铬装饰
闪亮的金属外壳差不多是20世纪50年代所有商品的外观特征，从食物搅拌机到收音机。

经济
油耗达到4.6公里/升（13mpg），限量款可谓相当省油、经济。

喇叭
喇叭拉杆差不多是20世纪50年代每一部美国汽车的标准配置。

内饰
助力方向盘和助力刹车是（被认为在这个级别里）必备的，因此包含在标准配置（列表）中。其他的标准配置还包括电子表、点烟器和电控车窗。

别克 里维拉 1964

传说在1958年,通用集团的首席设计师比尔·米切尔(Bill Mitchell)在伦敦的一家酒店门口,看到了让他一生印象深刻的劳斯莱斯银色黎明(Silver Dawn)。这激发了他的灵感,"我们需要的汽车,"米切尔说,"是法拉利和劳斯莱斯两者的混合体!"1960年8月,米切尔已经将心中的梦想之车塑造为全尺寸的陶土模型。最初的1963年的里维拉简直是世界上最美丽的汽车之一,成为福特雷鸟的死敌。它也是通用公司缔造"一个伟大的全新美国经典车"的尝试,并且取得了很好的效果。里维拉(Buick Rivera 1964)独特而且优雅,刀锋般的设计和平滑的曲线,辅以适量的镀铬元素为装饰。在汽车优美的线条之下,是横梁结构车架。它还配备了401立方英寸的V8发动机和助力制动系统,加上两速涡轮变速箱。为了保证这款独一无二的汽车所得利益最大化,别克公司同意每年只生产4万部。有着美丽的外观和强有力的性能,里维拉成为城市里最经典的汽车之一,也是底特律(美国汽车业)最好的作品之一。

经典吸引力

为了应对宾利大陆(Bentley Continental),美国人缔造了里维拉。这也是为了迎合美国常春藤联盟(译注:常春藤联盟由美国东北部八所高学术水平、历史悠久的大学组合而成:布朗大学、哥伦比亚大学、康奈尔大学、达特茅斯学院、哈佛大学、宾夕法尼亚大学、普林斯顿大学及耶鲁大学)出身的买家对诸如阿斯顿·马丁、玛莎拉蒂和捷豹等纯正欧洲贵族汽车的迷恋。

线条优美的设计

非常内敛的设计,刀锋一般的风格,造就了这部低调、简洁而优雅的汽车。

尺寸

整辆车相对而言比较紧凑,里维拉比其他的大尺寸别克车都要短一些、轻一些。

侧翼线条

里维拉的侧翼线条设计比劳斯莱斯银影系列(Silver Shadow)早三年。

别克 里维拉 1964

规格
车型：别克 里维拉 1964
产量：37 958（1964年款）
车身风格：双门硬顶跑车
构造：钢质底盘、车身
发动机：6.8升 V8
输出功率：340—360bhp
变速箱：两速或者三速自动变速箱
悬挂：四轮螺旋弹簧悬挂系统
刹车：四轮鼓式刹车
最高速度：193—201km/h（120—125mph）
0—60MPH（0—96km/h）8秒
0—100MPH（0—161km/h）8秒
A. F. C：4.2—5.7km/l（12—16mpg）

康威·特威蒂

演唱过《开始相信》（It's only make believe）的当时著名的民谣歌手康威·特威蒂（Conway Twitty）拥有在此页上展示的1964年款的里维拉，而且他还将车牌个性化为自己的名字。

矮胖的后柱

结实有力的后柱却导致了后视的盲区。

遥控行李箱

遥控行李箱盖是可选配置，在1964年来说相当吸引人。

轮胎

可选白胎壁轮胎配置，钢质镀铬五号公式（Formula Five）轮圈让汽车更加性感。

经典的前部外观

1963年和1964年的里维拉都携带经典的外露式双前车灯的设计。1965年设计的前车灯却隐藏在电控折叠式灯罩后面,原因恐怕只有别克自己知道。

发动机

1964年的里维拉拥有425立方英寸野猫(Wild Cat)V8发动机,加上双四腔化油器,它能够达到360马力。《汽车生活》(*Car Life*)杂志曾经测评过1964年的里维拉的野猫发动机,只要踩一脚油,就在7.7秒之内跑到60mph(96公里/小时)。

卖给罗孚

别克将老401的生产线卖给了罗孚,结果后者的揽胜系列(Range Rover)因此获得巨大成功。

发动机可选配置

1965年的车型配有运动型高性能选装包——360马力发动机,限滑差速器(limited slip differential,LSD)以及"Giro-Poise"防侧倾系统。

内饰

奢华版里维拉为四座车型,后座分开,它们看上去好像前座一样的凹背椅。占据主要位置的V形中央控制台从两个前座之间的缝隙一直延伸到仪表盘。里维拉的内饰颇具欧洲风格,与当时大多数美国车的内饰风格大不相同。

前格栅

前格栅的设计灵感来自法拉利250GT。

对抗雷鸟

4333美元的价格,比福特雷鸟要便宜153美元。

W形

俯视车头部分呈现的W形外观,直接出自意大利设计师之手。时髦的里维拉迅速成为美国的捷豹。

别克 里维拉 1971

1963年的里维拉(Riviera)曾经是别克历史上卖得最好的一款车。但是到了20世纪60年代末期,它的销量却远远落后于福特的豪华型雷鸟。提醒一下,里维拉可比它的"同胞兄弟"——凶猛的前驱动的特罗那多(Toronado)卖得好得多,于是别克还是在1971年决定提高赌注,推出了全新的里维拉。新型里维拉显得有些与众不同,看上去好像以往里维拉的夸张漫画版,但却更大更凶悍。帅气且令人印象深刻,和它的外号"船尾"一样,它的设计灵感来源于1963款的(雪佛兰)黄貂鱼(Sting Ray)。它像杰奎琳·奥纳西斯(Jackie Onassis,美国总统肯尼迪的夫人)一样优雅,像拳王穆罕默德·阿里(Muhammad Ali)一样难以被击倒。里维拉1971年的基本款定价为5251美元,它以巨大的价格优势战胜了主要竞争者雷鸟。通用集团的首席设计师比尔·米切尔(Bill Mitchell)说,他这一辈子最喜欢的车就是别克里维拉1971。别克里维拉1971的销量发疯地上涨,别克的旗舰车型终于成为行业里的传奇,这令其他厂商艳羡不已。无论是谁,都会在坐入这部双门硬顶跑车的时候忍不住惊叹。

发动机

里维拉搭载了巨大的455发动机,是当时通用最大的发动机。而高性能选配包更受追捧,它使巨大的V8发动机运行得更加顺滑和安静,并且将功率提升至惊人的330马力。一位评论者这样形容应用了高性能发动机的里维拉:"这是最好的汽车!"

前格栅

昵称为"船尾"的里维拉不仅汽车后部线条优美,而且其特点也反映在向前猛冲的前格栅上。

别克 里维拉 1971

规格

车型: 别克 里维拉 1971
产量: 33 810（1971年款）
车身风格: 双门硬顶跑车
构造: 钢质车身、箱型底盘
发动机: 455立方英寸V8
输出功率: 315–330bhp
变速箱: 三速滑轮液压自动式变速箱
悬挂: 前轮螺旋弹簧独立悬挂系统；后轮自动水平气囊式气动悬挂系统
刹车: 前轮盘式刹车，后轮鼓式刹车
最高速度: 201km/h（125mph）
0—60MPH（0—96km/h）8.4秒
A. F. C: 4.2—5.3km/l（12—15mpg）

车轮罩拱
车轮罩拱非常宽大，并沿着侧裙的反方向向里紧收。

矮胖而敦实的尾部
肌肉车的侧腹逐渐延展成为船尾一样的尾部。只有汽车城底特律的设计师才能把这么巨大的船上镀铬装饰嫁接到车尾部来。

优美的线条
像这样大胆的线条，在量产车中还从未见过。

驾驶室
20世纪70年代的汽车驾驶室非常时髦，但是塑料感很强。

内饰
1972年以后采用6/4式可折叠后座椅，对于一部双门硬顶跑车来说，这样的配置可使车内整洁利落。可选配置表长得惊人，掏很多的钱，你也不见得能配到几样。不过，倾斜式助力方向盘仍然被列为标准配置之一。

通风口
通风口是空调系统的一部分，是1971年款里维拉独一无二的特征。

靓车俯瞰图
里维拉的风格可能有些夸张，不过虽然它采用固定硬顶的滑背式设计，外加一个巨大的后车窗，它仍然还能容纳宽敞的五座。3.1米的轴距，使得1971年款的里维拉比之前的里维拉都要长。

无柱设计
里维拉采用无柱设计，使得车身侧面的线条更加优美。

超级制动系统
里维拉的制动系统广受赞誉，带有Max Trac防滑装置。里维拉能够在96公里/小时的速度（60mph）下，仅用41米的距离就停下来，比它同时代的竞争车型短12米。

涂色玻璃
软射线（Soft-Ray）涂色玻璃帮助车体保持驾驶室的凉爽。

刹车
前轮刹车盘使得刹车系统有效运行。

别克 里维拉 1971

米切尔的商标
汽车后部带有典型的比尔·米切尔（Bill Mitchell）风格，简直好像要把他的名字贴满全车身。这位通用的顶级高手还设计了1963年的黄貂鱼（String Ray）的后部。

后车窗
一片式后车窗的弧线一直向下方延展。

座椅
前部凹背座椅或者定制座位，材质均为乙烯基。

后部视野
从后视镜里看到的后部视野稍微受限。

行李箱开关
电控行李箱开关算不上多现代的东西——1971年的里维拉的选配单上就有。

凯迪拉克 *62系列*

我们真应该好好感谢1949年的凯迪拉克。它给我们带来了漂亮的尾鳍和高压缩比的V8发动机。哈利·厄尔（Harley Earl）设计出了引领时代风潮的后舵，而同时约翰·F. 戈登（John F. Gordon）给我们带来了高性能的发动机。在两人的通力合作之下，创造并确定了"二战"后美国汽车设计的基本原则和风格。1949年，第一百万部凯迪拉克汽车下线，便是令人惊叹的62系列（Cadiuac Series 62）诞生之时。它外形帅气，速度异常快，62系列可谓是一部非常完美的汽车。就连傲慢的英国人和意大利人都不得不对这部车由衷地点头称许。况且不到3000美元的售价，足以将同等级的竞争者置于死地。正如凯迪拉克的广告宣扬的那样："新凯迪拉克不仅是世界上最美丽、最出众的汽车，它的性能更加能够挑战您的想象力。"美国汽车制造商的美国梦和最好时期就是从这部凯迪拉克62系列开始的。

内饰

驾驶室内的镀铬元素使用非常多，颜色采用灰蓝色或者是棕色，并使用羊毛地垫、皮质或织布座椅来与之相配。车内配备塞基诺（Saginaw）方向盘，还有四速自动变速箱。

发动机罩之下

虽然风格与1948年款类似，但是1949年款的顶置阀门V8发动机却是一个创新，和以往大不相同。

凯迪拉克 62系列

凯迪拉克的灵感

1948年,是尾鳍风行的年代,是迷恋凯迪拉克的年代。这一年,凯迪拉克的设计师比尔·米切尔(Bill Mitchell)、哈利·厄尔(Harley Earl)、富兰克·赫尔舍(Frank Hershey)和雅特·罗斯(Art Ross)都迷上了"二战"时期的美国洛克希德P-38闪电战斗机(Lockheed P-38 Lightning)。这架著名的战斗机成为凯迪拉克汽车设计的灵感来源。凯迪拉克还装配了爱德华·科尔的顶ള阀门V8发动机,光制造它就花了10年。为了减轻重量,增加压缩比,最后生产出了比当时任何一款车都具备更大扭力,跑得更远的汽车。

规格

车型:凯迪拉克62系列(1949)
产量:92 554(1949年所有车身类型)
车身风格:双门五座滑背车
构造:钢质车身和底盘
发动机:331立方英寸V8
输出功率:162bhp
变速箱:四速液压自动式变速箱
悬挂:前轮螺旋弹簧悬挂系统;后轮叶片弹簧悬挂系统
刹车:四轮鼓式刹车
最高速度:161km/h(100mph)
0—60MPH(0—96km/h)13.4秒
A. F. C:6km/l(17mpg)

风挡玻璃
弧面风挡玻璃在1949年的车型里是个创新。

隐藏的燃油入注口
燃油入注口隐藏在尾灯下面,这是凯迪拉克自从1941年就开始的一项传统。

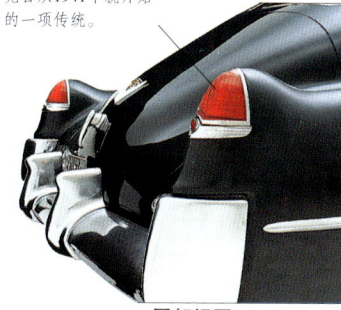

尾部视图
因飞机而激发的设计灵感而造就的汽车尾鳍,成为凯迪拉克的标志,在1959年的车型中达到了前所未有的高度。

凯迪拉克标志
羽冠下面的V字,代表着V8发动机,这种V字设计在1952年之前一直保持不变。

与宾利的相似
经典的1952年的宾利R系列大陆汽车（R-Type Continental）与1949年的凯迪拉克有着惊人的相似，汽车界谈起此事常常隐含着剽窃之意。

方正的尾部
基于1948年车型进行的微小改动，汽车尾部变得更加方正。

液压操纵
前侧车窗和座椅都采用了液压技术。

发动机单元
创新顶置阀门331立方英寸V8发动机能够释放160马力。

发动机测试
在经过541小时的测试后，发动机仍然完美无瑕。

凯迪拉克 62系列

广告宣传
凯迪拉克的广告单上宣扬1949年的凯迪拉克是"世界上最漂亮的汽车",简洁而优雅的风格紧紧抓住了消费者的心。

优美的线条
滑背式线条非常华丽。

前格栅
1949年款车上的前格栅比1948年款的要重一些。

轮胎
胎压只有24psi,使得使用无助力方向盘的驾驶者开起车来感到很沉重。

装饰
镀铬的横线装饰,是受到飞机进气口激发而设计。

经典风格
哈利·厄尔(Harley Earl)和胡里奥·安德雷德(Julio Andrade)在通用公司的设计室里画出了具有重大意义的车身草图。1949年62系列的许多特征,很快也出现在同样出产于通用公司的其他车型上,比如奥兹莫比尔(Oldsmobile)和别克。

凯迪拉克 *埃尔多拉多 敞篷版 1953*

对于20世纪50年代的美国来说，没有一部车能像1953年的埃尔多拉多敞篷版（Eldorado Convertible）那样迷人，那样充满魅力。汽车广告也自信地宣称其为"与众不同的汽车——即便与其他的凯迪拉克相比亦是如此！"这是埃尔多拉多系列的第一款汽车，当时被看做顶级的美国豪华车，也是美国人最想拥有的一部豪华车。作为一款限量版汽车，1953年敞篷版埃尔多拉多的设计灵感来源于哈利·厄尔（Harley Earl）创办的新车展览。在这个展览上，厄尔将奇思妙想呈现为概念车展出。埃尔多拉多敞篷版的价格为令人瞠目结舌的7750美元，这样的价格比普通的凯迪拉克的敞篷汽车贵了1倍，更是普通的雪佛兰轿车价格的5倍。1954年，凯迪拉克将这款车打5折出售，于是展示台上的埃尔多拉多敞篷版瞬间就卖得精光。今天，汽车收藏者们仍然认为1953版的敞篷埃尔多拉多是开启了埃尔多拉多伟大时代的一款车，它是第一款，同时也是最棒的一款。

顶级动力

1953年的凯迪拉克是当时美国动力最强劲的汽车——它配备了铸铁V8发动机、四腔化油器和楔形汽缸盖。但是标配的车篷重量就几乎重达136千克，埃尔多拉多敞篷版实际上是凯迪拉克跑得最慢的汽车。

空调重量

空调系统将整车重量提升到2177千克，不过最高速度还是能达到187公里/小时（116mph）。

凯迪拉克 埃尔多拉多 敞篷版 1953

规格

车型：凯迪拉克 埃尔多拉多 敞篷版 1953
产量：532（1953）
车身风格：双门五座软顶敞篷车
构造：钢质车身
发动机：5.4升 V8
输出功率：210bhp at 4150rpm
变速箱：三速液压自动式双切换变速箱
悬挂：前轮独立双连杆麦弗逊悬挂系统；后轮叶片弹簧桥式悬挂系统
刹车：四轮鼓式刹车
最高速度：187km/h（116mph）
0—60MPH（0—96km/h）12.8秒
0—100MPH（0—161km/h）20秒
A. F. C：5-7km/l（14-20mpg）

未来主义风格
双排气镶嵌在后保险杠的两端，不过，这只是"喷气时代"风格主题的前奏。这一风格将会在1959年的凯迪拉克敞篷车（参见第102页至第105页）上爆强的107厘米的尾鳍上达到巅峰。

车篷材料
车篷材料采用奥纶丙烯酸（Orlon Acrylic）。

顺滑的设计
车篷布会整齐地叠放在汽车后部面板下方，使得埃尔多拉多的外观线条非常整洁利落，比起其他的敞篷车更加美观大方。

备轮（胎）
镶在行李箱后方的备轮（胎），是投放市场后的旅行套装。

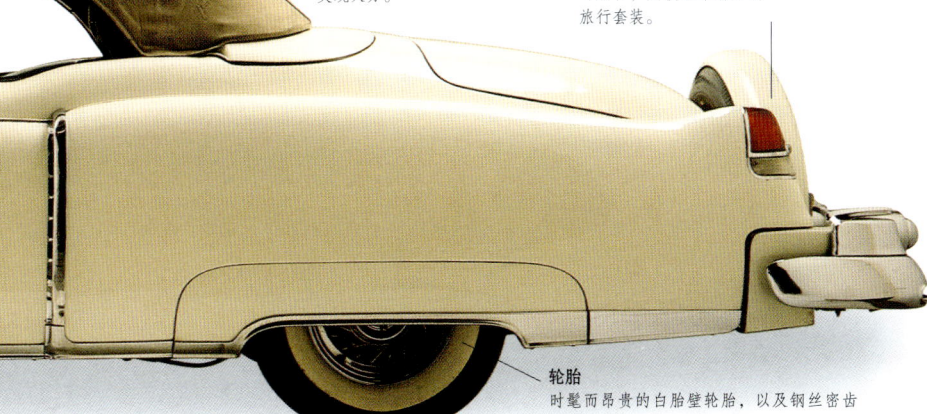

轮胎
时髦而昂贵的白胎壁轮胎，以及钢丝密齿轮圈是埃尔多拉多敞篷车的标准配置。

系列中的顶级

埃尔多拉多是凯迪拉克最精致的旗舰产品,配置动力最强劲的331立方英寸的V8发动机,同时车身线条却极度时尚。

风挡玻璃

标准的凯迪拉克曲面风挡玻璃最早出现在1953年的车型上。

功能旁观镜

使用了大量的镀铬材质,手动可调,既可做聚光灯,又可以做旁观镜。

镀铬风格

丰富的镀铬装饰,被称为"达格玛(Dagmar)"风格。

凯迪拉克 埃尔多拉多 敞篷版 1953　**101**

天线
在车内调节收音机，车外的天线可以接收到相应的信号。

仪表盘
埃尔多拉多敞篷车上的标准配置包括液压自动式变速箱、真皮或者织物座椅、涂色玻璃、化妆镜和旁观镜，加上多频收音机。

车身颜色
可以选择的颜色包括阿尔卑斯雪白、阿兹特克红、天青蓝、工艺赭。

凯迪拉克 *埃尔多拉多 敞篷版 1959*

再没有哪一部车能像1959年的凯迪拉克（Cadillac Convereible 1959）这样完美地诠释了巅峰时期的美国——这是一艘造型如火箭一般，沿着银河轨道运行的星际飞船，它奇迹般地在世界上最富有、最强大的国家的崭新高速公路上飞奔。它的车身上带有107厘米长的尾鳍，也正因为此，1959年的凯迪拉克登上了美国汽车设计的顶峰。重达2吨，长6.1米，宽1.83米，它周身散发的信息是财富、自信和无可挑战的权威。在如同得克萨斯州那么大的发动机罩下面，是一个如同加利福尼亚州那么大的发动机。然而，虽然这部汽车看起来仿佛是在使用喷气飞机燃料，不过1959年的凯迪拉克操控起来却仿佛阿莫科（Amoco）公司的卡德斯号超级油轮（Cadiz）那样不灵活。不管怎样，在短短的狂热岁月里，1959年的凯迪拉克始终是最卓越的美国汽车，在疯狂的购买潮中独树一帜。它不仅仅是一部汽车，更是那个时代的标志。

神圣的地位
尾翼顶端距离地面1.07米。1959年的凯迪拉克敞篷车是那个时代的护身符。它已经不是一部车，而是时代独具风尚的偶像，完美地代表了一个时代的终结——美国世界霸权的结束，和迷恋太空旅行和火星人时代的终结。

风挡玻璃
弧度很大的曲面风挡玻璃直接来源于战斗机设计。

边窗
镀铬车门上的边窗可以在车内翻折。

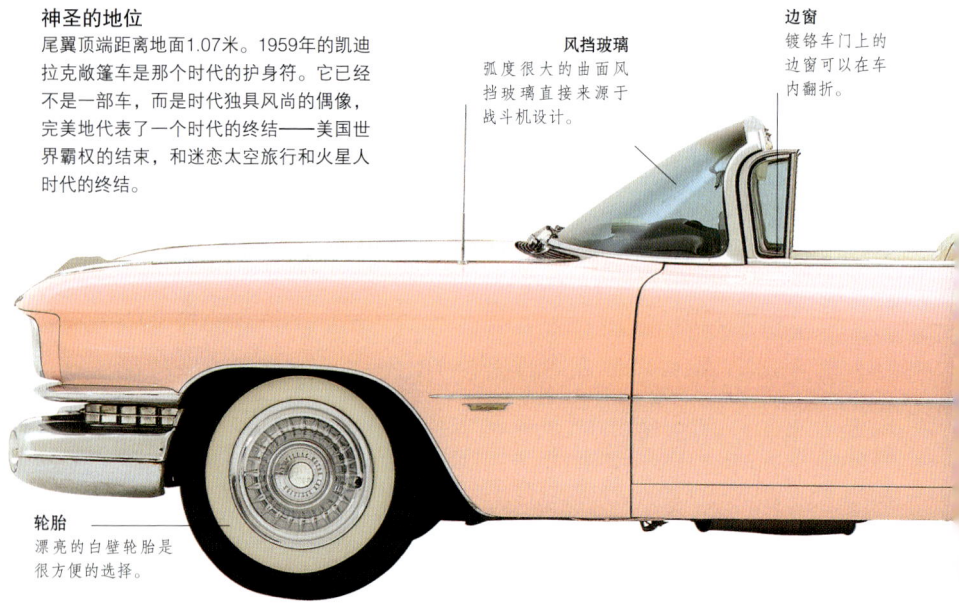

轮胎
漂亮的白壁轮胎是很方便的选择。

凯迪拉克 埃尔多拉多 敞篷版 1959

车篷
当车篷收起来的时候,敞篷凯迪拉克从侧面看就像一支极速的飞镖。

后车灯
蛋形的深红色后车灯是纯粹的喷气机时代的产物。

过多的后部装饰
实际上,当时的评论者认为1959年的凯迪拉克敞篷车太过于花哨了。凯迪拉克公司也这样认为,于是第二年就将尾翼缩短了15.5厘米。

车门
巨大而细长的车门使上下车都非常方便。

行李箱
后备箱十分巨大,能装下五个备胎。

超长车身
1959年的凯迪拉克敞篷车的超长车身,使它的转弯半径达到7.3米。

空间巨大
车子的内部空间十分巨大，能真正容纳六座，还能剩余很多空间。

发动机罩
发动机罩的尺寸简直如同航空母舰，在车鼻越长代表着汽车越高级的时代，1959年的凯迪拉克敞篷车是个中翘楚。为了这加长的车鼻，汽车前部在驾驶时深受震动之苦。为了缓解这一弊端，提升汽车的乘坐舒适度，厂商提供了电子空调系统、电控座椅、电控车窗和电控行李箱等配置供选择。

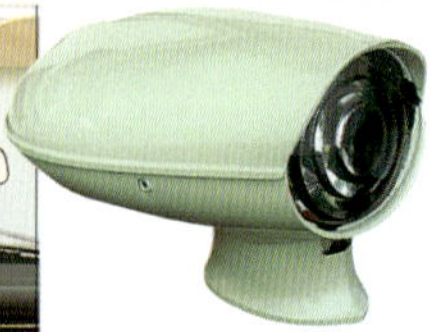

内部装饰选择
除了助力刹车和助力方向盘，你还可以选择自动变速器、中央门锁和涂色玻璃。你还能特别定制可以自动感应开关的近光前车灯。

凯迪拉克 埃尔多拉多 敞篷版 1959

规格

车型：凯迪拉克 埃尔多拉多 敞篷版 1959
产量：11 130（1959年款）
车身风格：双门六座敞篷跑车
构造：钢质车身、交叉结构底盘
发动机：6.3升（390立方英寸）V8
输出功率：325/345bhp at 4800rpm
变速箱：通用液压自动式三速变速箱
悬挂：四轮螺旋弹簧悬挂系统，还可以选择Freon-12气动悬挂系统
刹车：四轮液压助力鼓式刹车
最高速度：180km/h（112mph）
0—60MPH（0—96km/h）10.3秒
0—100MPH（0—161km/h）23.1秒
A. F. C：2.8km/l（8mpg）

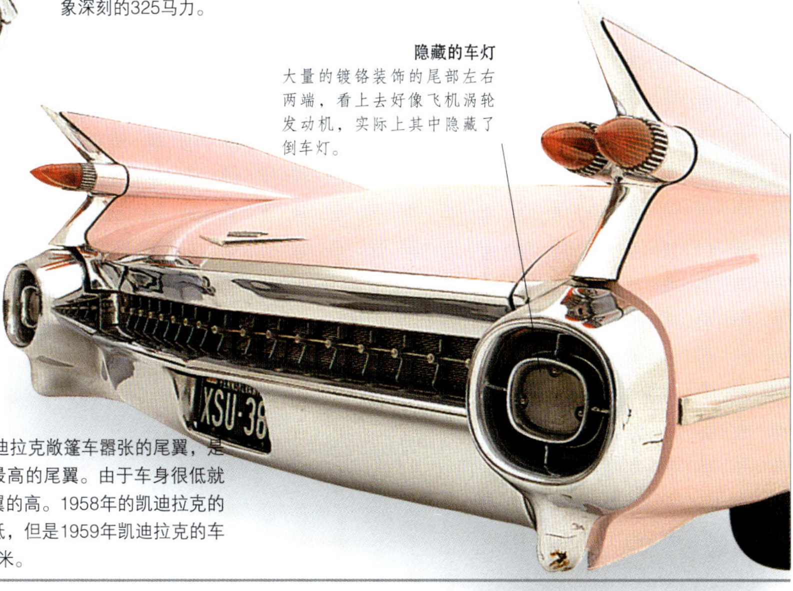

发动机
野兽般的6.3升V8铸铁发动机包含5个主要轴承，采用液压气门挺杆，在4800转能爆发出让人印象深刻的325马力。

隐藏的车灯
大量的镀铬装饰的尾部左右两端，看上去好像飞机涡轮发动机，实际上其中隐藏了倒车灯。

尾部视图
1959年的凯迪拉克敞篷车嚣张的尾翼，是当时世界上最高的尾翼。由于车身很低就更加凸显尾翼的高。1958年的凯迪拉克的车身已经很低，但是1959年凯迪拉克的车身还要低8厘米。

凯迪拉克 埃尔多拉多 敞篷版 1976

1976年，凯迪拉克汽车的身型又一次变得臃肿起来，平均4.6公里/升（13 mpg）的巨大油耗，就好像是M24坦克一样。1976年的埃尔多拉多（Eldorado）配备了一台巨大的500立方英寸V8发动机，输出功率却只有区区190马力，极限速度仅为175公里/小时（109mph）。到了必须改变的时候了——实际上，凯迪拉克已经于一年前（1975年）推出了赛威（Seville）来应对。但是埃尔多拉多从另一个角度标志着一个时代的结束，它是美国（在经典车时代）出产的最后一部软顶敞篷车。凯迪拉克发表声明，软顶敞篷版将在1976年年底逐渐淡出大家的视野。凯迪拉克是最后一个将软顶敞篷汽车停产的美国厂商。经销商们仍然争着去买最后的200部埃尔多拉多，很多人甚至号称他们与凯迪拉克的创始人是远亲，想尽办法走后门加塞购买。一位内布拉斯加州72岁的老人就一口气买了6部埃尔多拉多。无论如何，这伟大的美国的象征就这样悄然而逝了。

传统的车身设置
车身巨大且细长，1976年款埃尔多拉多采用的前轮驱动，最早用于1967年的埃尔多拉多上，而且一直保留到今天。1976年的埃尔多拉多敞篷车车身长5.7米，宽2米，售价10 354美元。

内饰配置
内饰是由隼灰色的格子呢子、大量豪华的天鹅绒或者11种颗粒皮革组成。

时髦的车镜
配备了镀铬电控可调旁观镜，内置温度计，可以显示车外的温度。

刹车系统
埃尔多拉多采用标准的四轮盘式刹车系统，带有晶体管后部控制。

凯迪拉克 埃尔多拉多 敞篷版 1976

最后的需求
最后一批敞篷车的需求非常旺盛,二手车要卖到2万美元,差不多是公开售价的两倍。

自动车灯
前车灯的弱光感测功能会根据外部条件自动开启或关闭。

安全橡胶区域
车身前后部各有一个条状部分,是橡胶缓冲区域。

燃油经济性
看上去这么大的家伙,通过提高压缩比,重新校准的化油器,埃尔多拉多的燃油经济性比想象的要好一些。液压助力刹车对于刹住这个重达2337千克的大家伙来说是十分必要的。

悬挂
自适应螺旋弹簧独立悬挂系统。

仿古胡桃纹理
内饰采用"仿古胡桃纹理"质地的材料。

内饰
凯迪拉克擅长开发先进的可选配置。1976年埃尔多拉多内饰的可选项包括安全气囊、双倍舒适的前座带有可收起的扶手,还有六方向电控可调座椅。

规格

- **车型**:凯迪拉克 埃尔多拉多 敞篷版1976
- **产量**:14 000(1976年款)
- **车身风格**:双门六座敞篷跑车
- **构造**:钢质车身和底盘
- **发动机**:8升 V8
- **输出功率**:190bhp
- **变速箱**:三速涡轮液压自动式变速箱
- **悬挂**:四轮螺旋弹簧独立悬挂系统,自动水平控制系统
- **刹车**:四轮盘式刹车
- **最高速度**:175km/h(109mph)
- **0—60MPH(0—96km/h)**:15.1秒
- **A. F. C**:4.6km/l(13mpg)

颜色选择
埃尔多拉多有21种车身颜色可供选择。

凯迪拉克 埃尔多拉多 敞篷版 1976

发动机
由于受到排气量的限制，为了让每加仑汽油物尽其用，就意味着巨大的500马力V8发动机在加速时会让人尴尬地懒洋洋（译注：意指发动机绵软无力）。埃尔多拉多甚至采取更低的后轴比以榨取最大的燃油经济性。

空间
就算在车篷闭合的时候，埃尔多拉多的内部空间也相当大。

三元催化器
所有的埃尔多拉多上都标配三元催化器。

凯迪拉克的名字
凯迪拉克的盾牌标志可以回溯到遥远的1650年，最早来自法国的凯迪拉克家族。这些法国车型的名称被用于1966年的加莱（Calais）和都市（De Ville）系列中。

反光片
车上装上反光片其实有些不必要，因为没有几个司机会行驶在路上却看不到这么一个庞然大物。

凯迪拉克 赛威

在20世纪70年代早期,巨大的凯迪拉克一升油只能跑4公里(12mpg)。1974年的能源危机使得凯迪拉克的状况一度委靡。很多人迅速地把自己的"喝油机器"换成了宝马或奔驰。当时有张非常著名的讽刺漫画描述了这一情况:凯迪拉克的拥有者捂住自己的眼睛,手拿左轮手枪,指向那部难逃一劫的凯迪拉克埃尔多拉多(Eldorado)。然而,坐进这部1975年首发的赛威(Seville),你会发现它在尺寸、乘坐、操控和油耗上都遵循了欧洲的设计理念。它在装饰上并不夸张,而且比其他的凯迪拉克汽车短半个发动机盖。它还配备着柴油发动机选项和控制油耗的电脑,媒体称它为"26年来最好的凯迪拉克汽车"。这也许是一部折中的汽车,但是从出生的第一天起,这款"瘦身版"的凯迪拉克就一直卖得非常好。它帮助凯迪拉克扭转了从1958年以来最糟糕的经济衰退的局面。虽然它的车身并不巨大,但赛威简直可以说是潜力无穷,已经露出成就大器的征兆。

对抗奔驰

赛威的首发价格是13 700美元,比同等级的奔驰汽车便宜6000美元。毫无疑问,赛威的热销直接威胁到奔驰。从1975年5月到1976年4月,赛威的销量不少于44 475部,同期奔驰的销量是45 353部。

标准配置
标准配置包括可调角度的方向盘、燃油监测系统、电控可调座椅、电控雨刷器。

电池
赛威采用德尔科公司(Delco)的"自由"(Freedom)蓄电池,从来不用担心是否充满电。

凯迪拉克 赛威

后部视角

赛威收敛的臀部是对以往巨型凯迪拉克汽车在此部位夸张的矫正。后甲板逐渐收紧，后车灯和后保险杠的设计都简单大方，采用隐藏式排气管，而且没有多余的后悬。《汽车时尚》（*Motor Trend*）称赞赛威"优雅、大胆而纯粹"。

车身防锈
车身使用涂色镀锌钢板（zincrometal）来防锈，还慷慨地喷了7遍漆。

雪佛兰的影响
由电脑设计的车身，灵感最早来自雪佛兰诺瓦（Nova）。

后部延长
曾经有位中东石油国的首长改装了6部赛威，将其加长，以在车里安置餐桌、酒吧还加了一个天窗。

广受赞赏的风格
《财富》杂志评选赛威为全美最佳设计车型之一。

发动机

1975年赛威标配的发动机来自于奥兹莫比尔（Oldsmobile）的350立方英寸V8发动机，带有电子燃油喷射装置，安装在钢质框架上，配以艾索弗雷克斯（Isoflex）减震垫片，以保证车身安全，减少车体震动以及因震动产生的噪声。1978年，新推出的350立方英寸柴油V8发动机，成为凯迪拉克历史上的第一烧油机器。

规格

车型：凯迪拉克 赛威（1978）
产量：56 958（1978）
车身风格：四门三厢轿车
构造：钢质承载式车身
发动机：350立方英寸V8
输出功率：170bhp
变速箱：三速涡轮液压自动式变速箱
悬挂：前轮螺旋弹簧悬挂系统；后轮自动行程调节叶片弹簧悬挂系统
刹车：前轮通风盘式刹车，后轮鼓式刹车
最高速度：185km/h（115mph）
0—60MPH（0—96km/h）11.5秒
A. F. C：5.5km/l（15.5mpg）

来自买家的意见

1970年,凯迪拉克公司向梅赛德斯的车主分发了一份调查问卷,询问他们对于制造一款小型的凯迪拉克汽车的意见。大家对这个主意的反响不错。三年之后,凯迪拉克公司邀请了1700位豪华车车主来评判赛威的早期模型,再次试探未来买家们的反应。

内饰

标准版的内饰有7种不同颜色"多佛"布料作为基础配置选项,或者也可以选择10种不同颜色的颗粒皮革作为选装。创新的顶级电脑配件给汽车装备了11种不同的数字显示功能,比如剩余燃油量、车内外温度、发动机转速以及预计到达的时间等。

安全提醒

赛威的内饰非常豪华。里面带有安全带警示系统,警示的声音是悦耳的和音而并非刺耳的蜂鸣声。这样做表示警示只是一种礼貌地提醒,而并非对车主的命令。

雪佛兰 克尔维特 1954

这是一次对欧洲敞篷跑车的并不成功的模仿——生产于1953年的第一部克尔维特（Corvette）更多的是用来展示，而不是用来狂飙的。一向自负的哈利·厄尔（Harley Earl）更感兴趣的是这款车的外形，而不是它的性能。厄尔非常肯定汽车消费者会变得越来越精力充沛，跑车这种新型的"汽车鸦片"必将拥有巨大的市场潜力。每个人都梦想能够变得与众不同，装配了玻璃纤维车身的克尔维特显然能够满足消费者要求设计多样化的急切愿望。早期的克尔维特有些狭窄，速度也不快，它几乎就是从新车展览的展示转盘上直接拽下来上市的。制造克尔维特的确是一场噩梦，有好一阵子通用每生产一部克尔维特汽车都赔钱。尽管如此，却没人介意，要知道，克尔维特可是美国出产的第一部运动跑车。

展览的成功

克尔维特的外形设计基于1952年展示的模型车EX-122。这是在通用新车展览的概念车型之中，十分罕见地几乎未经什么更改就直接投入量产的汽车之一。最早计划采用钢质车身，当通用听到众多参加新车展的车迷对玻璃纤维车身的众口赞扬之后，就改变了原计划。

性能

性能无法与捷豹XK120同日而语，它的最高时速只有172公里/小时（107mph）。

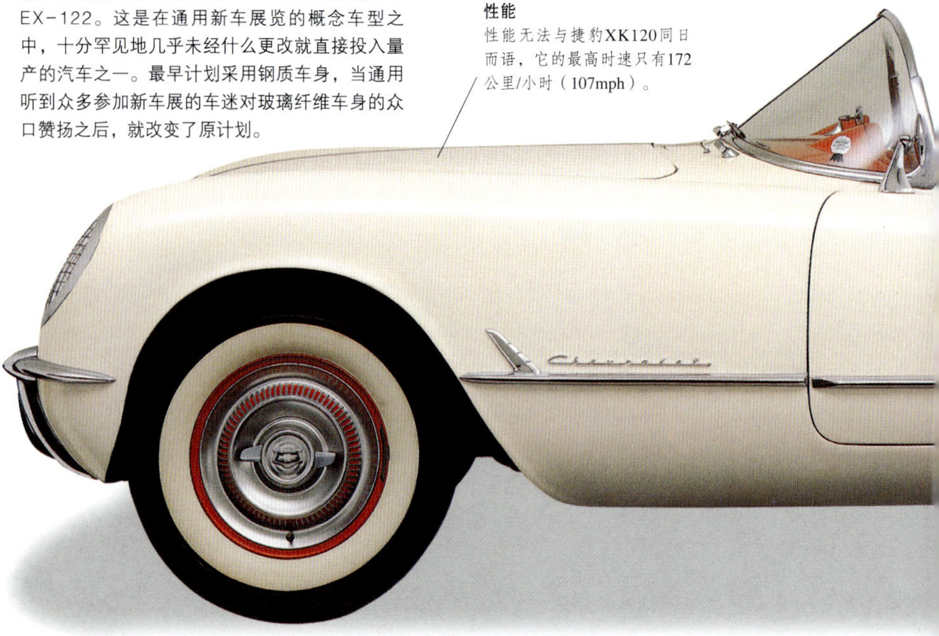

雪佛兰 克尔维特 1954

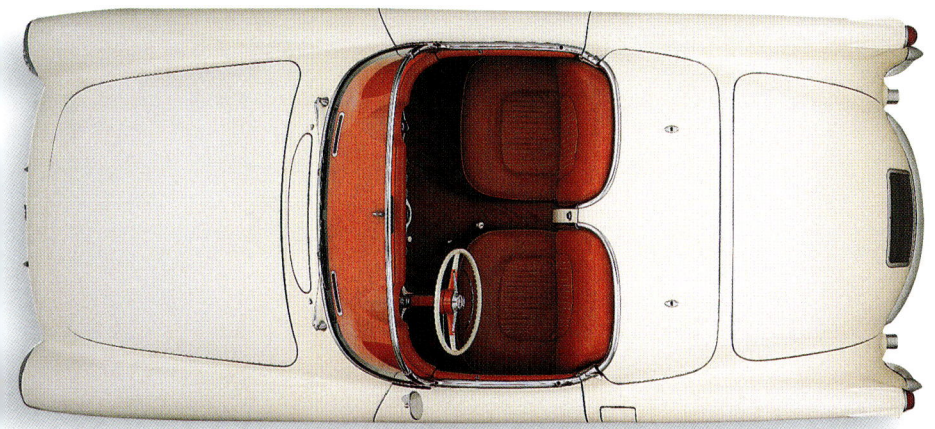

车内把手
如同它所模仿的英国运动车，1954年的克尔维特的把手在车门内侧。

俯瞰图
干净利落的玻璃纤维车身的制作其实颇为麻烦、复杂，一共要分成46个不同的部分来制作。敞篷布整齐地收叠放置在不妨碍视野范围的面板之下。

悬挂
后叶片弹簧悬挂系统帮助保持汽车提升拐弯时的稳定性。

后部的牌照问题
早期的克尔维特的后部牌照放在一个凹进去的塑料壁龛里,但是却很容易蒙上雾水。为了解决这个问题,克尔维特又在旁边放了两包干燥剂,以防潮去湿。

空间有限
狂热分子对克尔维特的小行李箱、玻璃纤维车身以及无精打采的性能表现可不太满意。

轮胎
轮胎缺乏附着力,悬挂很硬,两速自动变速箱总是突然抽搐。

内饰
内饰体现了奇妙的航空飞船质感,克尔维特的仪表盘充满未来感,带有浓重的太空时代的味道。直到1958年之后,厂商才以更加实用的方式重新安排了仪表的位置,把它们放到了驾驶者的正前方。

指导思想
厄尔对克尔维特设计师的要求是"一路奋力向前,然后再稍稍退回一些"。然而最后的结果却并没有"退回"太多,他们设计出了那个年代最迷人的一款车。

雪佛兰 克尔维特 1954

发动机

加强型蓝焰（Blue Flame）直列六缸发动机配有三个化油器，更高的压缩比，高架起来的凸轮轴，但是它仍然太老旧了，跑起来气喘吁吁。一直到1955年，克尔维特才改用了与这部车更为匹配的V8发动机。

车身颜色
非常奇怪，80％的1954年克尔维特都是白色的。

规格

车型：雪佛兰 克尔维特 1954
产量：3640（1954年款）
车身风格：双门两座敞篷跑车
构造：玻璃纤维车身，钢质底盘
发动机：3.7升 直列六缸发动机
输出功率：150bhp
变速箱：两速滑翔机自动变速箱
悬挂：前轮螺旋弹簧悬挂系统；后轮叶片弹簧桥式悬挂系统
刹车：四轮鼓式刹车
最高速度：172km/h（107mph）
0—60MPH（0—96km/h）8—12秒
A. F. C：7km/l（20mpg）

防护网
车灯外面的防护网是从欧洲赛车上借鉴的，但是却被大家认为过于女性化。

意大利的微笑
厄尔承认，像鲨鱼牙齿一般的前格栅借鉴于同时期的法拉利跑车。

保险杠
克尔维特的保险杠还残留着（早期的）防撞结构的设计，不过，玻璃纤维车身的防撞能力已经相当不错。

雪佛兰 *贝尔爱尔 1957*

雪佛兰称1957年的贝尔爱尔（Bel Air）"甜美、流畅而时髦"，贝尔爱尔的确是当时美国人最想据为己有的汽车——一部"小凯迪拉克"。鳍状尾翼、装饰精良、外形华丽，搭载爱德华·科尔（Ed Cole）设计的超级涡轮火V8发动机（Super Turbo-Fire）——那是一具值得夸耀的发动机，是世界上首批每一立方英寸即可产生一马力动力的发动机。在投放大众市场的汽车里，贝尔爱尔三厢车版还是第一款搭载"冲压燃油喷射技术"的三厢轿车。当年产量更是突破了150万大关，让福特大吃一惊，跌破眼镜。但是麻烦很快就来了。当美国汽车制造协会敦促汽车制造商停止彼此间歇斯底里的性能比拼时，"炙手可热的贝尔爱尔"也不得不冷却下来。今天，贝尔爱尔是美国汽车收藏者们最垂涎的车型之一，也是20世纪50年代中期年轻人的完美象征。

流行和时髦
售价2511美元，贝尔爱尔敞篷车是显示良好品位，又花费不多的最佳选择。它最终找到了47 562位热情的买家。车身很低，非常时髦和华丽，恐怕比当时的软顶敞篷凯迪拉克还要夺目。

别克风格
贝尔爱尔的通风口只存在了几年。

车身风格
还有其他的车身风格可选，比如说双门硬顶版。

发动机
一共只卖出了1503部采用了燃油喷射技术的贝尔爱尔。

雪佛兰 贝尔爱尔 1957

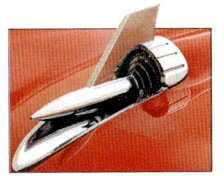

装饰
看起来有些笨拙的像炮弹似的发动机罩上面的装饰，可能是1957年贝尔爱尔设计上唯一的败笔。可是大众却分外喜欢这个装饰。

法式装饰
雪佛兰徽章上的燕尾花形的花纹，让人想起雪佛兰的法国渊源。

安全措施
座椅安全带能在长长的可选配件单上找到。

完美至极
贝尔爱尔刚一推出，就被奉为设计经典。优雅、世故，完美的比例，1957年的贝尔爱尔是所有"二战"后的汽车中的巅峰之作。

更长的车型
1957年的贝尔爱尔车身比1956年的贝尔爱尔长了6.3厘米。

真正的经典

1957年的贝尔爱尔,比同时代的其他汽车更能总结美国人在这繁荣的10年中取得的成绩。贝尔爱尔与呼啦圈、露天电影院和摇滚乐一起,成为美国20世纪50年代的时代象征。它在当时广受喜爱,因为它有型、坚固、动感十足而且并不十分昂贵;而今天仍然有大批买家喜欢它,原因与当年类似,而且它能让你的心里流动一股怀旧的热流。

内部
卓越的双色内饰令人愉悦。买家可以按照自己的意愿定制内饰颜色、电控折叠车篷、涂色玻璃、化妆镜、透气性很强的座位衬垫、电控车窗,甚至还有清洁用的纸抽。

电控
贝尔爱尔敞篷车可以选配电控折叠车篷。

时速表
时速表能读到120,但是配有大马力发动机的车型的速度可能要超过时速表的显示。

方向盘后面
小型涡轮火V8发动机搭配双腔化油器能够产生185马力;如果选择四腔罗切斯特(Rochester)化油器,就能产生270马力。如果需要增加冲压燃油喷射系统,还要在标价外另加昂贵的500美元。

雪佛兰 贝尔爱尔 1957

飞机式风格
雪佛兰,如同当时的许多汽车生产商一样,想要在喷气式飞机的年代大赚一笔。实际上,这部1955年的四门雪佛兰轿车与它旁边的喷气式飞机比起来,显得更加笨拙矮胖。

内敛的尾鳍
精细的后尾鳍与同时代的其他汽车相比,显得娴静端庄。

隐藏的燃油加注口盖
与凯迪拉克和林肯一样,雪佛兰也把燃油加注口盖隐藏在左尾鳍后部边缘处的镀铬模塑物中。

规格

车型:雪佛兰 贝尔爱尔 1957
产量:47 562(1957年款)
车身风格:双门敞篷跑车
构造:钢质车身,箱形底盘
发动机:265立方英寸、283立方英寸V8(283立方英寸V8采用燃油喷射技术)
输出功率:162-283 bhp
变速箱:三速手动变速箱,可以选超速挡;两速滑翔机或涡轮机自动变速箱
悬挂:前轮螺旋弹簧独立悬挂系统;后轮叶片弹簧桥式悬挂系统
刹车:四轮鼓式刹车
最高速度:145-193km/h(90-120mph)
0-60MPH(0-96km/h)8-12秒
A. F. C.:5km/l(14mpg)

雪佛兰 贝尔爱尔 诺马德（游牧者）1957

如果你认为是宝马或者奔驰首先发明了运动型城镇间多座位载客轿车的话，那你就大错特错了。雪佛兰进行此项尝试的时间可以前溯至1955年。贝尔爱尔诺马德（Bel Air Nomad）是在哈利·厄尔（Harley Earl）的克尔维特（Corvette）这部梦想之车的基础上发展而来，虽然它看起来和1955年的贝尔爱尔非常相似，但是V8版的诺马德是到当时为止最贵的一款雪佛兰汽车。尽管《汽车时尚》（Motor Trend）杂志评价1957年的诺马德为"本年度最美丽的车型之一"，但是只有两门车型对于买家的吸引力不足，巨大的玻璃车窗面积致使车内过热，闪闪烁烁的后车门有时还会漏水（译注：指装饰过度的后车门密封不好）。因此贝尔爱尔诺马德成为最不受欢迎的一款雪佛兰汽车就毫不奇怪了。销量一直没有突破1万部，截至1958年，世界上第一款运动型旅行车（sportwagon），如今被视为里程碑的一款车，终于被抛弃不再生产。

风格复兴
实际上，诺马德是对城市和乡镇关系这一主题的复兴，是对当时在美国郊区风行的四四方方的实用主义旅行车的反抗。

内饰
电控可调座椅、涂色玻璃、安全带，还有采用两种颜色拼色的内饰。（译注：双色拼色有很多种选择，如黄和黑或红和灰等）

发动机
基础配置是235立方英寸六缸发动机，也可以选择265立方英寸V8。

第一个波瓦状构造车顶
诺马德是第一个在车顶采用非结构性波瓦状构造（Corrugation）的汽车。

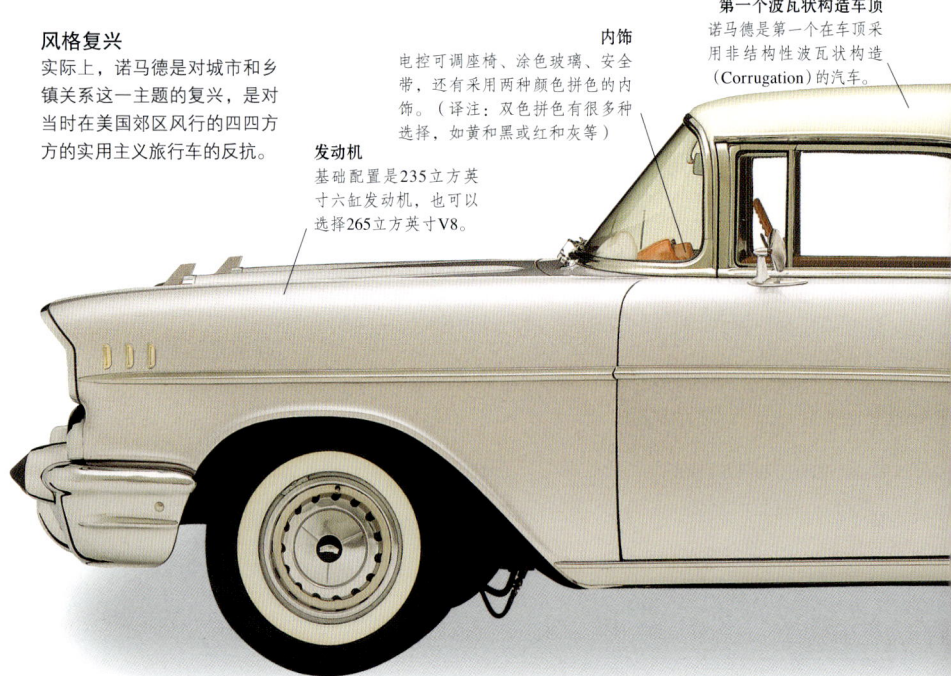

雪佛兰 贝尔爱尔 诺马德（游牧者）1957

立时大热
1954年1月，诺马德概念车正式发布。这部车由雪佛兰别具风格的设计师卡尔·伦奈尔（Carl Renner）设计，受到了极大欢迎，因此量产版本计划就理所当然地加入了1955年的计划中。

装饰的尾部
经典的哈利·厄尔式（Harley Earl）装饰后车门直接借鉴于克尔维特（Corvette），受到了一致好评。

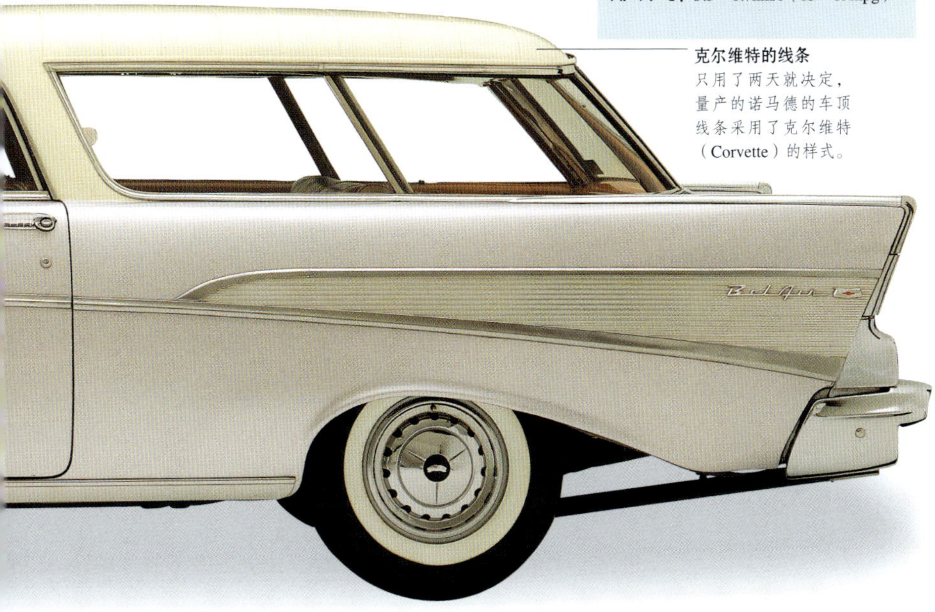

克尔维特的线条
只用了两天就决定，量产的诺马德的车顶线条采用了克尔维特（Corvette）的样式。

规格

车型：雪佛兰 贝尔爱尔 诺马德（游牧者）1957
产量：6103（1957年款）
车身风格：双门旅行车
构造：钢质车身、底盘
发动机：235立方英寸六缸、265立方英寸V8
输出功率：123–283 bhp
变速箱：三速手动变速箱带有超速挡；两速滑翔机或涡轮机自动变速箱
悬挂：前轮螺旋弹簧悬挂系统；后轮叶片弹簧悬挂系统
刹车：四轮鼓式刹车
最高速度：145–193km/h（90–120mph）
0–60MPH（0–96km/h）8–11秒
A. F. C：5.3–6.7km/l（15–19mpg）

雪佛兰 *3100 脚踏板*

雪佛兰在20世纪50年代如日中天。旗下拥有克尔维特（Corvette）和贝尔爱尔（Bel Air）等热门车型和全新的V8发动机，毫无疑问，它是美国的顶级汽车品牌。公司各个部门都渗透着无限的乐观主义精神，甚至开始涉足卡车这样乏味的领域。无可争议，最权威的雪佛兰多功能车是1957年的皮卡。它不仅搭载了四冲程、顶置凸轮轴的V8发动机，而且拥有多种选装配置和非常巧妙的新型设计。难怪有人戏称它为"易妆的凯迪拉克"。作为设计最持久的美国汽车之一，1957年的脚踏板（Stepside）线条利落，比例完美，最小化地使用镀铬元素，其一体化的双翼也令人叫绝。雪佛兰把皮卡从一个不堪重负的野兽变成了配有舒适完备设施的个性化驮马，而那些设施通常只会出现于奔驰在林荫大道的"巡洋舰"上。

发动机
小缸体V8发动机能够爆发150马力，而且速度能够达到113公里/小时（70mph）。从1955年开始，所有的雪佛兰汽车都采用开放传动轴（open-drive），取代了封闭传动轴。

曲面风挡玻璃
豪华版车型配备更大的曲面风挡玻璃、双色座椅、双色车门内板装饰和双色方向盘装饰。

内饰
脚踏板的内饰和外观一样独具风格，配备了手套箱、镀铬元素浓郁的开关和V形时速表。

雪佛兰 3100 脚踏板

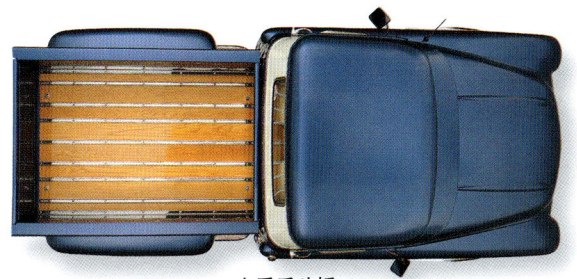

木质后斗板
后斗的木质车板能够保护载货区,而且让这部车更具雪佛兰风格。

多重选择
从它梯形的前格栅和鼓溜溜的发动机罩上,你就能发现雪佛兰1957年皮卡与1956年车型的不同之处。买家可以选择后斗的长度,可以选择采用豪华版还是标准版内饰,还有11种外观颜色可供选择。发动机采用的是六缸235立方英寸Thriftmaster或者265立方英寸Trademaster V8发动机。

脚踏板
设计简洁的后踏板,使人们能够进入载货区。这部车的名字正是由此而来。

规格

车型:雪佛兰3100脚踏板(1957)
产量:未知
车身风格:双门短车斗皮卡
构造:钢质车身、底盘
发动机:3.7升 六缸、4.2升 V8
输出功率:130—145 bhp
变速箱:三速手动变速箱,可以选配开放传动轴;三速自动变速箱
悬挂:前轮螺旋弹簧悬挂系统;后轮叶片弹簧悬挂系统
刹车:四轮鼓式刹车
最高速度:129km/h(80mph)
0—60MPH(0—96km/h)17.3秒
A. F. C:6km/l(17mpg)

雪佛兰 英帕拉（羚羊）

20世纪60年代,过度放纵的消费主义开始衰退,美国的繁荣大不如前。鉴于此,雪佛兰放平了曾经高耸的尾鳍,推出了低调的英帕拉。1959年哥特式的蝙蝠翼不见了,取而代之的是平顿的后部行李舱盖。美国主流的白人阶层逐渐恢复了传统的社会意识,20世纪50年代无节制的浪费已经过时,不再受到欢迎。在这要提醒你的是,1960年的英帕拉可不是一朵枯萎的紫罗兰。因为对无休止的过分装饰已经感到厌倦,所以美国汽车厂商提出了一个新的理论——性能至上。那时钢筋混凝土高速公路已经遍布美国,最优质的汽油更是便宜得要命,强调驾驶安全和环境保护的时代还非常遥远。只要多花333美元,这款运动跑车的发动机就能升级成348立方英寸、335马力的超级涡轮增压大马力V8发动机。1959年的英帕拉更加狂暴,而1960年款的设计风格非常混乱。但是一年后这些设计上的混乱就消失得无影无踪了。这些跨界雪佛兰是汽车的里程碑——它们引领了永远改变美国和美国人的全新10年。

内敛的风格
英帕拉的前部看起来安然、冷静,与20世纪50年代满眼精神错乱、龇牙咧嘴的前格栅设计风格大大不同。驾驶舱犹如喷气飞机的驾驶舱。后车身导弹样式的装饰,是即将到来的十年军事干预的恐怖预兆（越南战争）。

奢侈的附加配置
雪佛兰的必杀技是,让英帕拉的车主可以选配只有在豪华汽车上才会出现的配置。比如空调系统、助力方向盘和电控车窗,还有六方向电控可调座椅。

全国的最爱
英帕拉是1960年全美销量第一的汽车。

车轮
一套轮圈装饰罩只需15美元,是非常便宜的配件。

雪佛兰 英帕拉（羚羊） 127

太空风格
雪佛兰的广告人员在宣传1960年的英帕拉时，将它称为"带着太空精神的壮丽奇迹"。

经典的后部外观
三连尾灯和垂直棱纹铝质后挡板，使英帕拉的后部外观让人过目难忘。它如此经典，比贝尔爱尔（Bel Air）相对平坦的后部外观要炫目得多。

优良的驾驶
英帕拉后部的螺旋弹簧悬挂系统比其他竞争者叶片弹簧系统更加优越。

立时的成功
1958年，英帕拉正式发布。开始只限量发售，但是后来很快就变成了20世纪60年代美国最受欢迎的车型。

跑车佳人
运动跑车是英帕拉系列里最漂亮的一款，具有极其吸引人的重量配比，如同飞镖一般的精密对称性设计受到好评。

排气选项
如果采用双出排气，只需要再花上非常便宜的19美元。

方向盘
运动方向盘是受到克尔维特（Corvette）的灵感激发。

内饰
英帕拉的内饰也体现着这部车的运动特性。在车内，速度表居中，两侧是四个仪表；模仿赛车方向盘，方向盘中间是交叉的旗帜图案。这里展示的这部英帕拉还配备了电控车窗以及双车窗遮阳板。

三连尾灯
雪佛兰在1959年的车型序列中，取消了三连尾灯；而1960年的车型又再次采纳了三连尾灯。三连尾灯成为英帕拉持续的风格线索。

轴距很长
英帕拉的体型巨大，轴距达到302厘米。

轮胎
只要再花36美元，超级棒的白胎壁轮胎就是你的了。

温驯的尾鳍
1960年款英帕拉的运动风格在尾部设计上显得内敛得多。它的后部模仿飞行中的海鸥，但是双翼展开得非常温驯。这是由于有人曾经指控1959年的车型尾部设计不仅过于夸张，而且非常危险。

雪佛兰 英帕拉（羚羊） 129

车型系列
按照不同的车身风格，英帕拉的系列中包括四门运动型三厢轿车、无柱双门硬顶跑车、四门三厢轿车和敞篷车。

规格

车型：雪佛兰 英帕拉（羚羊）（1960）
产量：未知
车身风格：双门硬顶跑车
构造：钢质车身、非承载式底盘
发动机：3.7升 直列六缸，4.2升、5.5升 V8
输出功率：135—335 bhp（348立方英寸涡轮V8）
变速箱：三速或者四速手动变速箱，两速滑翔机自动变速箱，或者涡轮机自动变速箱
悬挂：前轮高低A臂螺旋弹簧悬挂系统；后轮螺旋弹簧桥式悬挂系统
刹车：四轮盘式刹车
最高速度：145—217km/h（90—135mph）
0—60MPH（0—96km/h）9—18秒
A．F．C：4.2—5.7km/l（12—16mpg）

热车
英帕拉配备了特殊的发动机装置，能够很快地把车暖起来。

赛车车型
英帕拉给全球赛车界留下了相当深刻的印象。1961年，许多人认为它的某些车型能够与欧洲的赛道之星——由格拉汉姆·希尔（译注：格拉汉姆·希尔作为莲花车队的首席车手夺得了1962年、1968年F1世界冠军）驾驶的捷豹马克II一较高下。

发动机
买家可以选择两种V8发动机，从170马力到335马力之间可以有七挡选择。有些小气的人可能还会指定使用古老的蓝焰直列六缸发动机，它只能产生135马力而已。我们在这里看到的是185马力283立方英寸V8发动机。英帕拉还可以选装限滑差速器、高性能弹簧和助力刹车装置，让性能变得更加火爆。

雪佛兰 克尔维特 黄貂鱼 1966

雪佛兰克尔维特（Chevrolet Corvette）是一款美国本土出产的运动车。"玻璃钢的梦幻之车"诞生于1953年，此后的40多年里持续使用玻璃钢质作车身，仍然无比梦幻。截至1992年，克尔维特共卖出100万部，而且销量还在持续上涨。不得不承认的是，多年来克尔维特历经多次设计上的变化，但是它的精髓却从来没有改变过（译注：意指克尔维特的运动性从未改变）。与之竞争的其他美国跑车，比如福特雷鸟（Thunderbird，参见第274页至第277页），很快就抛弃了所有运动感元素，而加重车身重量和适合于中年买家的包围；克尔维特却没有这样做。每一个克尔维特迷都有各自喜欢的时代：有些人非常着迷于1953年出产的第一批纯种的克尔维特；有些人则喜欢1956年至1962年的魅力四射的克尔维特；但是这款产于1963年的克尔维特黄貂鱼（Sting Ray）则是大多数粉丝的最爱。

隐藏的前车灯
两个弹出式的前车灯隐藏在电动控制的灯罩下。这并不是设计上的小花招，事实上，它也起到空气动力学的作用。

标志
1963年到1967年出产的克尔维特被称为String Ray（黄貂鱼）；重新设计过的1968年的车型标志为Stingray（黄貂鱼，参见第142页至第145页），变成了一个词。在前发动机罩上交叉的旗子标志，暗示着这部车的赛车血统，红色的旗子上有通用的标志以及鸢尾花形的纹样。

底盘
汽车在1963年采用了全新的底盘框架结构。

雪佛兰 克尔维特 黄貂鱼 1966

内饰

内饰颇有蝙蝠侠战车风格,双舱仪表台区域借鉴自较早的克尔维特,但是在黄貂鱼车中得到了发展。凹进去的木质感觉的方向盘离驾驶者的前胸很近,驾驶者还可以选装助力方向盘。

座位

座位又低又宽,并不贴身。

规格

车型: 雪佛兰 克尔维特 黄貂鱼 1966
产量: 118 964
车身风格: 双门敞篷跑车、双门硬顶滑背式跑车
构造: 玻璃纤维车身、交叉钢质箱型底盘
发动机: 顶置阀门V8,5.3升(327立方英寸),6.5升(396立方英寸),7.0升(427立方英寸)
输出功率: 250—375 bhp(5.3升),390—560bhp(7.0升)
变速箱: 三速或者四速手动变速箱,或者滑翔机自动变速箱
悬挂: 四轮独立悬挂系统。前轮螺旋弹簧和长度不等的叉臂组成的悬挂系统,后轮叶片弹簧悬挂系统
刹车: 1965年前四轮采用鼓式刹车,1965年后四轮改用盘式刹车
最高速度: 245km/h(152mph,7008cc)
0—60MPH(0—96km/h)5.4秒(7008cc)
0—100MPH(0—161km/h)13.1秒(7008cc)
A. F. C: 3—5.7km/l(9—16mpg)

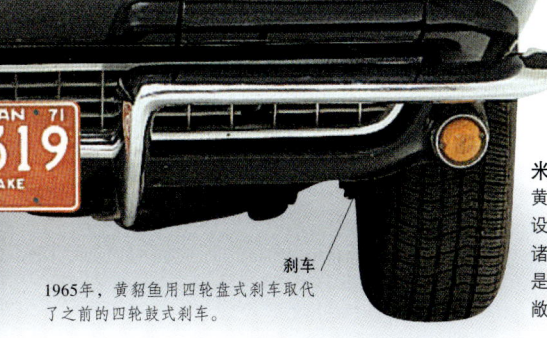

刹车

1965年,黄貂鱼用四轮盘式刹车取代了之前的四轮鼓式刹车。

米切尔创造的经典

黄貂鱼是汽车设计上的重大突破,将通用新任总设计师比尔·米切尔(Bill Mitchell)的许多想法付诸现实。比尔·米切尔自己也认为1963年的黄貂鱼是他个人最好的作品。其中产量的一半都是双门敞篷跑车,当然也可以选择双门硬顶跑车。

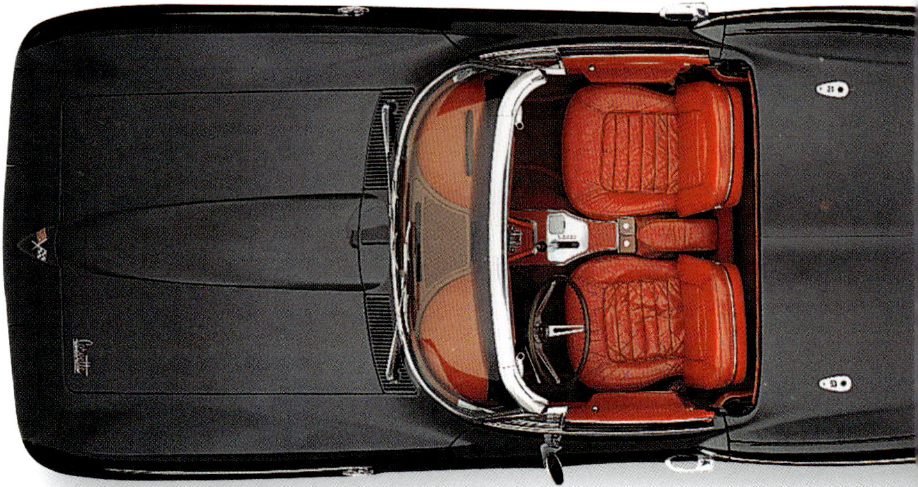

俯瞰图

你可以判断出,这是一个"小缸体"发动机。一般来说发动机罩隆起,是为了给"大缸体"的发动机腾出更多的空间。三速手动变速箱是标准配置,两速自动变速箱和三种不同类型的四速手动变速箱是可以选择的配置。

发动机可选项

黄貂鱼配有三种发动机型号——当然都是V8发动机——其动力从250马力到甚至双倍于这个数字不等。其中最有特点的车是1966年的黄貂鱼,带有"小缸体"的5.3升V8发动机和美国霍利品牌(Holley)的四腔化油器。

雪佛兰 克尔维特 黄貂鱼 1966

空间有限的行李箱
油箱和备胎占用了行李箱的大部分空间。

硬顶可选项
1963年之前,所有的克尔维特都为敞篷版本,但是随着黄貂鱼的出现,系列中硬顶跑车也变成了可选项目。在1963年车型上改造后卓越的两片式后窗,使得硬顶黄貂鱼成为最受追捧的跑车之一。

侧出排气
在镂空的铝板里面隐藏着侧出排气管。

雪佛兰 科维尔 蒙扎

Corvair

到了1960年,大型车的销售数字不断下滑,小型车的进口开始增加。于是雪佛兰推出了科维尔蒙扎(Corvair Monza),这是为了对抗大众汽车的甲壳虫系列的一次冒险尝试。雪佛兰科维尔蒙扎外形美丽,后置发动机布局,它的定价仅为福特雷鸟的一半。但是,蒙扎很快就遇到了问题。由于通用汽车公司出台了严格的成本控制计划,导致该车省去价值15美元的(对于操控)至关重要的防倾杆,导致早期的科维尔·蒙扎的操控像头猪那么笨。1965年,悬挂系统得到了改善,但是已经太迟了。坏消息还不止如此。著名的汽车安全倡导者拉尔夫·内德(Ralph Nader)在他的《任何速度下都危险》(*Unsafe at Any Speed*)一书中痛斥了科维尔车型。同时新推出的福特野马(Mustang)汽车,虽然成为最热销的车型,也没能逃脱指责。到1969年,科维尔的一切都完结了。通用公司小型车的尝试被证明是一场灾难。

轰动媒体
科维尔蒙扎在推出的头五年里,其设计几乎没有什么更改。1965年的新车采用的流线型车身、饱满的弧度,受到了意大利汽车设计风格的巨大影响,一经推出震惊了整个汽车媒体界。《汽车与驾驶者》(*Car and Driver*)杂志称它为"本土汽车设计制造与外来风格的最佳结合"。

旁观镜
防碎裂(防散落)旁观镜是标准配置。

大多采用自动变速箱
虽然公众仍然比较关心经济问题,53%的科维尔仍然选择了自动变速箱。

软顶敞篷版销量
1965年,只卖出了26 000部软顶敞篷版。

轮圈
钢丝条辐轮圈罩是售价为59美元的可选配置。

雪佛兰 科维尔 蒙扎 135

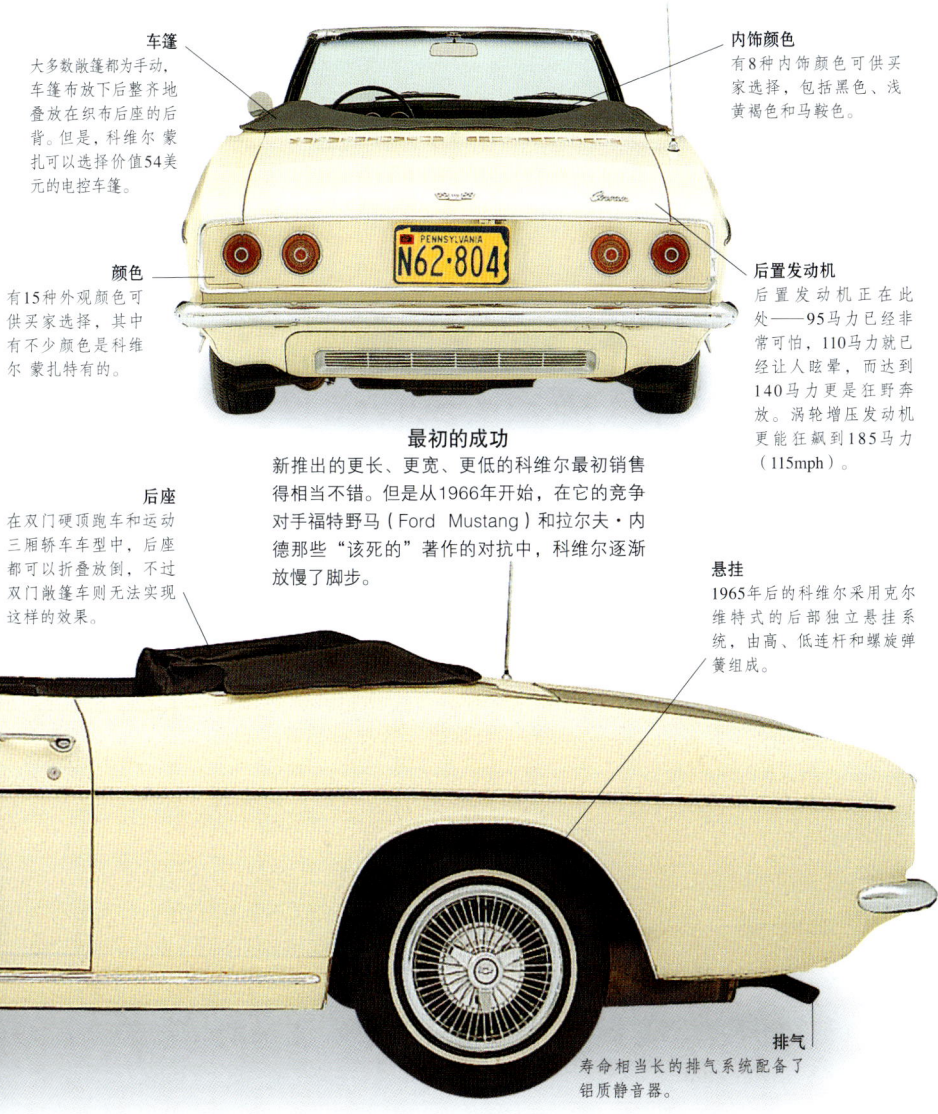

车篷
大多数敞篷都为手动，车篷布放下后整齐地叠放在织布后座的后背。但是，科维尔蒙扎可以选择价值54美元的电控车篷。

内饰颜色
有8种内饰颜色可供买家选择，包括黑色、浅黄褐色和马鞍色。

颜色
有15种外观颜色可供买家选择，其中有不少颜色是科维尔蒙扎特有的。

后置发动机
后置发动机正在此处——95马力已经非常可怕，110马力就已经让人眩晕，而达到140马力更是狂野奔放。涡轮增压发动机更能狂飙到185马力（115mph）。

最初的成功
新推出的更长、更宽、更低的科维尔最初销售得相当不错。但是从1966年开始，在它的竞争对手福特野马（Ford Mustang）和拉尔夫·内德那些"该死的"著作的对抗中，科维尔逐渐放慢了脚步。

后座
在双门硬顶跑车和运动三厢轿车车型中，后座都可以折叠放倒，不过双门敞篷车则无法实现这样的效果。

悬挂
1965年后的科维尔采用克尔维特式的后部独立悬挂系统，由高、低连杆和螺旋弹簧组成。

排气
寿命相当长的排气系统配备了铝质静音器。

内饰
乙烯基材质的内饰非常欧洲化,桶式座椅,可伸缩式(可调)方向盘、深陷入仪表盘的仪表设计灵感直接来自宝马。仪表内嵌在仪表盘上的凹陷处,以避免反光;羊毛地垫给驾驶室增加了奢华质感。提供的可选配置还有可以镶嵌在风挡玻璃之上的指南针,带防滑橡胶的胡桃木方向盘。

存储空间
后置发动机的布局意味着前方发动机罩下面的存储空间十分巨大。

发动机特征
所有的科维尔都配有自动阻气门和铝质的汽缸盖。

轮胎
另加29美元,就能换成白壁轮胎。

发动机
买家可以选择合金、风冷、水平对置六缸发动机,辅以4个来自罗切斯特(Rochester)的化油器,能够达到140马力的164立方英寸发动机为基本款。大受买主欢迎的涡轮发动机能达到令人印象深刻的180马力。

动力输出标志
140标志代表着科维尔的动力输出。

雪佛兰 科维尔 蒙扎 137

产品线的终结
1968年,英俊的蒙扎跑车只卖出了6800部,通用公司决定于1969年5月将其停产。对于已经订购了1969年科维尔的顾客,公司允诺可以换成任何一部1969年到1970年出产的雪佛兰汽车,而且可以享受150美元的优惠。

规格

车型:雪佛兰 科维尔 蒙扎(1966)
产量:60 447(1966年款蒙扎车型)
车身风格:双门四座硬顶跑车,四门四座三厢轿车,双门敞篷跑车
构造:钢质承载式车身
发动机:2.6升水平对置六缸发动机
输出功率:95—140 bhp
变速箱:三速或者四速手动变速箱,或者两速滑翔机自动变速箱
悬挂:四轮螺旋弹簧悬挂系统
刹车:四轮鼓式刹车
最高速度:169—193km/h(105—120mph)
0—60MPH(0—96km/h)11—15.2秒
A. F. C:7km/l(20mpg)

产量
1965年的产量达到了巅峰的20.5万部。同年福特野马的产量则是50万部。

第一批蒙扎
早期的科维尔蒙扎装饰奢华,带有自动变速箱,绝对是个大热门。1961年就卖出了14.3万部,这差不多是科维尔蒙扎整个车型存在期间销量的一半。

车窗
侧车窗玻璃为经特殊工艺处理的弧度玻璃。

天线
位于车身后部的电控伸缩式天线是一个可选配置。

雪佛兰 科迈罗 RS 敞篷版

1966年的春天，带着胜利姿态的福特野马（Ford Mustang，参见第278页至第285页）成功席卷全美国汽车制造业。坊间一直传言，通用汽车即将推出对抗野马的新车型，以赢得销量。1966年6月29日，通用公司终于在报纸上发表了新车发布声明，并于9月21日进行实车展示，绰号美洲豹的科迈罗（Camaro）终于映入世人眼帘。"小马车（Pony Car）"的制造哲学很简单——只向买家提供基础的配备，允许买家选择并添置自己想要的额外配置。不过，科迈罗的可选配件列表很长，从斯塔图的头枕到舒适倾斜方向盘，复杂得好比律师的参考书目表。科迈罗的消费者是"财富多到为难"的那群人。无论如何，科迈罗的策略成功了。买家们争相订购拉力赛版的设备包，为他们的科迈罗升级，那样就可以瞬间变身成为街道之王。升级之后的科迈罗跑得更快，双线条车身装饰，隐藏式的头灯和如宝石切面般熏黑的尾灯，全部为了提升这部车的性能或视觉感官，为了满足人们对最纯粹的汽车幻想。尤其是当买家无法得到货真价实的极品——炙手可热的科迈罗SS的时候，各种改装配备就更为抢手。

简洁的线条

市场接受了科迈罗对福特野马（Mustang）的坚决回击。科迈罗的设计风格比野马更加简洁，也更加欧洲化，而且并不那么肌肉。最重要的是，它的驾驭感要比野马强很多。尽管如此，科迈罗的销量仍然比野马要逊色一些。

主要出产地

第一代科迈罗主要在美国俄亥俄州的诺伍德（Norwood）生产，一小部分则出产于加利福尼亚州的范奈斯（Van Nuys）工厂。

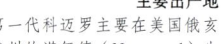

车前鼻

轴距加长导致了车前鼻也被拉长。

雪佛兰 科迈罗 RS 敞篷版

赛车世家
雪佛兰科迈罗被选为1967年度和1969年度印地500赛事（Indy 500）的定速引导车（译注：定速引导车是指在赛车预备圈跑道上带头行驶但不参加比赛的汽车）。

敞开的车篷
设计者创造出了这部时髦潇洒的敞篷车——当科迈罗敞开车顶篷的时候，仍然保有着纯净的车身线条。

后部空间
通用公司最早打算在后排车座容纳三位乘客，实际上要想坐得舒服，最多也就只能坐两个人。

细条装饰
贴上去的细条装饰使得车身曲线看起来更美观。

存储空间有限
对于这么大的一部车来说，行李箱的空间实在太小了。

规格

车型：雪佛兰科迈罗 RS 敞篷版（第一代1967—1970）

产量：10 675（1967, RS 版本）；195 765（1967, 双门硬顶跑车），25 141（1967, 双门四座敞篷跑车）

车身风格：双门四座敞篷跑车

构造：钢质一体车身

发动机：5.2升小缸体V8发动机

输出功率：275 bhp at 4800rpm

变速箱：三速或者四速手动变速箱，或者两速或者三速自动变速箱

悬挂：前轮独立悬挂系统；后轮叶片弹簧悬挂系统

刹车：四轮鼓式刹车，可选助力前轮盘式刹车

最高速度：177km/h（110mph）

0—60MPH（0—96km/h）8.3秒

0—100MPH（0—161km/h）25.1秒

A．F．C：6.4km/l（18mpg）

数量少
1967年的敞篷RS版本非常罕见，一共只生产了10 675部。

座椅
斯塔图的前部桶状座椅是标准配置，但是斯塔图的后部座椅则是可以定制的额外配置。

后部特征
全红的后尾灯配上全黑的边框，这是RS的典型特征。另一个典型特征则是倒车灯被移至后保险杠。RS的标志则被铭刻在燃油箱盖上。

彩色乙烯基
色彩鲜明的乙烯基材质的装饰是科迈罗的特色。

内饰
仪表盘是当时常见的风格，采用大量的塑料和仿木纹镶板来装饰。我们看到的这部车，选配了四速手动变速箱。

赛车选择

穿越美国赛车大赛（Trans Am Racing）催生了Z28科迈罗，这部几乎未经过任何改装的街头赛车，被设计用来直接对抗谢尔比野马（Shelby Mustang）。它的最高时速达到200公里/小时（124mph），而且能在6.7秒内从0加速到60公里。它是为追求速度多过追求舒适度的顾客而制造的轿跑车，因此配置中也不提供自动变速箱以及空调系统。

发动机

科迈罗的V8发动机是小缸体铸铁材质的5.2升发动机，经过调校能够进化为人人垂涎的SS350立方英寸型发动机。5.2升发动机的压缩比是8:8:1，能够爆发275马力。

旁观镜的改变

到1968年，圆形的旁观镜改成了矩形。

动力等级

美国马力以立方英寸（cid）为计算单位，而不是像欧洲那样以立方厘米（cc）为计算单位。RS骄傲地将5.2升铭刻在那经典的标志上。

雪佛兰 克尔维特 黄貂鱼 1969

汽车媒体卖力地讽刺这条来自1969年的"鲨鱼",说它不过是一堆垃圾,是克尔维特(Corvette)历史上的低潮,而且开启了"汽车只重外观和花里胡哨的小玩意儿"的庸俗风潮。《汽车和驾驶者》(*Car and Driver*)杂志并没有测试这部克尔维特,就抱怨了这部车的许多毛病和故障,将其形容为"极其可怕,无法驾驶",并把愤怒传递到通用汽车公司。坦率地讲,这部1969年的黄貂鱼(Sting ray)的确算不上最好的克尔维特。它的风格十分凶猛,后备箱很小,两个座位几乎填满了所有的空间,车体制作粗劣。幸亏有两具伟大的发动机挽救了它,排量分别是327立方英寸和更大的427立方英寸。最热门的L88版本,从静止达到96公里/小时(60mph)的速度只需5秒半,极限速度达到257公里/小时(160mph)。这部车停在展厅地板上的时候,就已经为上赛道做好了准备。公众非常喜欢它的外形、设计精巧的小装置和启动时的咆哮声。这款车一共售出了38 762部,这一纪录长达6年无人能破。

挑衅的姿态

黄貂鱼散发出无可匹敌的侵略气息和危险的味道。如果说早期的克尔维特曾经从欧洲车身上借鉴了些许元素并呈现出与欧洲车类似的特点,那么到了现在,这些特点逐渐消失,取而代之的是一种全新的、充满威胁的个性。我们很难在汽车发展史上找到比1968年到1972年出产的克尔维特长得更邪恶的汽车了。

黄貂鱼(Sting Ray)标志
雪佛兰于1968年,不再使用克尔维特的黄貂鱼(Sting Ray)为名称,但是1969年经过深思熟虑,决定将两个词合二为一,再度启用。

通风
在侧翼的通风口的鲨鱼鳃设计,只在1969年的车型里出现。

排气
1969年以后,取消了侧出排气的设计,因为它太热太吵了。

雪佛兰 克尔维特 黄貂鱼 1969 **143**

车窗
后车窗除雾装置是可选配置。

行李架
因为行李箱的空间有限，因此引入后行李架以备不时之需。

轮圈
1969年，轮圈的宽度增加到20厘米，宽得足以去轧英国的板球场了。

超酷克尔维特
通用公司曾经研发了配备四轮驱动、中置发动机的克尔维特汽车原型，不过在1969年计划取消。

新方向

通用公司的戴夫·豪斯（Dave Hols）设计了1969年的斯汀雷，几乎不曾借鉴原始的斯汀 雷车型的元素。此时人们即将迈进20世纪70年代，或许这部车并不是最纯正的克尔维特，不过它周身上下每个毛孔都散发着"肌肉车"的味道。

天线
1968年，黄貂鱼第一次装上了可选择AM/FM的调频收音机。

轮胎
轮胎尺寸为F70*15，同时可以定制各种风格的轮胎，比如说侧面带有白字的轮胎。

设计灵感来自鲨鱼

通用公司的首席设计师比尔·米切尔（Bill Mitchell）非常喜欢鲨鱼，他说："每次我看到鲨鱼，都非常兴奋！"于是，他打算设计一部看上去像鲨鱼的汽车。1960年，被称为灰鲭鲨（Mako Shark）的原型车出现了，并在1963年发展成为黄貂鱼。（译注：灰鲭鲨以其令人惊异的速度闻名，它的行进速度可达96公里/小时）1966年，推出了改进后的原型车灰鲭鲨II代（Mako SharkII），并发展成为1968年至1972年出产的黄貂鱼。但是克尔维特此时遭遇了能源危机，再也无法恢复过去的荣光。

发动机

如果427立方英寸还不够的话，你还可以选择500马力的ZL1，最高时速达到274公里/小时（170mph）的赛车包。为了防止男孩们飙车，ZL1上并没有安装加热装置，而且拥有这样配置的黄貂鱼，历史上一共也只零售了两部而已。

风挡玻璃

软射线（Soft Ray）涂色玻璃是额外的可选配置。

值得纪念的一年

1969年，第25万部克尔维特驶下生产线——那是一部金色的敞篷跑车。

克尔维特之最

依靠427立方英寸发动机，克尔维特成为市场上最大、最重、最快、最耗油、最便宜也最劲爆的运动跑车。

发动机选项

1969年，通用公司首次为克尔维特提供了全铝发动机。

雪佛兰 克尔维特 黄貂鱼 1969

车顶天花板
1969年量产的克尔维特中的一半都是配备了两片可拆卸车顶篷的跑车，而且车窗也是可以拆卸的。这意味着这样的跑车看起来也是敞篷的。

雨刷器盖板
1968年和1969年的克尔维特都装备了真空控制的风挡玻璃雨刷器盖板，能在不需要使用雨刷器的时候将其隐藏。然而，这个小花招使用起来却经常遇到故障。

内饰
1969年克尔维特的最大缺陷在于过度前倾的座椅，这极大妨碍了驾驶克尔维特的帅哥做出一边驾驶一边将手臂伸出车窗外的经典动作。倾斜可调方向盘以及真皮装饰都是额外配置。1968年，仪表盘旁的手套箱才首次成为标准配置。

头灯
1969年的车型保留了隐藏式头灯（翻灯），但并没有采用真空助力开启技术。

规格

车型：雪佛兰 克尔维特 黄貂鱼 1969
产量：38 762（1969年款）
车身风格：双门两座硬顶跑车，双门两座敞篷跑车
构造：玻璃纤维材质非承载式车身、底盘
发动机：5.2升，6.8升 V8发动机
输出功率：300-500 bhp
变速箱：三速或者四速手动变速箱，或者三速涡轮液压自动式变速箱
悬挂：前轮双A臂螺旋弹簧悬挂系统；后轮叶片弹簧悬挂系统
刹车：四轮盘式刹车
最高速度：188—274km/h（117—170mph）
0—60MPH（0—96km/h） 5.7—7.7秒
A．F．C：6.4km/l（18mpg）

雪佛兰 蒙特卡罗

作为当时世界上最大的汽车生产商,(通用)雪佛兰用1970年的蒙特卡罗(Monte Carlo)开启了20世纪的70年代,与它的死对头福特雷鸟展开了较量。被誉为结合了优越性能和优雅特质于一身的运动版私家豪华车,蒙特卡罗只有双门硬顶跑车这一种车型。它配备了助力前部盘式刹车、榆木仪表盘面板,以及从基本版350cidV8到苏赤拉克勒SS454等不同型号的发动机。基本版售价3123美元,比卖到5000美元的雷鸟便宜了很多。但是当时雷鸟已经如同迪恩·马丁般优雅(译注:Dean Martin,美国著名歌手),蒙特卡罗(在级别上)还无法与之媲美。即便如此,在经历了6周的罢工,导致雪佛兰失去10万销量之后,还是有14.5万部蒙特卡罗找到了买家,而雷鸟只卖出了可怜的4万部。雪佛兰这部新的个性化豪华车变成了城中大热门。

共享底盘
蒙特卡罗(Monte Carlo)与1969年重新设计的庞蒂克Grand Prix(Pontiac Grand Prix)共享同一底盘。长长的发动机罩和短短的行李箱说明了此车崇尚性能和动力。车头灯内嵌在方形的外壳中,格子状的前格栅简洁大方。

内饰
蒙特卡罗的内饰是当年雪佛兰出产的汽车中最奢华的一部。但是却有人批评,这导致前排和后排的腿部空间变小了。

隐藏的天线
收音机的天线隐藏在风挡玻璃里面。

轮圈装饰罩
中心平滑的轮圈罩装饰并不流行,1971年提供了镀铬辐条款式的轮圈。

雪佛兰 蒙特卡罗 147

高速发动机
巨大的454发动机使得此车成为短程赛道赛车手的首选。

前车灯
1972年,示宽灯和前车灯安装在一个灯罩里。

发动机
升级为极具潜力的SS 454发动机只需要再花147美元而已,它能够让蒙特卡罗在8秒内达到96公里/小时(60mph)。

规格

车型:雪佛兰 蒙特卡罗(1970)
产量:145 975(1970年款)
车身风格:双门五座硬顶跑车
构造:钢质车身和底盘
发动机:5.6升,6.4升,7.2升 V8发动机
输出功率:250—360 bhp
变速箱:三速手动变速箱,或者两速滑翔机自动变速箱,或者三速涡轮液压自动式变速箱
悬挂:前轮螺旋弹簧悬挂系统;后轮叶片弹簧悬挂系统
刹车:四轮鼓式刹车
最高速度:185—211km/h(115—132mph)
0—60MPH(0—96km/h):8—14秒
A. F. C:5.3—7km/l(15—20mpg)

后柱
巨大的后柱可能会使主人不得不胡乱停车。

乙烯基顶篷
只要再花120美元,你就能拥有这款黑色乙烯基材质的车顶篷了。买家还可以选择蓝色、金黄色、绿色或者白色。

后部稳定性
可以安装在这部车上的另一个可选项是后部防倾杆。

雪佛兰 诺瓦SS

诺瓦（Nova）的名字第一次出现在1962年，它是当时雪佛兰为了对抗福特福肯/猎鹰（Falcon）而推出的紧凑型小跑车，是雪佛兰Ⅱ系列中的顶级车型。其后诺瓦更凭借出众的实力发展成为一个单独系列，1971年款的带有SS（Super Sport，SS）性能包的诺瓦是底特律汽车界出产的最小的"肌肉车"之一。当时，传统的高性能汽车正走向衰退，小型汽车却在廉价的直线竞速套装中发现了很大的商机。小型雪佛兰恰巧搭载了强有力的5.6升V8发动机：歧管、化油器、SS和配电器都非常完美。这一切都得益于当时庞大而旺盛的汽车产业。一些专家甚至赞扬20世纪70年代的诺瓦SS等同于1957年的雪佛兰。活泼、坚韧而放肆，雪佛兰那巨人杀手般的速度能够轻易地超过法定限速的两倍，而SS性能包更是每一部诺瓦车都梦寐以求的装备。诺瓦SS速度极快，数量非常稀少。只有7016部1971年的诺瓦车荣耀地佩戴上了魔力般的SS徽章。1972年，高性能汽车走到了尽头，因此最后一批1971年版的诺瓦SS可以说是"雪佛兰肌肉车名车堂"的最佳候选车。

不同的设计风格

英俊、简洁而淳朴，诺瓦是20世纪70年代全新轿车品种。广告称此车为"不太小的车"，它看上去非常像是缩小版的西维尔（Chevelle），于1968年首次推出，接受公众的评论。

安全反射条
美国联邦安全法通过后，诺瓦上必须装有保证行车安全的侧向反射条。

雪佛兰 诺瓦 SS 149

空调设备
空调设备是额外的可选配置。

车灯
1971年款的诺瓦装配了琥珀色的塑料灯罩,是全新的变化。

内部
诺瓦的内部配置的特色包括前排扶手、防盗方向盘锁、发动机锁的警报装置。

发动机
带有两腔或者四腔化油器的350立方英寸V8发动机在正常情况下,能爆发出270马力。雪佛兰曾经试图将西维尔(Chevelle)的巨大的454立方英寸 V8放入诺瓦SS,可惜并未实现。

规格	
车型:雪佛兰 诺瓦 SS(1971)	
产量:7016(1971年款)	
车身风格:双门五座硬顶跑车	
构造:钢质承载式车身	
发动机:5.6升 V8发动机	
输出功率:245 bhp	
变速箱:三速或者四速手动变速箱,或者三速自动变速箱	
悬挂:前轮螺旋弹簧悬挂系统;后轮叶片弹簧悬挂系统	
刹车:前轮盘式刹车,后轮鼓式刹车	
最高速度:193km/h(120mph)	
0—60MPH(0—96km/h)6.2秒	
A. F. C:7km/l(20mpg)	

风格
诺瓦的外形持续了11年,其间曾被别克(Buick)、奥兹莫比尔(Oldsmobile)、庞蒂克(Pontiac)等品牌借鉴过。

发动机单元
1971年,诺瓦取消了四缸发动机。因为购买了1970年的诺瓦的顾客中只有不到1%的人选择了四缸发动机。

合金轮圈
配备一套英俊的Sportmag五辐合金轮圈需要额外支付85美元。

雪佛兰 科迈罗 SS396

自1967年成功发布之后,科迈罗在1972年遭遇了沉重打击。销售增长极其缓慢,加上员工在俄亥俄州的劳茨唐(Lordstown)工厂进行了174天的罢工,造成了工厂供应不足,当年的科迈罗产量仅为68 656部。更糟糕的是,1100部组装线上的半成品无法达到即将于1973年出台的保险杠防撞法规的要求,导致这1100部汽车直接报废。在通用公司内部也出现了抱怨的声音。科迈罗还能够继续存在吗? 1972年,SS(Super Sport,SS)也退出了市场。《公路与赛道》(Road & Track)杂志对于SS的逝去十分伤怀,并评价SS396是"1971年美国制造的最好的汽车"。20世纪70年代初,美国汽车制造业度过了非常艰难的时期,但是科迈罗将会再度崛起。5年以后,它从灰烬中重生,而且销量一举超过了25万部。这是一部拒绝死亡威胁的美国偶像级汽车的传奇故事。

长久的设计

(最初的)科迈罗的设计不可思议地连续11年未曾发生重大改变。它从传统欧洲性能汽车那里抢走了无数顾客以及他们的钱,并成为20世纪70年代最广为熟知的一款美国产GT跑车。科迈罗除了可以提供SS本(升级包)之外(Super Sport, SS),也能提供拉力运动版(Rally Sport, RS)和Z-28性能版(升级包)。

SS的数量

1972年,只有6562部科迈罗搭载了SS配置升级包,而那一年雪佛兰的销售总数为2 151 076部。

风格

科迈罗采用(当时刚刚兴起的)电脑设计,水平光滑的表面浑然一体,并且兼顾空气动力学用途。

额外的抓地力

你可以购买特制的液体喷雾防滑剂来增加抓地力。

雪佛兰 科迈罗 SS396

规格

车型：雪佛兰 科迈罗 SS396（1972）
产量：6562（SS,1972年款）
车身风格：双门硬顶跑车
构造：钢质车身和底盘
发动机：5.6升、6.3升、6.4升 V8发动机（SS）
输出功率：240—330 bhp
变速箱：三速或者四速手动变速箱，或者自动变速箱
悬挂：前轮螺旋弹簧悬挂系统；后轮叶片弹簧悬挂系统
刹车：前轮助力盘式刹车，后轮鼓式刹车
最高速度：201km/h（125mph）
0—60MPH（0—96km/h）7.5秒
A. F. C：5.3km/l（15mpg）

NASCAR赛车

雪佛兰花费巨资打造重量级高性能赛车，科迈罗和西维尔（Chevelle）都是20世纪70年代早期最成功的赛车典范。

车身腰线
从头到尾笔直的腰线完美无瑕。

后扰流板
SS和Z-28包都装配了后扰流板，但是RS却没有。

反射条
那时刚好是联邦安全立法通过的时期，因此新车上必须装有此种安全装置。

内饰

内饰看上去非常平常、简朴。1972年改款的变化也非常有限,基本局限在车门内面板上。现在,在车门扶手下还设计了放置地图和盛放硬币的小储物箱。高背座椅暗示着这是一部20世纪70年代后期的汽车。

舒适选项

特别定制的仪表台、中控区域和倾斜可调的方向盘都是更加方便的可选配置。

独一无二的SS

与其他性能包(只能把车简单地进行改动)并不一样,SS可以给整车一种全新的变化。加装SS性能包的科迈罗,前部显得与众不同,这包括前车灯旁边的侧灯位置的提高和微微后撤的前格栅。另外,SS性能包通常内附一套(安装在汽车前杠两角的)小包角,而不是现在我们在图片上看到的全尺寸小包围(图中前杠下面黑色的部分)。

隐藏式雨刷器

SS和RS包都装配了隐藏式雨刷器。

雪佛兰 科迈罗 SS396

空调系统
科迈罗的空调系统需要额外花费397美元。

电脑设计
科迈罗采用（当时刚刚兴起的）电脑设计，水平光滑的表面浑然一体，并且兼顾空气动力学用途。要展现这部汽车的个性和动力并不昂贵，加装1972年的SS性能包只需306美元。

SS装饰板
SS396的黑色后部装饰板独一无二。

超级发动机
传奇的454立方英寸V8发动机，加上令人震惊的425马力，绝对令脆弱的心脏无法承受！

轮圈装饰罩
科迈罗有5种不同款式的轮圈装饰罩可供选择。

计划中的发动机
年中的时候，雪佛兰打算推出400cid发动机，但是从未在科迈罗上使用过。

发动机
科迈罗推出了一系列发动机选项，以适合所有类型的顾客。入门级的V8发动机只比较慢的直列六缸发动机贵96美元而已。而图中展示的是劲爆的396立方英寸V8发动机。只有不到5000名买家选择了直列六缸发动机，相比之下，却有将近64 000名买家选择了V8发动机。

克莱斯勒 帝王

1950年是克莱斯勒公司成立的第25周年，不过对于克莱斯勒公司来说那一年却是遭遇诸多不顺的一年。国家物价稳定局冻结了汽车的价格，为时长达4个月的罢工，煤炭和钢铁的短缺，这些都严重影响了汽车工业的发展，当然也包括克莱斯勒。1950年款帝王（Imperial）是在克莱斯勒的纽约客（New Yorker）的基础上打造的。加上了一个特别的车顶和来自德拉姆车身制造公司（Derham）的内饰。克莱斯勒将帝王视为皇冠上的明珠，意欲与凯迪拉克、帕卡德（Packard）和林肯（Lincoln）这些顶级品牌分庭抗礼。装配了奥斯科·兰博特盘式刹车、普莱斯托自动式变速器和魔帕指南针，帝王聚集了克莱斯勒当时最好的技术和配备。可是问题在于1950年帝王的产量只有10 650部，而且Hemi V8发动机要到下一年度才能搭载。消费者一直把它称为克莱斯勒，而非帝王。在外观上，1950年款的帝王过时乏味，并没有什么特别的新意。

公路猛兽
身形宽大浑圆的克莱斯勒是20世纪60年代公路上最巨型的庞然大物之一。帝王装配了凯迪拉克风格的前格栅，皇冠帝王（Crown Imperial）是一部加长的豪华轿车，用以与凯迪拉克75一较高下。

风挡玻璃
前窗仍然采用老式的两片式平面玻璃，这让帝王看起来很复古。

轮圈
帝王使用装有安全支撑防爆功能的轮圈。

克莱斯勒 帝王　155

内部
克莱斯勒的内饰与驾驶者一样内敛、稳重。1950年，旋转钥匙点火装置取代了按钮点火装置，同年还推出了电控车窗。

规格

车型：克莱斯勒 帝王（1950）
产量：10 650（1950年款）
车身风格：四门三厢轿车
构造：钢质车身和底盘
发动机：5.1升 直列八缸发动机
输出功率：135bhp
变速箱：普莱斯托半自动变速箱
悬挂：前轮螺旋弹簧独立悬挂系统；后轮桥式悬挂系统
刹车：四轮鼓式刹车。可以选择前轮盘式刹车
最高速度：161km/h（100mph）
**0—60MPH（0—96km/h）13秒
A. F. C：5.7km/l（16mpg）

油耗
帝王的油耗可以被控制在5.7公里/升（16mpg）之内。

后翼
后翼很长，尾灯的位置恰到好处。

更大的发动机
180马力的Hemi head V8发动机要等到第二年才推出。

雨刷
风挡玻璃雨刷被列为可选择配置。

发动机
直列L头八缸发动机能爆发135马力，铸铁缸体带有5个主要轴承。卡特（Carter）单腔化油器、普莱斯托自动式液压传动的半自动变速箱是标配。

悬挂
帝王的悬挂系统足以保证汽车的安全驾驶。

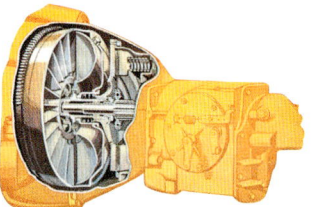

半自动变速箱
半自动变速箱能够让驾驶者使用离合器起步，接着汽车的加速过程就由自动变速箱来操作。帝王配有防水点火装置。

长度
轴距为334厘米，比帝王皇冠版短了36厘米。

克莱斯勒 帝王

后车窗
新式的科莱博（Clearbac）后车窗使用了三块玻璃，用镀铬条将它们分开。

来得太晚
1949年，著名的设计师维尔基尔·爱克斯内尔［译注：Virgil Exner（1909—1973），克莱斯勒首席设计师］加入了克莱斯勒，但是他来得太晚，并没有对1950款帝王那过时的外观起到什么改变作用。尽管克莱斯勒自身问题多多，但是对美国汽车厂商来说，1950年可是一个丰收年。这一年，美国人一共出产了令人吃惊的6 663 461部车。

顶级汽车
帝王被视为克莱斯勒系列车中的顶级精华，皇冠帝王（Crown Imperial）的宣传广告声称此车是"车中贵族"。

帝王的定价
在不另加其他可选配件的情况下，帝王四门三厢轿车售价3055美元。克莱斯勒在1950年推出的最贵的一部车，是八座的皇冠帝王（Crown Imperial）三厢轿车，售价5334美元。为了保持形象，帝王从来没有推出过旅行车版本。在好莱坞的米高梅电影公司（MGM）拍摄的电影里，常常可以看到帝王汽车的身影。

重量
帝王的重量不到454千克，比帝王皇冠版要轻。

克莱斯勒 *纽约客*

为什么他们不能把汽车做得像这一部这么好看呢？1957年的纽约客（New Yorker）是克莱斯勒公司"新式外观"政策下的第一部汽车，也是最好的一部［译者注：1955年，克莱斯勒首席设计师维尔基尔·爱克斯内尔（Virgil Exner）带动了"新式外观"的设计理念，借着低车顶与长车头的外形，让车身看起来更流线、动感］。这部售价4259美元的四门三厢轿车外观极其拉风，但的确又是非常昂贵。纽约客美丽的线条给克莱斯勒的竞争者敲响了警钟。特别是它的设计还夺得了两个奖项的桂冠，它的悬挂系统带有全新的扭力杆，它的肌肉全得益于Hemi火力发动机（Hemi Fire Power）。尽管如此，这部号称当时世界上最有魅力的汽车花了克莱斯勒公司不可思议的3亿美元（研发制造），销量却让人出奇的沮丧。其中的一个原因是它容易生锈，组装工艺也并不完美。第二个原因就是生产效率低下——四座硬顶车型一共只生产了10 948部。即便这样，纽约客仍然是克莱斯勒出产的最美丽的汽车之一。

一个人的表演
1957年，克莱斯勒推出了飞镖外形的纽约客，其风驰电掣的优美形态震惊了世界。汽车的整体设计都出自一个人的脑袋——维尔基尔·爱克斯内尔（Virgil Exner），而不是一个设计小组。异常巨大的后尾翼优雅地扫过，与车顶的线条完美结合。

第一次出现的自动变速箱
1957年，托克佛莱特自动变速箱在纽约客上第一次出现。

旁观镜
旁观镜是可选配置。

悬挂
托森·艾尔悬挂系统提供绝佳的操控性。

克莱斯勒 纽约客 159

规格
车型：克莱斯勒 纽约客（1957）
产量：34 620（所有车型 1957年款）
车身风格：四门六座三厢轿车
构造：钢质一体车身
发动机：392立方英寸 V8发动机
输出功率：325bhp
变速箱：三速托克佛莱特自动变速箱
悬挂：前轮A臂加纵向扭力杆弹簧悬挂系统；后轮半椭圆叶片弹簧悬挂系统
刹车：四轮鼓式刹车
最高速度：185km/h（115mph）
0—60MPH（0—96km/h）12.3秒
A. F. C：4.6km/l（13mpg）

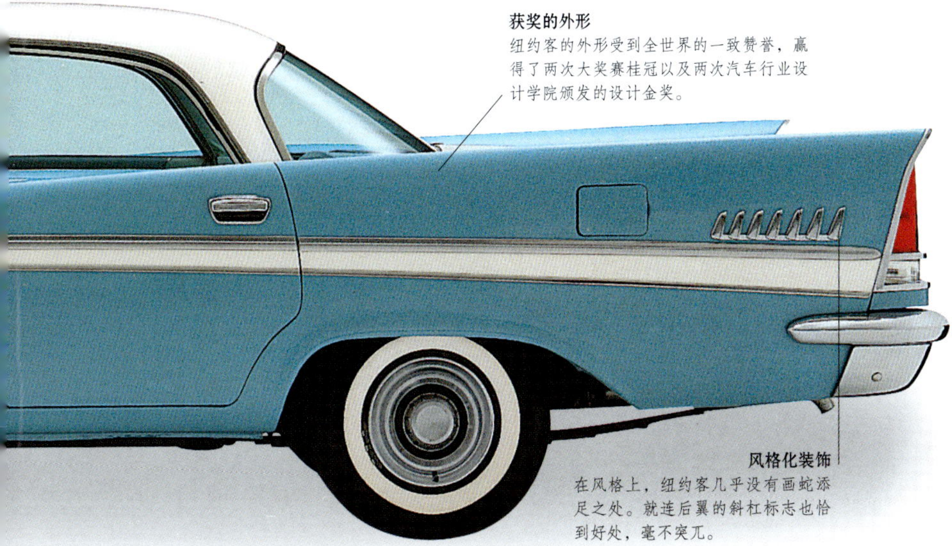

简洁高效

后部舱面实际上非常简洁内敛，并没有整车看上去那么锋芒毕露和夸张。车牌照放置的位置恰到好处，尾部排气管隐藏得也非常好，后保险杠很低调，后车灯很精致。

获奖的外形

纽约客的外形受到全世界的一致赞誉，赢得了两次大奖赛桂冠以及两次汽车行业设计学院颁发的设计金奖。

风格化装饰

在风格上，纽约客几乎没有画蛇添足之处。就连后翼的斜杠标志也恰到好处，毫不突兀。

没有备用轮胎
克莱斯勒曾保证轮胎不会漏气,因此不提供备用轮胎。

排气
双出排气是可选配置。

精美触感
鉴于20世纪50年代是一个物质极大丰富的时代,纽约客的设计也与时代吻合。车身很低,车窗玻璃巨大,具有曲线美感的车身线条非常精致。事实上,要不是因为那对夸张的尾鳍,克莱斯勒的这部梦想之舟的大结局很可能是摆在现代艺术博物馆里。

轮胎
使用保气式轮胎(译注:Capitve-Aire,专指双腔式轮胎),并允诺绝不漏气,车身不下沉。

内部
纽约客的内部可不简单。包括电控车窗、六方向电控可调座椅、高保真电唱机、电子能换收音机、后座扬声器、即时加热设备、手刹警报系统、空调系统、涂色玻璃等。高规格的内饰使1957年的纽约客令人印象深刻。现代许多豪华汽车的内部设备还达不到20世纪50年代纽约客的水准。

克莱斯勒 纽约客

发动机
系列中顶级的车,自然拥有顶级的发动机。纽约客搭载的Hemi-head发动机是1957年所有克莱斯勒量产汽车里最大的发动机。增加了缸径与冲程,汽缸排量增加了10%。发动机的效率很高,使用低辛烷汽油而且改装潜力巨大。

旅行车版本
1957年纽约客还推出了旅行车,它的发动机与三厢轿车版一样,采用的是火力V8发动机。

其他车型
1957年克莱斯勒的其他三款车型是温莎(Windsor)、萨拉托加(Saratoga)和300C。

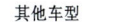

克莱斯勒 *300F 1960*

克莱斯勒用"火红、热辣且桀骜不驯"来宣传300F。克莱斯勒300F（Chrysler 300F 1960）可能是所有美国汽车生产商作品中最为奇怪的一款汽车,但是它的确火红、热辣而且速度奇快——它的最高时速可达225公里/小时（140mph）。"桀骜不驯"一词指的是凸显"坏小子"意味的413立方英寸楔形头V8发动机上的冲压进气系统。发动机进气口冲压的调校,长期以来一直是汽车短程加速赛中增大扭矩、提高马力的方法,这使得300F看起来略带邪恶感。作为维尔基尔·爱克斯内尔（Virgil Exner）最钟爱的设计之一,1960年的300F采用承载式车身结构、法国蓬塔穆松（Pont-A-Mousson）的四速变速箱,而且当车门打开,前座能够向外侧旋转,方便驾驶者进入汽车。它还配备了电子发光仪表盘,这是克莱斯勒自1957年以来最好的一次风格尝试。然而300F售价5411美元,如此昂贵以至于仅仅卖出964部就不足为奇了。无论如何,300F支撑起了克莱斯勒公司的形象,克莱斯勒还借此积累了不少改装肌肉车的小窍门,此时正值肌肉车比拼大战方兴未艾之时。

权力与荣誉

300F是动力最强劲的美国汽车之一,改装过的300F在犹他州巴纳维亚盐带平原跑出过惊人的304公里/小时（189mph）。尽管它的性能极佳,但是与许多同时代汽车城底特律（美国汽车业）出品的汽车比起来,300F要低调沉稳得多。

车门启动座椅
车门打开,座椅旋转功能就自动开启。

非嵌入化油器
非直线序列化油器,让汽车扭力曲线表现突出。

轮胎
尼龙白壁轮胎是标准配置。

克莱斯勒 300F 1960

绰号
用"美丽的野兽"来形容300系列再合适不过了。

精致的尾鳍
你可以认为,300F的尾鳍是从车头就开始往后拉,掠过车身,一直拉到犹如匕首一般尖利的尾部顶点,恰巧在精致雕刻的后车灯之上。

无柱外观
当车窗玻璃放下时,300F的无柱外观真是漂亮至极。

有限的时间
两年内,我们看到的尾鳍就将在300系列里永久消失。

差速器
可以选择独特的摩擦片式差速器,价格为52美元。

规格
车型：克莱斯勒 300F 1960
产量：1212（1960年款）
车身风格：双门硬顶跑车，双门敞篷跑车
构造：钢质承载式车身
发动机：6.6升 V8
输出功率：375—400bhp
变速箱：三速自动变速箱，可选四速手动变速箱
悬挂：前轮扭力杆弹簧式悬挂系统；后轮叶片弹簧悬挂系统
刹车：四轮鼓式刹车
最高速度：225km/h（140mph）
0—60MPH（0—96km/h）7.1秒
A. F. C：4.2km/l（12mpg）

仪表板
在夜里，"Astra-Dome"仪表板透过半透明的罩子会发出柔和却有些怪诞的电子光，这一尝试在技术上非常大胆。而且据称有六种不同质地的光，包括透过塑料、玻璃的光和荧光自发光等。

转速表
中置的转速表是标准配置。

涂色玻璃
可以选装索莱克斯（Solex）涂色玻璃，价格为43美元。

危险的尾鳍
拉尔夫·纳德（Ralph Nader）在他的著作《任何速度都不安全》中，批评300F犹如刀锋一般的尾鳍具有"潜在的致命性"。

唯一瑕疵
在行李箱盖上的备胎装饰一直受人诟病，常常被描述成马桶坐垫或者是垃圾桶盖。而克莱斯勒则将这个颇具争议的行李箱盖官方命名为"Flight-Sweep"，在其他的克莱斯勒车型上也能看到。不过这恐怕是300F上的一个瑕疵，1961年开始这一设计就从车身上消失了。

克莱斯勒 300F 1960

奇妙的座椅

1960年，自动旋转的座椅还非常新奇，当任意一扇车门打开的时候，座椅就会自动向车外侧旋转，方便乘客上下车。具有讽刺意味的是，结实的300F的典型购买者大多是肥胖的40岁中年男人。

天线

这部车可以选装电控伸缩天线，价格为43美元；还可以选配金色音调（Golden Tone）收音机，价格是124美元。

旁观镜

旁观镜可以遥控。

巨大的行李箱

两门车型意味着行李箱如同印第安纳州那么大，足够放置4个轮圈和轮胎。

克莱斯勒 *300L 1965*

回溯到1955年，克莱斯勒发布了强大的300"字母车"系列。300C成为当年动力最强劲的汽车，开创了绅士们"大马力"改装汽车[译者注：Hot-Rod是美国汽车文化的一部分，就是将美国产的汽车（大多数是老爷车）改装成大马力的汽车。在发动机盖上加上粗大的进气孔，轮圈改用合金材质，涂上各种鲜艳的颜色，通常是火焰的图案。这种汽车还有专门的比赛，在类似于SEMA的专业改装车展览会上展出]的新纪元，并引领风潮十余年。克莱斯勒聪明地采用字母排序命名每年推出的新车，从1956年的300B直到1965年的300L（Chrysler 300L 1965），其间只是没有300I。1965年是300字母车系列的最后一年。300L配备了高性能轮胎和悬挂系统，采用了四腔卡特（Carter）化油器，413立方英寸、360马力的最高输出功率。然而从20世纪60年代中期起，汽车产业结构发生了变化，克莱斯勒把大量的资金转投肌肉车市场，致力于挑战者（Charger）和GTX等肌肉车的研发和销售。300L成为前肌肉车时代的最后一个幸存者。那是一个麦迪逊大街的广告人一直试图让我们相信那些货运火车都是运动车的时代。

新的首席设计师
300L的设计出自厄尔伍德·恩格尔（Elwood Engle，1961—1974年担任克莱斯勒首席设计师，1986年6月24日因癌症病逝）之手，他接替维尔基尔·爱克斯内尔（Virgil Exner）担任克莱斯勒的首席设计师。虽然广告宣传"这是有史以来克莱斯勒制造的最美丽的汽车"，但是1963年（的300J）和1964年（的300K）那"活泼、利落和可定制"的外观就已经非常与众不同了。

内部空间宽敞
1965年的300L腰线更低，车顶更高，这样就增加了车窗玻璃的面积，让人感觉内部空间更大了。

悬挂
扭力杆弹簧前悬挂系统使得驾驶平稳而精准。

克莱斯勒 300L 1965

规格

车型：克莱斯勒 300L 1965
产量：2845（1965年款）
车身风格：双门硬顶跑车、双门敞篷跑车
构造：钢质承载式车身
发动机：6.6升 V8
输出功率：360bhp
变速箱：三速自动变速箱，可选四速手动变速箱
悬挂：前轮扭力杆弹簧悬挂系统；后轮叶片弹簧悬挂系统
刹车：四轮鼓式刹车
最高速度：177km/h（110mph）
0—60MPH（0—96km/h）8.8秒
A. F. C：4.2—5km/l（12—14mpg）

激烈的竞争

1965年，汽车界的竞争异常残酷激烈，300L不得不与奥兹莫比尔斯达费尔/星火（Oldsmobile Starfire）、非常英俊的别克里维拉（BuickRiviera）、还有市场领军车型无比闪耀的福特雷鸟力拼。硬顶300L只出产了2405部，双门敞篷版只有可怜的440部。

内饰装饰
红色或者黑色的真皮内饰完美阐释了何为时尚奢华。

车身
300L采用承载式车身，前副车架用螺栓固定在主车架上,而不是焊接在主车架上。

行李箱
巨大的后备箱空间可供车主储藏行李。

后轮轴
在后轮轴上选配限滑差速器，需要额外的费用。

逐步灭亡
1961年的300G是最后一个使用爱克斯内尔运动型尾鳍的车型。接下来的1962年,被看做是300系列开始衰退的一年。在300系列完结之前,荣光早已不见。300L并不像它的前辈跑得那么快,在克莱斯勒限量版中可谓是最不出众的一款车。

昂贵的汽车
双门硬顶跑车售价4090美元,而敞篷跑车则售价4545美元。

车头灯
车头灯隐藏在表面有水平蚀刻线的玻璃罩内。

新车身
1965年,克莱斯勒的生产线重组,新的C系列与道奇的高端车系和普利茅斯福瑞/激怒者(Plymouth Fury)共享车身。

舒适的额外配置
选装配置包括可调助力方向盘、金色音调(Golden Tone)收音机、定速巡航系统、遥控后备箱带锁开启装置、超速警告装置以及空调系统。

内饰
前部凹背座椅加中控台的设置是300L的标准配置。新型的变速箱控制杆取代了按钮式的自动变速箱控制杆。后座长椅被做成看上去像是两座凹背座椅,但实际上可以容纳3个人。

发动机
Non-HemiV8发动机结实耐用而可靠,给予300L令人印象深刻的性能参数。300L快速、敏捷,比300系列入门版发动机还要再多出45马力,是驾驶最流畅的字母系列车型之一。

雪铁龙 开路先锋

　　政客、诗人和画家等社会名流特别钟爱雪铁龙开路先锋（Citroën Traction Avant），这不仅仅因为它是由雪铁龙制造，更因为它是世界汽车制造业的一道分水岭。雪铁龙开路先锋可谓汽车设计史上的奇迹，它是第一部将一体车身构造技术与前轮驱动和扭杆弹簧悬挂系统结合起来的批量生产汽车，即全世界第一部前轮驱动汽车。雪铁龙从此开启了不同凡响的汽车制造之旅。开路先锋的设计构思长达18个月，（在汽车售卖之前）法国雪铁龙公司已经为此所耗不菲。然而到了1934年，雪铁龙公司却陷入了破产困境，8000名工人失业。在法国政府的支持下，雪铁龙的主要债权人米其林公司（Michelin）接管了雪铁龙公司及品牌，给予了雪铁龙开路先锋生产所需的支持。这部车最终销售了23年，一共大约卖掉了75万部，其中包括四门沙龙车、双门硬顶跑车和敞篷车。这款大胆创新的雪铁龙汽车（在汽车制造业历史上）意义重大，是当时最成功的一款汽车，在出产了20年后才由于更加犀利的革命性车型雪铁龙DS而逐渐淡出人们的视线。

征服世界
空气动力学外形设计、钢质承载式车身、车侧面华丽的机翼设计代替了传统脚踏板，雪铁龙开路先锋（Citroën Traction Avant）是技术和美学的典范。

前轮
前轮驱动带来了强大的抓地力。

美丽而非肌肉
虽然雪铁龙开路先锋配备了1911毫升的发动机，但是它仅能产生46马力。

雪铁龙 开路先锋 171

内饰
三速变速箱被设计在发动机前端，同步啮合第二和第三挡位。驱动系统是通过卡丁（Cardin）传动轴和等速万向接头来完成的。在控制面板上安装的变速排挡杆（右图）与1955年的DS（参见第178页至第181页）是一样的（译注：开路先锋为中置发动机布局）。

规格

车型：雪铁龙 开路先锋（1934—1955）
产量：758 858（包括六缸版本）
车身风格：四门五座沙龙车，双门硬顶跑车，敞篷车
构造：前轮驱动，钢质一体车身
发动机：1.9升 直列四缸
输出功率：46bhp at 3200rpm
变速箱：三速手动变速箱
悬挂：四轮独立悬挂系统
刹车：四轮液压鼓式刹车
最高速度：113km/h（70mph）
0—60MPH（0—96km/h）25秒
A. F. C：8.1km/l（23mpg）

行李箱
1952年，雪铁龙一改从前短尾设计的传统，为开路先锋加上了一个大尺寸行李箱。

车轮
米其林为开路先锋生产皮洛特系列（Pilote）轮圈和轮胎。

发动机罩
侧开式的发动机罩是"二战"前的典型特点。

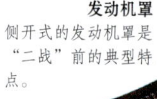

发动机
由摩瑞斯（Maurice Sainturat）设计的发动机是全新的。动力来自带有三轴承曲轴、顶置推杆阀门的短冲程四缸发动机。

方便维修
发动机、变速箱、散热器都非常易于拆卸，方便维修。

风格化设计
艺术化的车门把手绝对是雪铁龙将造型与功用完美结合的典范。既美丽又实用，出自安德烈·勒费布尔（André Lefevre）令人惊叹的设计。雪铁龙如山形袖章般的变速箱设计更以其光滑和安静而居于汽车制造业的尖端。

复杂驾驶
开路先锋看上去很庞大，实际上驾驶舱却相对狭小。不过驾驶员正好可以很紧凑地操控它。

雪铁龙 开路先锋 173

后车窗
后车窗很小,意味着后部视野很狭窄。

悬挂
1954年,当开路先锋即将走到生命尽头的时候,六缸版车型因为配备了油气联动悬挂系统而尽人皆知,被称为"公路皇后"。

在家般舒适
雪铁龙的广告词是"疾驰在路上,就像在家般舒适",试图以此吸引顾客。

悬挂
四轮独立悬挂系统由扭力杆弹簧、双叉臂、减震筒组成,加上蜗杆滚轮式转向结构(后来改为齿辐齿条转向结构),为开路先锋带来了清新的操控感。

全球赞赏
开路先锋得到了全世界毫不吝啬的赞誉,它在不同道路行驶的稳定性、液压制动、驾乘舒适度、过弯表现等方面都得到了世人的盛赞。然而也正是这个庞然大物,吞噬了安德烈·雪铁龙(André Citroën,雪铁龙公司创始人,公司破产后患病去世)的财富,并加速了他的死亡。

可拆卸的发动机罩
任何重大的发动机故障修理都意味着发动机罩应当能够整体拆卸。

雪铁龙 *2CV*

很少有一部车像雪铁龙2CV（Citroën 2CV）这样遭人嘲笑，当此车在1948年法国巴黎车展上发布的时候，记者们都大跌眼镜，猛烈攻击这部看上去丑陋且毫无性能可言的微型车。当时巴黎及其附近的居民都流传着这句俏皮话："坐这个东西，带不带开罐刀啊！"但是他们都错了，雪铁龙的老板皮埃尔·布兰格（Pierre Boulanger）推出这部小汽车的初衷并非与其他汽车竞争，而是与马和运货马车竞争（译注：2CV针对的购买群体主要是农民，或者寻求经济实惠的小汽车的城市居民）。2CV开创了历史。它一直持续销售至1990年，最终销量超过了500万辆。2CV的信徒说，"你要么很爱它，要么根本不了解它。"

谨慎计划

1935年，雪铁龙的老板皮埃尔·布兰格开始构思专门为农夫们设计一款车，令他们放弃马和马车，而选择汽车。这部车的重量不能超过300公斤，能够承载4名乘客，极速在60公里/小时以下，而消耗不超过56mpg（译注：有个别排量的2CV的极速超过了60公里/小时，详见规格表）。最终2CV问世了，这部看上去"未经设计"的汽车，其实是经过精心策划的结果。

简单的底盘

虽然该车宣称采用了无底盘结构，但是我们仍然能够从它的花費上判断出这部车使用了比较传统的钢质底盘。

雪铁龙 2CV

驾驶协助
如何启动和停下2CV的文字说明印在遮阳板后面。

内饰
时速表和电表是对"现代性"的唯一妥协。原来的燃油表只是一个刻度条。

螺栓
车身的钣金部分基本上没有螺栓的痕迹，整个车外壳仅仅能够发现16个。

悬挂
精致的独立悬挂系统带来舒适的驾驶感。

规格

车型：雪铁龙 2CV（1934—1955）
产量：5 114 966（包括货车）
车身风格：四门敞篷沙龙车、双门货车
构造：钢质底盘、车身
发动机：风冷式水平对置双缸0.37升、0.4升、0.43升、0.60升
输出功率：分别是9bhp、12bhp、18bhp、29bhp
变速箱：四速手动变速箱，前轮驱动
悬挂：四轮独立螺旋弹簧悬挂系统
刹车：四轮鼓式刹车
最高速度：0.3升：69km/h（43mph）；0.42升：79km/h（49mph）；0.43升：85km/h（53mph）；0.6升：116km/h（72mph）
0—60MPH（0—96km/h）30秒（602毫升）
A. F. C：16—19.5km/l（45—55mpg）

简易而实用的设计

可卷起的车顶篷设计是为了方便装载和运输高而大的物品。这样设计还有一个有趣的原因——雪铁龙的老板皮埃尔·布兰格(Pierre Boulanger)身高六英尺(约合2米),喜欢在车里戴帽子。小巧、方便、轻盈的吊床式座椅是可以拆卸的,这样就能装下更多的东西,而拆卸下来的座位还可以在野餐的时候当餐椅使用。

行李箱
能够卷起的帆布行李箱盖既省钱,又减轻了车重。但是自1957年后便采用了金属的行李箱盖。

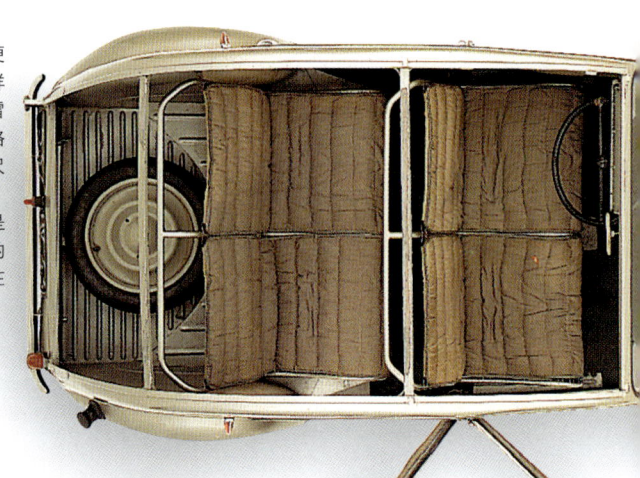

车门
这部车有车门,你应该感到很幸运。原型车可是用蜡布覆盖车门的。

功能性的设计
这里展示的转向灯是极佳的功能性设计作品。为什么(像传统汽车一样)一定要把一对转向灯放在车前,另一对放在车后呢?2CV的转向灯居于车体的侧面,这样可以省下两个灯泡钱,而且车上多出一对可爱的"小耳朵",无论从车前还是从车后都能看到。

雪铁龙 2CV

发动机
原来的0.37升风冷式双缸发动机——图中所示——最后都换成了0.60升,但是每个版本都会让你尽情加速,体会驾驶乐趣。实际上,大多数的发动机一直处于释放最大时速的状态,因而也是全转数。发动机运转良好且持久。

通风口
如图所示的横向盖板可以掀开,新鲜空气由此进入汽车,而其中有网状装置能够阻挡小昆虫和树叶。

独一无二的驾乘
没有什么能比驾驶一部雪铁龙2CV更特别的了——当汽车高速转弯时,侧倾比较严重(中心不稳)。虽然如此,此车的驾乘感却非常特别,看上去光滑的轮胎却又拥有非常坚韧的抓地力。这部车采用了前轮驱动。

头灯
"二战"前的原车型只有一个车头灯。

车身颜色
在1959年下半年之前,只有灰色可以选择。之后,可选择的颜色又增加了十分罕见的冰川蓝,1960年又增加了黄色和绿色。

雪铁龙 DS 21 敞篷版

1955年,雪铁龙(Citroën)突破性的DS原型车第一次穿越巴黎,人群便蜂拥而上,追逐着喊道:"快来看哪,DS,DS,那就是DS!"DS可谓在技术革新和风格突破两方面都是前无古人的。DS发布的新闻,在报纸上刊登的篇幅简直与刊登斯大林去世的消息篇幅差不多。配备半自动变速箱,可以自动调节高度的液压气动悬挂系统,便于拆卸的车身钢板,DS立刻就让世界上一半的汽车显得过时。巴黎的车身制造商亨利·查普隆(Henri Chapron)使用萨弗拉的底盘制造了1365部敞篷DS。起初,雪铁龙公司拒绝与查普隆合作,但是敞篷版最终还是通过查普隆的经销商网络进行销售。当时,很多人认为时髦的双排座敞篷版是市场上最迷人的敞篷车型;如今,查普隆制造的DS价格是其他同级别沙龙车的3倍到4倍。

空气动力学外形
光滑的流线型车身,产生了极佳的空气动力学效应,在行驶中可以劈开风。为了便于修理和维护,车身面板都是可以拆卸的。拆下后翼面板后,使用汽车自带的曲柄扳手就可以很快地更换轮圈。

显赫的车主
曾经拥有过DS的名人包括戴高乐将军(General de Gaulle)、碧姬·芭铎(Brigitte Bardot)和诗人塞西尔·戴·刘易斯(C. Day-Lewis)。

稍窄的后轮
所有的DS的后轮都比前轮稍微窄一点。

雪铁龙 DS 21 敞篷版

内饰
内饰与外观一样创新，聪明地运用了弧面玻璃设计和多层海绵乳胶，后者甚至也使用在地板上。

仪表盘
博通（译注：博通是意大利最著名的汽车设计公司之一）的不对称仪表盘使得车内与汽车其他部分一样时髦。单辐助力方向盘是雪铁龙的标志。安装在仪表盘上的变速杆可以操控无离合的半自动变速箱。

规格

车型：雪铁龙 DS 21 敞篷版（1960—1971）
产量：1365
车身风格：双门五座敞篷跑车
构造：全钢钢质车身；钢质底盘，焊接箱形侧梁
发动机：四缸2.1升发动机
输出功率：109bhp at 5550rpm
变速箱：四速无离合器半自动变速箱
悬挂：四轮液压气动独立悬挂系统
刹车：前轮盘式刹车，后轮鼓式刹车
最高速度：187km/h（116mph）
0—60MPH（0—96km/h）11.2秒
0—100MPH（0—161km/h）40.4秒
A. F. C：8.5km/l（24mpg）

保护
薄薄的橡胶保险杠为汽车提供了些许安全保证。

车鼻
由于车鼻突出，DS被人们称为"鲨鱼"。

品质选择
博通设计的顺滑曲线,使雪铁龙DS成为非常具有设计感的偶像车,更是诸如医生、建筑师、艺术家和音乐家等名流的购车首选。买家可以挑选几乎任意风格的选装配件。

标志
雪铁龙的双∧形标志镶嵌在后行李箱上。

车灯改版
1967年,(分体的)车头灯被放在了(同一个)玻璃罩后面。透镜聚光灯组为可选项。

发动机
DS21的2.1升发动机能够产生109马力的动力,有些没精打采,并没能得到买家的赞赏。DS的发动机是在"二战"前的开路先锋(Citroën Traction Avant,参见第170页至第173页)的基础上进化而成。制动由创新的带有分散回路的盘式刹车片来完成。

备胎
备胎放在发动机罩下面,意味着行李箱的空间能得到更充分的利用。

雪铁龙 DS 21 敞篷版

悬挂
完全独立的气动悬挂带来《一千零一夜》的"魔毯"一般的驾驶感觉。

风格
雪铁龙大力宣传此车的未来风格外观。

DS 的荣誉
1962年,一群恐怖分子袭击了法国总统戴高乐将军。当时总统乘坐的DS尽管遭受了子弹暴雨般的扫射,并且两个轮胎被击中爆胎,敞篷版仍然可以改变行驶方向,高速行驶到安全地带。这次事件极大提升了DS的信誉。

绝技特征
敞篷版标志性的特征之一便是后翼上成角度弯曲的镀铬转向灯。另一个标志性特征便是新奇的四轮液压气动悬挂系统,它可以在遇到崎岖不平的路面或者是被水淹没的路面时提升车身离地间隙,以保证安全通过。

真正的经典
车身很低,潇洒不落俗套,车身风格仿如进入太空时代,DS的设计如此完美以至于在出产后的20年里,几乎没有改版。法国哲学家罗兰·巴特(Roland Barthes)被DS的设计所征服,将DS的卓越超前的技术水平与中世纪风行的哥特式教堂风格相提并论。

雪铁龙 *SM*

CITROËN SM

雪铁龙SM（Citroën SM）的出现与协和客机一样意义非凡。试问有哪一部伟大的汽车不是超越了常识呢？毫无疑问，雪铁龙SM绝对是一次想象力的驰骋，一部奢华的技术极品。流线型车身长达4.9米，除了2+2座椅外几乎没有留下什么空间。雪铁龙SM浑身上下充满了创新，其中很多更开创了雪铁龙品牌的典型特征——比如随动转向前车灯和新型的液压气动悬挂系统。雪铁龙SM是一部复杂的汽车，事实上，它有些太复杂了。它配备的助力方向盘及自动回正装置和助力制动系统都由高压缩比的发动机驱动的高压泵提供动力，而且没有高压泵也无法操作。当然还有那性格古怪、反复无常的玛莎拉蒂（Maserati）V6发动机。尽管如此，雪铁龙仍然缔造了一部持久引领时尚风潮的未来之车，与之相比，其他号称"明日之车"的汽车，只能一时暂领风骚，很快就退出历史舞台了。

又光滑又快
SM令人印象深刻的低车身出自前通用设计师亨利·德·赛格劳夫（Henri de SegurLauve）之手。光滑的车鼻和低矮的车底盘，还有逐渐收紧的车尾，这些构造令SM的风阻系数只有0.27。这一数据即使在今天也仍然令人难以置信。高速行驶的时候，车身稳定得令人惊叹。

复杂的弧度
涂色后车窗玻璃，弧度大且带有（除雾气）加热线。制造它，肯定花了不少钱。

美国影响
SM镀铬的后尾鳍显示出通用风格的影响。

雪铁龙 SM

仪表盘
透过单辐方向盘，可以看到椭圆形的时速表、转速表，还有这一组让人疑惑的警示灯（右图）。

警示灯
要经过一段时间的实际操作，否则驾驶者很难在匆忙间搞清楚这些警示灯每个都代表什么。

发动机
最初的发动机排量都低于2.8升，以逃避法国惩罚性车辆征税法规的限制。

轮圈
可以选配碳纤维加强型轻量化轮圈。

规格

车型：雪铁龙 SM（1970—1975）
产量：12 920（所有型号，所有左舵驾驶）
车身风格：双门2+2硬顶跑车
构造：全钢质承载式车身和铝质发动机罩
发动机：全铝90度 2.6升 V6（SM Auto 采用2.9升）
输出功率：SM:170bhp at 5500 rpm; 2.9升：180bhp at 5750 rpm
变速箱：雪铁龙五速手动变速箱，或博格华纳（Borg-Warner）三速自动变速箱；前轮驱动
悬挂：前轮螺旋弹簧独立悬挂系统；后轮叶片弹簧悬挂系统
刹车：四轮皆为盘式刹车
最高速度：220km/h（137mph）
0—60MPH（0—96km/h）8.3秒
0—100MPH（0—161km/h）26—30秒
A. F. C：5.3—6.1km/l（15—17mpg）

令人惊异的操控

尽管它的尺寸和重量都不小,SM仍然可以像运动车一样在街上跑得飞快。它跑起来如同波涛汹涌的海面上的拖网渔船。但是与所有的前轮驱动车一样,它很容易转向不足。

创新的车灯
SM的六车灯组合,最外两侧的前车灯可以进行随动转向。

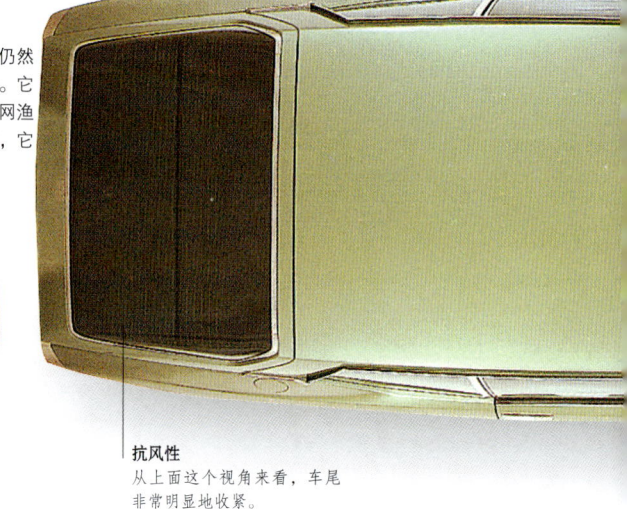

抗风性
从上面这个视角来看,车尾非常明显地收紧。

十足功能性
汽车后门车牌照上方的凸起部分,具有空气动力学的功能性。这种安排也适合于美国法律对于车牌照嵌入较深的要求。

配角
如同大多数的前轮驱动汽车,SM的后轮悬挂系统除了支撑车子的作用之外,没有什么特殊功能了。

雪铁龙 SM

发动机
SM代表着Serié Maserati。精致的玛莎拉蒂全铝V6发动机,仅重140千克,31厘米长,但是却至少能产生170马力的动力。

后座空间狭小
雪铁龙的宣传资料试图隐藏下面的事实:后座放置腿和头的空间太窄了,甚至都放不下两个稍微大一点的孩子。

前部的视野
一般来说,纤细的车身前柱能为驾驶者提供非常好的视野,但事实并非如此。

制动系统
助力前轮盘式刹车与机械式手动刹车系统相互配合。

欧陆 马克 II

1956年出产的欧陆（Continental）坚决地否定了20世纪50年代造不出漂亮汽车的流言。如同意大利出产的所有产品一样美丽，马克II（Mark II）可谓是一件艺术珍品，更是财富的象征。威廉·福特（William Ford）对这个项目非常狂热，他坚持发动机罩的部分要采用镀铬装饰，而非塑料装饰。这样每部汽车大约多花了150美元，相当于当时一部福特汽车前格栅的价钱。然而在细节上的固执己见却毁了欧陆马克II。尽管欧陆马克II的售价已经是1万美元的（当时的）天文数字（上下浮动），欧陆车系仍然血本无归。销售惨淡、公司内部斗争激烈，而且马克II只有双门轿车这一种车型，这些使得欧陆马克II在1958年走向灭亡。福特历史上最美丽的一部车不得不为接下来出产的E系列车型埃德塞尔（Edsel）而牺牲自己；具有讽刺意味的是，埃德塞尔恐怕是福特历史上最难看的一部车了。

奢侈豪华的个人独享版

作为当时美国最昂贵的汽车，售价9695美元的欧陆是真正为明星准备的汽车。猫王埃尔维斯·普雷斯利（Elvis Presley）把他的凯迪拉克换成了这部昂贵而美丽的座驾；简·曼斯菲尔德（Jayne Mansfield）拥有一部1957年款珍珠色带有水貂皮包边的欧陆。欧陆的上市筹划了3年之久，福特公司还成立了专门组负责欧陆的销售和市场营销。

车身高度
特别设计的"奶牛肚子"（Cow belly）车身框架，为身材高大的人驾驶低顶篷汽车提供了方便。（译注：欧陆马克 II 轿车采用的交叉结构底盘，中间凹下、两端翘起。看起来特别像奶牛的肚子）

软顶敞篷版
欧陆在停产前，还推出了两款特别软顶敞篷版。

真皮内饰
高品质的真皮内饰从苏格兰进口。

欧陆 马克 II

内部
简洁的驾驶舱设置来自最经典的英式汽车,突出特征就是大量使用木纹装饰和真皮,还有大量奢华的织物布料作装饰。在一长串的标准配置单中,自动调频收音机、电控四方向座椅、双区暖气和阅读灯都是亮点。

规格

车型:欧陆 马克 II(1956)
产量:2550(1956年款)
车身风格:双门四座轿车
构造:全钢车身和底盘
发动机:5.8升 V8
输出功率:300bhp
变速箱:涡轮三速自动变速箱
悬挂:前轮螺旋弹簧独立悬挂系统;后轮叶片弹簧悬挂系统
刹车:四轮鼓式刹车
最高速度:185km/h(115mph)
0—60MPH(0—96km/h)12.1秒
A. F. C:5.7km/l(16mpg)

驾驶舱温度
空调系统是欧陆唯一需要额外付款的配置。

花费不菲
为开发欧陆系列,福特公司花费不菲。仅欧陆的陶土模型就花了100万美元。

座椅
电控座椅是这部车诸多电动配置之一。

喝油怪兽
如同这一时期所有的美国"巡洋舰"一样,欧陆也是喝油怪兽,一升油只能跑5.7公里(16mpg)。

英俊的后部
从英俊的3/4后侧图可以看出,这部车与法拉利250有些相似之处。请注意油箱盖是如何隐藏在尾灯里面的。与其后推出的汽车不同,凸显轮胎外形的备用轮胎罩下面的确嵌入了备胎。

巨大的发动机
令人期待的来自帕克沃德(Packard)的374立方英寸发动机,是在1956年生产的汽车上能找到的最大的发动机了。(译注:帕克沃德曾是劳斯莱斯车型,已停产)

发动机
林肯368立方英寸V8发动机,能够由技师手动调试到最好的水平。

欧陆 马克 II **189**

涂色玻璃
涂色玻璃是无须加钱的额外配置。同样无须另付钱,还可以得到双色油漆,和刻着你名字的铭牌。

铭牌
欧陆的铭牌使埃德塞尔·福特[译注:Edsel Bryant Ford(1893.11.06—1943.05.26),亨利·福特之子,美国底特律人,1919—1943年为福特公司总裁,后因胃癌去世,终年不到50岁]主持研发的20世纪30年代林肯汽车得到复兴。

简洁的前部外观
光滑时髦而简洁的前部外观,压铸的前格栅,欧陆对当时底特律汽车(美国汽车制造业)风格的唯一让步,就是将转向指示灯整个嵌入前保险杠。

劳斯莱斯杀手
从车后部看过来,欧陆匀称美丽的尾鳍,优雅的后保险杠,简洁的嵌入式后车灯,为它在大西洋两岸都赢得了许多喝彩。虽然欧陆的目标市场是与劳斯莱斯重合,但事实证明,这个市场还没有强大到足够维持欧陆的批量生产。

经典车身
高品质的车身由密歇根州的米切尔·宾利爱奥尼亚公司(Mitchell-Bentley Corporation of Ionia)进行最后的加工。

法国的首次发布
欧陆于1955年10月6日在巴黎汽车博览会上首次发布。

戴姆勒 *SP250* 达特

戴姆勒SP250 达特（Daimler SP250 Dart），这部古怪的汽车混血儿，差点搞垮了戴姆勒公司（Daimler）。20世纪50年代晚期，以考文垂为基地的戴姆勒公司陷入了可怕的财政危机。为了吸引对汽车狂热的美国顾客的注意力，戴姆勒于1959年在纽约车展上推出了这款达特，它古怪地将英式风格和美式风格混杂在一起。戴姆勒原是使用玻璃钢制造公共汽车的公司，因此达特的车身诡异地使用了防锈加强玻璃钢材质来制作车身。底盘结构抄袭了凯旋 TR2（Triumph TR2）（参见第476页至第479页）的设计。为了使基本款保持低价格，暖气、风挡雨刷器、前后（合金）保险杠等必备设施都不包含在标准配置中，而是作为选装部件。达特并不是一部优秀的汽车，而是一场商业上的惨败。发布头三年的销量本预计为7500部，然而却只售出了2644部，其中只有1200部卖给了美国人。捷豹于1960年接管了戴姆勒。1964年，威廉·里昂斯爵士（Sir William Lyons）砍掉了达特——这款戴姆勒曾经制造出的最运动范儿的汽车。

达特概念
达特反映的是一种20世纪50年代的概念，但是它诞生得太晚了，无法与以捷豹E型（E-Type）为首的装配了一体车身的运动车新风潮相抗衡。从这部车的身上，我们能够看出20世纪60年代英国汽车工业毫无计划地胡乱发展，而且对所有美国元素自掘坟墓般地盲目热爱。

发动机罩
玻璃钢发动机罩打开的速度让人生厌。

戴姆勒 SP250 达特 **191**

内部
驾驶舱遵循典型的英国传统，中央仪表都安装在铝质面板上，采用了真皮座椅和真皮包裹的仪表盘，配备了临时后座。还有手刹自动归位装置（fly-off handbrake）、手动可摇车窗和厚地毯。博格华纳（Borg-Warner）自动变速器不是标准配置，可以选择，但是会很明显地减缓汽车的速度。

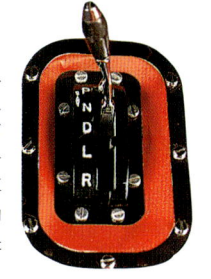

规格

车型：戴姆勒 SP250 达特（1959—1964）
产量：2644（1415部左舵驾驶汽车,1229部右舵驾驶汽车）
车身风格：双门两座敞篷跑车
构造：玻璃纤维车身，钢梁底盘
发动机：铸铁2.5升 V8
输出功率：140bhp at 5800rpm
变速箱：四速手动变速箱，或者三速博格华纳（Borg-Warner）Model 8变速箱
悬挂：前轮叉臂螺旋弹簧独立悬挂；后轮叶片弹簧桥式悬挂系统
刹车：四轮格林（Girling）出品的刹车盘
最高速度：201km/h（125mph）
0—60MPH（0—96km/h）8.5秒
0—100MPH（0—161km/h）19.1秒
A. F. C：8.8km/l（25mpg）

后座
非全尺寸的后座只能容纳一个小孩。

发动机

爱德华·特纳（Edward Turner）设计的V8发动机是达特最优秀的配置。如果你胆子够大，它能狂飙到201公里/小时（125mph）。合金头，半球形燃烧室，它简直是发动机里的宝石，它们一直存活到1969年戴姆勒250沙龙车中。

看了一眼，过目不忘

古比鱼风格的前部外观，说什么也算不上好看。但是20世纪60年代的驾驶者如果在后视镜里看到它，他们就知道马上挪个地儿，让个道儿。凶猛的玻璃钢达特真是非常地快。当时的路试也证实了达特和那狂飙的V8发动机的超强性能。

汽车前翼

流线型的汽车前翼看起来非常不错，也使整车更加坚固。

戴姆勒 SP250 达特

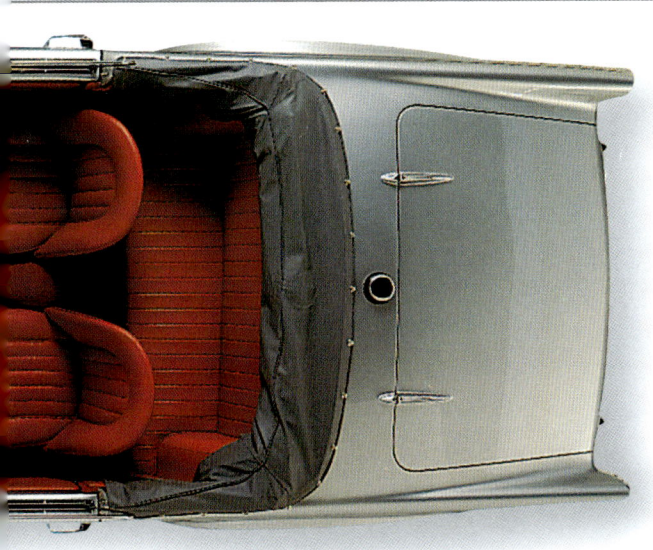

达特的发展
达特的发展经历了三个阶段：1959年至1961年是第一阶段，A型没有出什么舒适的车；1961年4月和后来的B型，装配了标准的保险杠、风挡玻璃雨刷器和改良的底盘构造；最后，也是最精致的C型，从1963年4月开始到1964年9月，电暖气和点烟器成为推荐热点。

利落的敞篷
敞篷布干净利落地折起落于后座之后，由敞篷布包保护遮盖。

速度瓶颈
当达到极速时，达特很难正常工作。它的底盘偏软，方向盘很重。路试者认为它的速度不错，但是底盘、操控和车身工艺都不理想。

可爱造型
后车灯上方镀铬铜制面板上，有个精巧的"D"字标志。

4068 WK

达特桑 费尔莱迪（淑女）1600

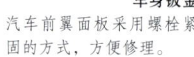

达特桑费尔莱迪（Datsun Fairlady）与MGB（MGB，参见第386页至第387页）这两部汽车惊奇地相似。相比而言，达特桑费尔莱迪出现较早，它在1961年东京车展上推出一年后，MGB才面世。早期的达特桑费尔莱迪发动机只有1.5升，很难称得上是一部好车。然而它在其后数年里以惊人的速度不断改进，这充分体现了日本汽车工业专注持续改良、进化的汽车文化。1967年的达特桑 费尔莱迪配备了2升排量发动机、双化油器、五速变速箱。它的速度能够达到200公里/小时（125mph），就是在美国的运动车俱乐部里参加竞赛也绝对能让人惊讶地挑高眉毛。这部车的目标市场在美国，在美国它的名字是达特桑1500，但是在9年中只卖出了4万部。无论如何，通过费尔莱迪，我们能够了解为何达特桑能够缔造出传奇的240Z（参见第196页至第199页）这款全球最畅销的运动车之一。

车身钣金
汽车前翼面板采用螺栓紧固的方式，方便修理。

发动机
1.9升、90马力发动机直到1970年仍然是达特桑费尔莱迪系列的支柱。

欧洲式线条
比MGB更高、更窄，达特桑费尔莱迪具有毋庸置疑的、从容不迫的欧洲车外观。然而，在7000部卖掉的1.5升车型中，有一半卖给了美国人。

达特桑 费尔莱迪（淑女）1600

风格

有趣的是，设计者并没有尝试统一内饰与外观的风格。驾驶舱采用的是那个时期的典型设计，使用了大片的黑色塑料材质。

规格

车型：达特桑 费尔莱迪（淑女）1600（1965—1970）
产量：大约4万
车身风格：双门两座敞篷跑车
构造：钢质车身和箱型底盘
发动机：1.5升四缸发动机
输出功率：90bhp at 6000 rpm
变速箱：四速同步变速箱
悬挂：前轮独立悬挂系统；后轮叶片弹簧悬挂系统
刹车：前轮盘式刹车，后轮鼓式刹车
最高速度：169km/h（105mph）
0—60MPH（0—96km/h）13.3秒
0—100MPH（0—161km/h）25秒
A. F. C：8.8km/l（25mpg）

短暂的迷人

车身很低，看起来非常潇洒，经典完美的重量配比，费尔莱迪（淑女）的确有过一段短暂的迷人时期，它还是1965年之前出产的最好看的一款达特桑汽车。尤其是侧面视觉非常棒，但是后部和前鼻稍显凌乱繁复。

达特桑 *240Z*

整个20世纪60年代，日本汽车制造商都在寻求运动车设计突破的道路上艰难前行。丰田（Toyota）的2000GT（参见第474页至第475页）的确是个尤物，可惜只制造了337部，因而成了昂贵的珍品。本田公司（Honda）也取得了一些突破，推出了精细的S600和S800。至于达特桑（Datsun），虽然推出了外形与MGB非常相似的费尔莱迪／淑女（Fairlady），在日本和美国都相当有人气，但是在其他地方却不为人知。直到达特桑240Z带来了革命性的突破，这款车帮助日本汽车在全球的运动车领域占据了一席之地。当时这个领域，尤其在美国，是一个亟待填补的缺口。达特桑240Z于1969年10月在美国发布，甚至比在日本本土的发布时间提前了一个月。随着日本汽车出口美国的大潮，达特桑240Z成为最大的热门车。它具有优雅的外观、超强的性能、优秀的操控、配置水平也很高。综合来说它是一部超高性价比的运动型轿车，因而销量远远超过其竞争者。

优美独特的设计风格
阿尔布莱西特·格尔茨伯爵（Albrecht Goertz）在早期的设计之上完成了240Z的车身设计，他还设计了最具风格的宝马507／BMW507（参见第62页至第65页）。

扰流板
240Z后备箱上的扰流板并非是所有区域市场的标准配置。

达特桑 240Z

风挡玻璃
大坡度风挡玻璃具有非常突出的空气动力学视觉效果和实际作用。

平衡性
我们可以看到,发动机置于中心线之前,而乘客坐席就在发动机后面。240Z以其卓越的平衡性而闻名。巨大的后窗为驾驶者提供了极佳的后视视野。

发动机罩
发动机罩非常干净,只简单地使用百叶窗式的散热口,但是后来变得相对复杂了一些。

发动机
六缸双化油器2.4升发动机是在蓝鸟沙龙车(Bluebird)的四缸发动机基础上发展而来。

轮圈罩
廉价塑料的轮圈罩是标准配置。

家族谱系中的第一部
与众多生命线较长的运动型产品一样，240Z作为家族谱系中的第一部汽车，被视为最棒的运动型跑车。它比后继者更轻、更灵活。如果你真的想在240Z里耍耍帅，选择超级武士（Samurai）性能包就能办到。升级之后，240Z能在6秒钟内达到0-60马力（96公里/小时）。

设计风格博采众长
与内陷的前车灯相呼应，后部车灯的设计博采众长，采用了捷豹E型（E-Type）双门跑车（Jaguar，参见第308页至第311页）、保时捷911（Porsche911，参见第450页至第451页）、野马滑背跑车（Mustang fastback，参见第282页至第285页）以及1969年的阿斯顿·马丁DBS（Aston Martin DBS，参见第308页至第311页）的设计元素。

猫眼灯
内嵌的前部车灯让人想起捷豹E型跑车（E-Type）。

内部
驾驶舱的安排符合美国人口味，仪表盘带有（向驾驶员）突出的罩盖，操纵杆结实有力。乙烯材质的凹背座椅，行李箱空间巨大。

达特桑 240Z

Z系列标志

这一系列在日本首发时,被称为费尔莱迪Z/淑女Z(Fairlady Z),代替早些的淑女系列。出口后全球通称为240Z,标志也相应地做了调整。在非英美市场,240Z的标志都为尼桑(Nissan)而不是达特桑(Datsun)。

规格

车型:达特桑 240Z(1969—1973)
产量:156 076
车身风格:三门两座掀背跑车
构造:钢质一体车身
发动机:单顶置凸轮轴六缸发动机 2393 毫升
输出功率:151bhp at 5600rpm
变速箱:同步变速四速或者五速手动变速箱,或者自动变速箱
悬挂:前轮,麦弗逊(MacPherson)独立悬挂系统,低连杆、螺旋弹簧、筒式减震器;后轮,麦弗逊(MacPherson)独立悬挂系统,A臂连杆、螺旋弹簧、筒式减震器
刹车:前轮盘式刹车,后轮鼓式刹车
最高速度:210km/h(125mph)
0—60MPH(0—96km/h)8秒
A. F. C:7—9km/l(20—25mpg)

车身钣金
240Z的车身钣金比较薄,容易生锈,这是使240Z品质打折扣的一个主要原因。

标志
达特桑的标志于1932年首次出现在当时还被称为达特公司的小型汽车上[译注:达特桑有两个含义,一是3名创始人田健沼郎、青山禄郎和竹内明太郎姓名的拼写;二是它在日语中有"快如脱兔"的字义。1932年给诞生的汽车取名时,起名为"达特之子"(DATSON),但英文"SON"的发音在日语中不吉利(音同"损"),于是改为"SUN"]。

悬挂
四轮悬挂都采用了精致独立的麦弗逊(MacPherson)悬挂系统。

德罗宁 *DMC 12*

宣传称，自约翰·扎卡里·德罗宁（John Zachary Delorean）缔造的打破常规的德罗宁DMC12（Delorean DMC 12）起，"期待已久的交通革命终于开始了"。DMC 12具有独一无二的全不锈钢拉丝车身，鸥翼式车门和全电动的内饰，借此这部奇妙之车打算引领未来汽车的设计走向。然而事实证明，它却是汽车产业历史中最大的失败之一，几乎与福特埃德塞尔（Edsel）的灾难性结局如出一辙。虽然政府投入了6500万英镑进行援助，在北爱尔兰西贝尔法斯特（West Belfast）建立了应急工厂生产DMC12，但德罗宁仍于1982年因背负2500万英镑的债务而关门。而购买了DMC12的倒霉蛋儿则不得不面对一大堆反复出现的质量问题——比如说从车门无法打开到车窗失灵等。虽然它在大热门电影《回到未来》中有非常出色的演出，但是这仍然无法挽救德罗宁的不幸。公司将成功的希望完全寄托于美国市场，结果证明显然是过于乐观了。在新鲜了一阵以后，DMC12的销售便很快下滑，最终从人间蒸发。

单身汉的汽车

德罗宁曾经被称为"单身汉为单身汉设计的汽车"，其中部分的设计创意表现在前后座之间的空间必须足够放下一整套高尔夫球具。这部车的设计者是乔治亚罗（Giugiaro），监制是莲花汽车的创始人及设计者柯林·查普曼（Colin Chapman）。

轮圈
采用定制的密齿合金轮圈，前轮的尺寸比后轮略小。

前部稍轻
由于发动机后置，车子的重量配比大约是前部35%，后部65%。

德罗宁 DMC 12

驾驶舱很热
车窗很小，空调恒温功能又总是不好用，驾驶舱里的确很热。

花哨多于实用
独一无二的全不锈钢拉丝车身和鸥翼式车门是市场宣传的好噱头，然而每个坐过这部车的人都会认为，这实在是花哨多于实用。

明星车

在1985年拍摄的热门电影《回到未来》中,德罗宁被改装为时光机器,带着主人公回到1955年做刺激冒险的时间旅行。但是在现实中,这部车其实很传统,并没有什么特别。技术上没有创新之处,很多技术仍然借用其他的汽车,145马力的发动机也很普通。

鸥翼式车门

这部车最著名的噱头就是这对鸥翼式车门了,但是密封效果不好,开和关都很费劲。

支柱

只用一个很小的液压挺杆支撑车门,要想让车门正常开合可是过于乐观了。

过时的德罗宁

DMC12于1979年首发,可是它的风格其实已经过时了。像DMC12这样覆盖有板条的后车窗和立方体样式的后车灯实际上是20世纪70年代流行的风格。

发动机

沃尔沃2.8升顶置凸轮轴V6发动机采用博世公司机械式燃油喷射技术。五速手动是标配,而三速自动是可选项。

德罗宁 DMC 12

电子控制单元
在砍切预算的最后一分钟达成了妥协,才有了车门上的电子控制单元。

沉重的车门
负重过多的车门上有车锁、玻璃车窗、电子元件、旁观镜、立体声音响以及通风管道等。

不锈钢车身
柯林·查普曼(Colin Chapman)并不喜欢拉丝的不锈钢车身,但是德罗宁坚持要采用这种设计。不过购买者很快就发现这种设计导致很难把车身清洗干净。

内部
真皮包裹的内饰看起来很气派,电控车窗、倾斜可调方向盘、双防水密封以及七挡恒温空调。

规格

车型:德罗宁 DMC 12(1979—1982)
产量:6500
车身风格:后置发动机,双门两座硬顶跑车
构造:不锈钢车身和Y形底盘
发动机:2.8升 顶置凸轮轴V6发动机
输出功率:145bhp at 5500rpm
变速箱:五速手动变速箱,或者三速自动变速箱
悬挂:四轮独立悬挂系统,长度不等的悬臂和后部拖曳臂式悬挂装置
刹车:四轮盘式刹车
最高速度:201km/h(125mph)
0—60MPH(0—96km/h)9.6秒
0—100MPH(0—161km/h)23.2秒
A. F. C:7.8km/l(22mpg)

德索托 *风俗*

1950年的德索托（DeSoto）闪耀着夺目的光芒，讨得了"二战"后美国人的欢心。被称为"为了买家满意而制造的汽车"，德索托的确实用且结实。德索托公司历史上长期造出租车，就是在闹钢材荒的1946年至1948年期间，还是设法鼓捣出了11 600部出租车，拥堵在纽约大街小巷的大部分出租车都是出自该公司。虽然在德索托的汽车中，前脸镀铬的部分大大多于其他克莱斯勒（Chrysler）出品的汽车，外观显得很急进，但是它的发动机只是直列六缸250立方英寸。直到1952年，德索托才安装了传奇的终极火力V8发动机。好在1950年出产的风俗（Custom）是系列中最漂亮的一款，美国公众非常愉快地接受了它，一年的销量就达到133 854部；这使德索托在汽车行业排行榜上的位置上升到第14位。敞篷版的德索托 风俗的价格定在合理的2578美元，豪顿（Gyrol）帝普托普液压变速箱为标准配置。"二战"后的贫瘠岁月对制造这种闪耀汽车的厂商来说是一段黄金岁月，然而却好景不长。1961年，德索托便永远地消失了。

车型
风俗的车型包括一款双门俱乐部、两款大型旅行车、一款六座三厢轿车，一款双门硬顶跑车和一款双门敞篷跑车。德索托卖得最好的是三厢轿车和双门跑车，其豪华版的定价都不超过2000美元。

创新的变速箱
操控灵活的液压传动变速箱是半自动预选变速箱，是在传统的手动或者半自动快速降挡技术基础上的创新。

结实的汽车
克莱斯勒销售德索托的卖点在它的结实和便宜，即性价比非常高。

德索托 风俗

居于车系中游的车

德索托在克莱斯勒的地位好比水星（Mercury）在福特公司，或者奥兹莫比尔（Oldsmobile）在通用公司的地位。也就是说，这个车系是用来填补由于预算有限而出产的廉价车与停在大型社区的超级豪华车之间的鸿沟。20世纪50年代的德索托有两种豪华型内饰版本，只需再加200美元就能享有。

内部镀铬
1952年的汽车里，仪表盘上的仪表也采用了镀铬材质。

车篷
时髦、滑顺的车篷，必须手动掀开。

仪表盘
转向灯和倒车灯都是风俗的标准配置，而电暖器、电子锁和双色喷漆则是可选配置。

轮胎
敞篷车的白胎壁轮胎和轮圈装饰罩都是标准配置。

后翼
德索托的车身外观仍然带有"二战"前分离式的车翼设计。

分开的车窗
一根镀铬杆从正中将平面风挡玻璃分割为两块,其上装着后视镜。

敦实但是很精致
德索托的尾部很宽大、浑圆,没有多余的装饰,后备箱空间大得吓人。敞篷风俗精致得足以行驶在世界上最漂亮的林荫大道上。

发动机盖上的装饰
可选的发动机盖上的装饰是埃尔南多·德索托(Hernando Desoto)的头像,他是17世纪征服美洲的西班牙探险家。这个装饰在暗处会发光。

多齿的格栅

汽车前部的格栅上,长毛象一样密密的牙齿主宰了整体视觉效果。1951年,这些密齿按比例减少了不少。1950年的风俗很容易被认出来,它的车身颜色、垂直的巨齿格栅都是独一无二的。

共享同一动力

所有的1950年的风俗都共用同样死气沉沉的直列六缸发动机。

规格
车型:德索托 风俗(1950)
产量:2900(1950年款)
车身风格:双门敞篷跑车
构造:钢质车身和箱形底盘
发动机:3.7升 直列六缸发动机
输出功率:112bhp
变速箱:液压传动半自动变速箱
悬挂:前轮螺旋弹簧独立悬挂系统;后轮叶片弹簧桥式悬挂系统
刹车:四轮鼓式刹车
最高速度:145km/h(90mph)
0—60MPH(0—96km/h)22.1秒
A. F. C:6.4km/l(18mpg)

发动机

侧阀式的直列六缸发动机实在平庸,只能带出112马力。

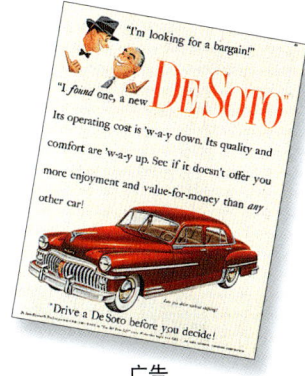

广告

20世纪50年代的汽车宣传广告总是夸大其词,常常与实际不符。这部德索托的广告也不例外。

德·托马索 潘特拉 GT5

作为一部并不复杂的超级跑车，潘特拉（Pantera）集合了美国汽车野兽般咆哮的动力和意大利迷人的魅力。潘特拉发布于1971年，并一直通过福特的林肯—水星（Lincoln-Mercury）经销商在北美洲销售。它搭载了福特5.7升中置V8发动机，使汽车能够达到256公里/小时的速度（159mph），在6秒内能加速到96公里/小时（60mph）。但是在1974年，令人畏惧的350马力 GT5是潘特拉借由福特经销商体系销售的最后车型，后来德·托马索（De Tomaso）与玛莎拉蒂（Maserati）合并。极速的时候汽车前部抬升的趋势，后面的视野令人绝望地被挡得严严实实，驾驶者头部上方没有空间，座椅设计得并不人性，踏板的位置匪夷所思——潘特拉真是有很多缺陷，但是开起来却极其容易。操控系统平衡而精准，而且用不了念完它名字的时间，潘特拉就能飞一般地加速至48公里/小时（30mph）！

后部行李箱盖
液压助力的后部行李箱盖方便了对发动机进行维护和修理。

散热受阻
早期潘特拉会变得过热，车主常能看到温度计的水银爬升到超过110℃。

给它一枪
当潘特拉不肯发动的时候，猫王气得一枪打在方向盘上！

排气
对于这种程度的发动机，四出式排气是非常必要的。

德·托马索 潘特拉 GT5

有限的头部空间
如果你身高在178厘米以上就不要买潘特拉，因为你的头将没地方放。

车身结构
采用比较老式的钢质焊接一体结构。

规格	
车型：德·托马索 潘特拉 GT5（1974—1993）	
产量：N/A	
车身风格：中置发动机，双门两座硬顶跑车	
构造：钢质车身和底盘	
发动机：5.7升 V8	
输出功率：350bhp at 6000 rpm	
变速箱：五速手动变速箱，ZF变速驱动桥	
悬挂：四轮独立悬挂系统	
刹车：四轮通风盘式刹车	
最高速度：256km/h（159mph）	
0—60MPH（0—96km/h）5.5秒	
0—100MPH（0—161km/h）13.5秒	
A. F. C：5.3km/l（15mpg）	

美国限制
美国人可能买不到严格意义上的GT5，因为这部车不符合美国的发动机排放量控制标准，于是也只能贴上个GT5的标签过干瘾了。

风格
车身外观由汤姆·特嘉达（Tom Tjaarda，汽车设计大师，意大利特嘉达汽车设计公司的创始人，曾经设计过法拉利等名车）执笔，他给车身加上整洁的车鼻。

惊人的轮廓
车轮拱罩宽大、宽度28厘米轮圈，富有攻击性的GT5侧裙低矮，车身距离地面如此之近，你甚至很难在车身下塞个信封。这些使潘特拉看起来十分邪恶。

极速的潘特拉

车轮拱罩
车轮拱罩向外张开，以覆盖住33厘米厚的后轮胎。

巨大的尾翼意图减小汽车后部的升力，但是事实上却反而使潘特拉的速度降低了。在通用汽车公司投资的位于英国米尔布鲁克的测试场里，实验证明，一部带有尾翼的GT5速度能够达到238公里/小时（148mph），而没有尾翼的GT5速度则能达到244公里/小时（151.7mph）。

驾驶员座舱
发动机与驾驶舱如此靠近，所以内舱的温度会非常高。

内舱
潘特拉驾驶舱构造是典型的意大利风格——长手臂、曲腿！开关与各种仪表离你很远，散落各处，但劲爆的发动机声音却在你耳畔回响。

轮胎
巨大的倍耐力（Pirelli）P7 345/45橡胶轮胎跑在路上，给汽车无与伦比的附着力。

德·托马索 潘特拉 GT5

驱动桥
ZF驱动桥也用在福特GT40（参见第256页至第259页）上面，比发动机的造价还高。

共享底盘
潘特拉的动力来自意大利底盘专家吉姆帕奥罗·达拉瑞（Giampaolo Dallara），他也负责为兰博基尼缪拉（Lamborghini Miura，参见第320页至第323页）设计底盘。

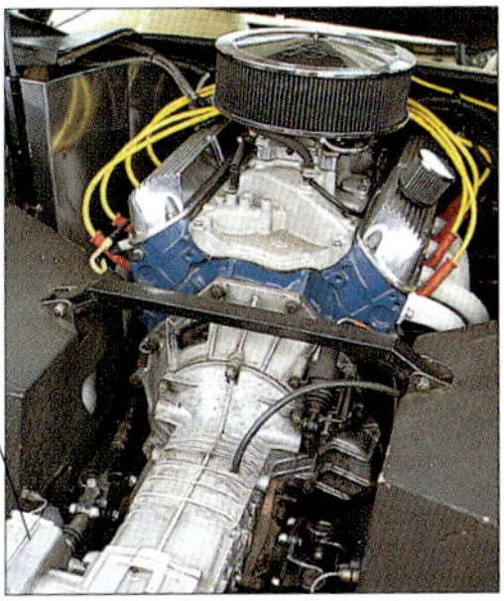

发动机
潘特拉简直是一个罩着外壳的巨大的动力工厂。野兽级的V8发动机在车身中部，与造型优美的ZF铝壳驱动桥珠联璧合。

吓人的前端
尽管车身装配了前部扰流板，但是由于车身前面的重量偏轻，导致潘特拉在时速达到193公里/小时（120mph）的时候，车鼻就会抬升起来。但是总体说来，汽车的后轮驱动设置带来了精确的操控性，行家里手能够轻松地驾驭全速的潘特拉。

道奇 风俗 皇家 蓝瑟

舔舐完1958年经济衰退的伤口,美国制造了比从前更金属、更肌肉、更华丽的汽车。克莱斯勒和从前一样,总是善于生产最艳丽的汽车,1959年的风俗皇家(Custom Royal)系列的尾鳍和华丽装饰深受年轻人的喜爱。发动机的选择,最高配置为配备了两个卡特(Carter)四腔化油器、可以爆发出345马力的383立方英寸D500发动机。可以选配价值127美元托森艾尔避震器,它标榜"能让你的汽车在转弯的时候没有侧倾,在刹车的时候没有前冲"。毫无疑问,广告文案策划们已经尽力了。皇家蓝瑟采用了"新式外观"(Forward Look)的设计理念,镀铬的灯眉和巨大的后车灯,车尾高耸的双色尾鳍,不过新式外观的设计风格却体现得不那么纯粹。宣传册上画着一个邮递员正对路过的1959年风俗(Custom)眉开眼笑、大加赞许,配图的宣传语说,"它反映了你对美好事物的品位与追求"。如今看起来这些话不过是垃圾,但这就是1959年卖车的方法。

新式外观
1957年,克莱斯勒在它们的新车系里加入了更新的风格。车身应当更长、车体应该更流线,还应有超凡的尾鳍。在1960年之前,这些都取得了伟大的胜利。1960年,部分源于市场对此车的需求猛增,政府出台了质量监管政策,从而导致此车的销量一落千丈。

风挡玻璃
一体构造的风挡玻璃面积很大,使得驾驶舱内显得空间感十足。

定价
1959年双门的风俗皇家硬顶版的定价为3151美元。

轮圈罩
可以选配蓝瑟轮圈中心罩。

道奇 风俗 皇家 蓝瑟 **213**

规格
车型：道奇 风俗 皇家 蓝瑟（1959）
产量：11 297（1959年款）
车身风格：双门六座硬顶跑车，四门六座硬顶轿车
构造：钢质车身和底盘
发动机：3.6升 六缸、5.2升、5.7升、6.1升 V8
输出功率：138—345bhp
变速器：三速手动变速箱带有超速挡，或者托克弗莱特三速自动变速箱
悬挂：前轮扭力杆弹簧悬挂系统，后轮叶片弹簧悬挂系统
刹车：四轮鼓式刹车
最高速度：145—193km/h（90—120mph）
0—60MPH（0—96km/h）8—14秒
A．F．C：4.2—6km/l（12—17mpg）

内部

驾驶员座舱里配备了许多"玩具"，包括名为"印第色彩"的时速表，会随着速度的增加而改变颜色。还有可变速的风挡玻璃雨刷器、软包仪表盘、自动调节明暗度的车内顶灯和乙烯基纤维质材的可旋转座椅。

天线

可选装的两根收音机天线要额外再加14美元。

尾鳍

道奇的尾鳍事实上安装在车身之上的3/4处，并涂上不同的颜色加以区分。

悬挂

只有不到1%的买家选装了全新推出的空气悬挂系统。

涂色玻璃
再加18美元,可以装上索莱克斯(Solex)涂色玻璃。

自动变速箱可选项
自动三速的"托克弗莱特"变速箱价昂贵,价值22美元。

奇特的前部外观
这部汽车的前部外观,在1959年汽车业内还很新鲜。前车灯上面滑稽地挑着两条镀铬的眉毛,前格栅十分烦琐。

车灯底座
奇怪的停车灯底座看起来像是牙膏盖。

发动机
风俗皇家的361立方英寸超级凶猛火力V8发动机能够爆发出305马力的动力,但是与D500的可选性能包相比马上黯然失色了。更高性能的减震筒,经过调校的扭力杆带来《汽车时尚》杂志中所称的"与道路的亲密关系"(译注:意指提升了汽车的操控性)。

道奇 风俗 皇家 蓝瑟 **215**

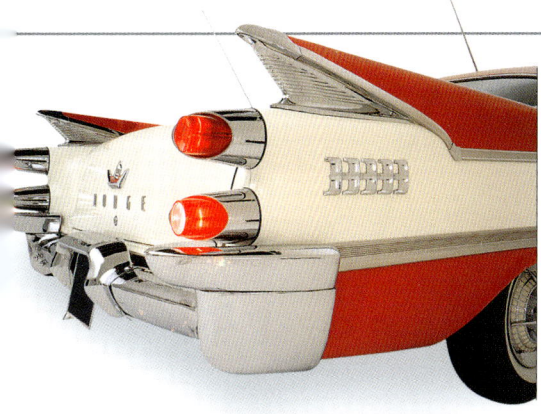

相对简单的尾鳍
尽管有着粗糙的臀部,但风俗皇家的尾鳍与其他车比起来还不是最夸张的。1959年的凯迪拉克和雪佛兰英帕拉/羚羊(Chevy Impala)的后尾鳍风格都比它夸张得多。然而蓝瑟其他部分的装饰还是比较夸张的,这成为蓝瑟高贵的风格再造征途中的重要依托。

印象深刻的后部
支撑后部车窗的支柱(C柱)太细了,车顶看上去就像飘浮在车身之上。行李箱很高,而车顶很低,使汽车后部显得矮胖而敦实。

行李箱灯
风俗皇家可以选装行李箱灯。

道奇 挑战者 R/T

收藏者把1968年的道奇挑战者（Dodge Charger）看做是那个时代速度最快、最有型的肌肉车之一。20世纪60年代末期，这部第二代挑战者的动力输出几乎踏遍美国无敌手。当时的汽油价格是每加仑10美分，低廉的油价使美国人在购车方面比从前有了更多闲钱。对于那些狂热的肌肉车迷来说，发动机排量就是一切。搭载了巨大、强劲的7.2升发动机，挑战者440是一部彻头彻尾的街头竞赛车。原厂的高性能竞技版（Rapid Transit, R/T）包括高负荷的避震器和刹车系统、双出排气以及更宽的轮胎。大力轰油，即便是在空挡状态下，发动机爆发的惊人扭力也足够使汽车产生巨大的抖动。买家非常认同第二代挑战者，销售额很容易就比前款增加了1/6。

英俊的野兽
挑战者是道奇的首席设计师比尔·布朗利（Bill Brownlie）的作品，流畅、性感的车身线条，使这部车迅速成为当时最英俊的汽车之一。毫无疑问，它给你带来勇气和目标。凶悍的车鼻、熏黑的前格栅、很低的发动机罩，这使挑战者跑起来比其他汽车都要快得多。

指示灯
简洁的车身风格还体现在嵌在发动机罩孔里的指示灯。

发动机
强大的发动机足以使后轮"烧烟"。

木制方向盘
厂家提供的可选配置包括木纹方向盘和定速巡航系统。

防倾杆
巨大的防倾杆截面直径达到25毫米。

道奇 挑战者 R/T

规格

车型：道奇 挑战者 R/T（1967—1970）
产量：96 100
车身风格：双门四座硬顶跑车
构造：钢质一体车身
发动机：7.2升 V8发动机
输出功率：375bhp at 3200rpm
变速箱：三速自动托森弗莱特变速箱，或赫斯特四速手动变速箱
悬挂：前轮高性能独立悬挂系统，后轮叶片弹簧悬挂系统
刹车：四轮高负荷280毫米鼓式刹车；或者前轮盘式刹车
最高速度：241km/h（150mph）
0—60MPH（0—96km/h）6秒
0—100MPH（0—161km/h）13.3秒
A. F. C：3.5km/l（10mpg）

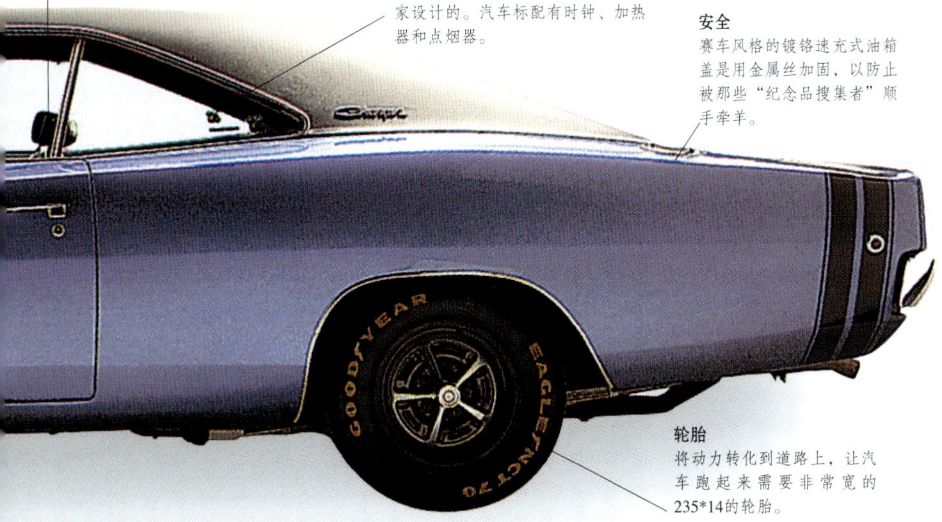

后部风格
后部略高于前部的设计风格是欧洲双门2+2跑车的美国版本。广告上称挑战者是"漂亮的实感赛车"，其目标顾客是"彪悍的买家"。挑战者的外形极具攻击性，下巴凸出，车门上带有仿出风口的装饰，大黄蜂条纹以及咆哮的双出排气口。

座椅
凹背座椅在当时非常时髦。

"柔和"的内饰
挑战者是为喜欢柔软舒适内饰的买家设计的。汽车标配有时钟、加热器和点烟器。

安全
赛车风格的镀铬速充式油箱盖是用金属丝加固，以防止被那些"纪念品搜集者"顺手牵羊。

轮胎
将动力转化到道路上，让汽车跑起来需要非常宽的235*14的轮胎。

218 经典酷车

内部
R/T挑战者的内部非常实用,没有任何东西能够分散驾驶者的注意力。哑光黑色的仪表盘带有6个仪表,包括一个150mph(241公里/小时)的时速表。

颜色
最初的颜色选项还包括李子紫、芒果黄和金铜色。

方向盘
巨大的方向盘能保证所有的(大扭力的)"野兽"在驾驶的时候一直保持直线。

燃料
巨大的发动机吞噬1升油只能跑3.5公里(10mpg)。

车灯
1967年出产的车上都配有危险警示灯。

道奇 挑战者 R/T

银幕明星

挑战者在1968年的电影《警网铁金刚》(*Bullitt*)中有一段经典的9分钟追车戏,可谓是汽车明星。它在20世纪70年代的拥有大量狂热影迷的电影《粉身碎骨》(*Vanishing Point*)中,还有美国系列电视剧《正义前锋》(*The Dukes of Hazzard*)中也担任了主要角色。

发动机

道奇挑战者R/T巨大的440马格纳7.2升V8发动机几乎充满了发动机舱。这部高性能的发动机能在3200转的时候爆发出最大扭矩,当挑战者驰骋在城市复杂的街道上时,不仅速度快得不可思议,而且操控起来像只听话的小猫咪。

前车灯

前车灯隐藏在电动下翻的挡片中,使挑战者有了一副阴险的笑容。

埃德塞尔 百慕大

如果不是因为那臭名昭著的前格栅，埃德塞尔百慕大（Edsel Bermuda）也不会落个破车的名声。车上其余部分看起来很传统，很休旅，就算是那些时髦的尾灯也不具有攻击性。顶级的埃德塞尔百慕大休旅车型售价3155美元，为了取悦美国中产阶级，在车身上添加了比迪斯尼乐园还多的仿制木头装饰。不过，福特对于埃德塞尔系列的宣传过于夸张，使得系列中的每个车型都跟着惨受牵连。起初在1957年，埃德塞尔并没有像预计那样销售了20万部，但是损失也不算很惨重。不过埃德塞尔的百慕大仅仅找到了2235个买家，而且在一年之后并无后续车型推出。1958年，人们不再相信天花乱坠的广告宣传，埃德塞尔的销售非常糟糕。1959年11月，公司停止了埃德塞尔系列的销售。人人都知道是1958年的经济衰退扼杀了埃德塞尔，但是福特公司方面主要的项目参与者还是被降职或者开除了。

怪异的风格
回顾历史，我们不禁感到奇怪，世界上最著名的汽车生产商之一怎么会批准这样一部彻底失败的作品面世。1958年的埃德塞尔不只难看，甚至非常怪异。百慕大的侧面装饰简直比大型超级市场的半木制的货车还要糟糕。

天线
配备带有手动伸缩天线的按钮式收音机，需要额外加上95美元。

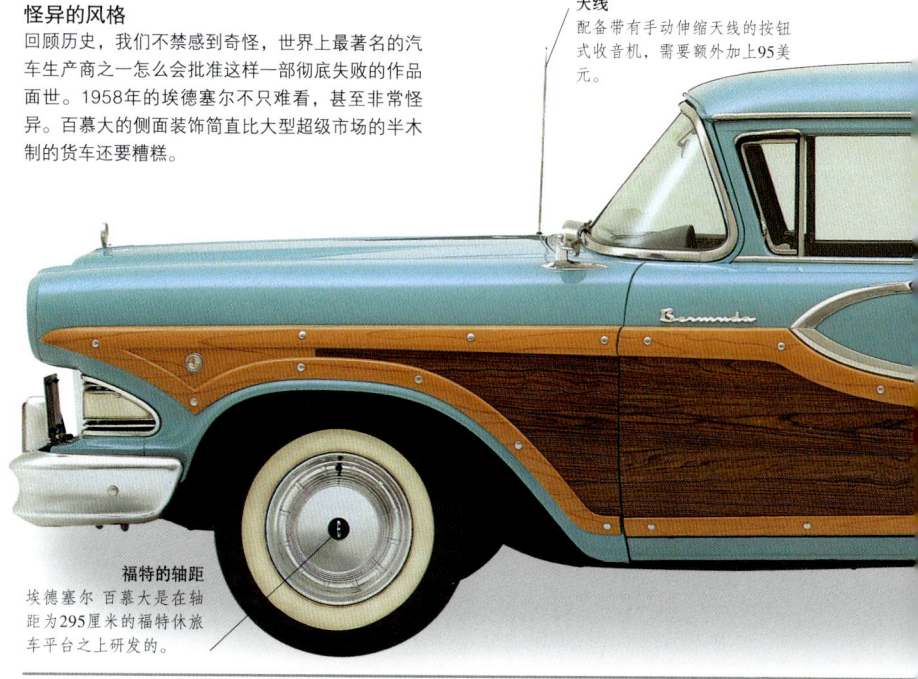

福特的轴距
埃德塞尔 百慕大是在轴距为295厘米的福特休旅车平台之上研发的。

埃德塞尔 百慕大

部外观
格栅太显眼了，以至于不得不采分开式的保险杠。发动机罩上有德塞尔的标志，这名字可是从000个候选名字中选出来的。

方向盘
49%的埃德塞尔配备助力方向盘。

颜色选择
这部百慕大被漆成青绿色，但是顾客还有161种不同的颜色组合可以选择。

车顶曲线
注意看，车顶线条向上略微隆起，以增加巨大的车顶板的刚性。

燃油数据
丝毫不奇怪，对于这种尺寸的旅行车（Station Wagon）来说，油耗并不算高，大约每升能跑5.3公里。

自动变速箱
92%的埃德塞尔选配了售价为231美元的自动变速箱。

内部特征
所有的旅行车厢都配有4个座椅扶手、两个衣钩、圆顶灯和白色乙烯基车顶。

宽敞且罕见
9人乘坐的百慕大在1958年的埃德塞尔中非常罕见,只出产了779部。百慕大驾驶舱占整个车厢的1/3,这样就提供了大量的存储空间。

后部外观
滑稽的飞去来器形状的后车灯组包括了转向信号灯、停车灯以及倒车灯。尽管这部车的设计招来非议,预售部门却乐观地宣布这部车在"埃德塞尔日",即1957年9月4日,发布的第一天就能卖出4000部。

埃德塞尔 百慕大 223

悬挂
后部为叶片弹簧悬挂系统。

规格

车型：埃德塞尔 百慕大（1958）
产量：1456（1958年款，六座百慕大）
车身风格：四门六座旅行车
构造：钢质车身和底盘
发动机：5.7升 V8
输出功率：303bhp
变速箱：三速手动变速箱带有超速挡，或者三速自动变速箱，选装"Teletouch"控制按钮
悬挂：前轮螺旋弹簧独立悬挂系统；后轮叶片弹簧桥式悬挂系统
刹车：四轮鼓式刹车
最高速度：174km/h（108mph）
0—60MPH（0—96km/h）10.2秒
A. F. C：5.3km/l（15mpg）

发动机
"它们是业界最新型、最好的发动机"，广告词上这么写着。一般来说旅行车的发动机都采用较小排量的发动机，但是埃德塞尔的发动机多采用强大的361立方英寸或者410立方英寸 V8发动机。从气门盖上的E400，我们能看出发动机的扭力数值。

驾驶选择按钮
"Teletouch"驾驶选择按钮会给汽车的"精准大脑"发送信号。

内部
汽车内部从来不是埃德塞尔的卖点，通过方向盘正中的按钮可以操作"Teletouch"挡位选择器。但是这个小噱头用起来并不怎么可靠。

埃德塞尔 科塞尔（海盗船）

到了1959年，美国人已经失去信心了。美国经济暴跌，福特公司也忙不迭地计算着灾难的埃德塞尔项目到底让他们亏了多少钱。这个数目大概是4亿美元！广告上疯喊着："请驻足观看时代之车——埃德塞尔"，但是所谓创新的纵向前格栅很快就成为全国的笑柄。销量不单是降低那么简单，而是基本上从来就没卖出去过。就是那些一时冲动买了埃德塞尔的顾客，也把他们藏到郊区的车库里羞于开出来见人。艾森豪威尔总统鼓吹的物质时代已经过去，消费者对像纳什兰宝乐/漫步者（Nash Rambler）、斯蒂倍克拉克（Studebaker Lark）或者新颖的大众甲壳虫那样的经济型轿车更感兴趣。车身品质很差，再加上同样差劲的经销商，号称为"有史以来构建在4个轮子上最新奇的玩意儿"从来没有获得过一丝希望。现在，埃德塞尔作为一个汽车史上著名的失败例子，也是20世纪50年代美国愚蠢的消费文化的纪念碑。

改头换面的福特
1959年，科塞尔/海盗船（Corsair）以福特费尔莱恩（Fairlane）为基础，以福特兰杰（Ranger）大改版的姿态出现在公众面前。科塞尔的发动机更大，配备更多的标准装备。但是就连3000美元的跳楼价格也无法挽救销售颓势，这部年产4.5万部的敞篷汽车成了悲剧。福特对此感到非常失望，它曾指望能够以"颇有意义的新型车"的概念将科塞尔卖出去。

旁观镜
帽兜状的镀铬旁观镜是遥控的，是非常罕见的选装配件。

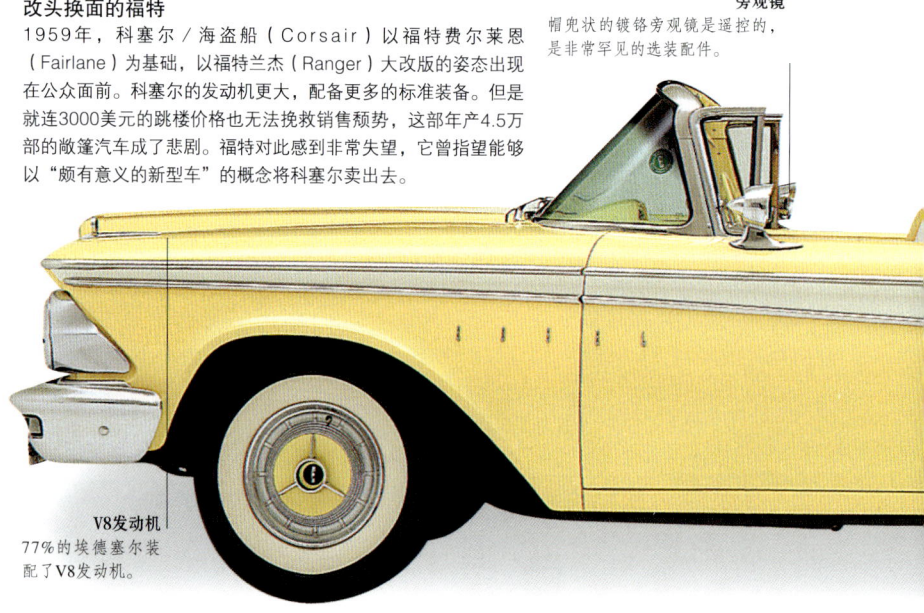

V8发动机
77%的埃德塞尔装配了V8发动机。

埃德塞尔 科塞尔（海盗船） 225

没用的广告

福特的埃德塞尔推出前，于1957年在电视和杂志上猛做广告。可是等到它真的放在展厅里开始售卖，大众的品位却来了个180度的大转弯，人们已经不满于这种仅靠豪华而不实的镀铬装饰的汽车了。

规格
车型：埃德塞尔 科塞尔(海盗船)(1959)
产量：1343（1959年款）
车身风格：双门四座敞篷跑车
构造：钢质车身和底盘
发动机：332立方英寸, 361立方英寸V8
输出功率：225—303bhp
变速箱：三速手动变速箱带有超速挡，或者两速或三速Mile-O-Matic自动变速箱
悬挂：前轮螺旋弹簧独立悬挂系统；后轮叶片弹桥式悬挂系统
刹车：四轮鼓式刹车
最高速度：153—169km/h（95—105mph）
0—60MPH（0—96km/h）11—16秒
A. F. C：5.3km/l（15mpg）

罕见的风格
敞篷科塞尔是1959年的埃德塞尔中最罕见的，只有1343部在路易斯维尔（译注：Louisville，美国肯塔基州城市）工厂下线。

装饰
占主体的镀铬元素勾画出一支矛的形状，延展到整个车的侧面，使车的后部看起来有厚重感。

颜色
花瓣黄是17种可选颜色中的一种。

轮圈罩
一套喷涂颜色的轮圈罩需要另加16美元。

马桶圈

埃德塞尔的设计师罗伊·布朗（Roy Brown）声称："我们新车的前部设计主题结合了怀旧主义和现代性。"其他专家可并不这么认为。许多人将之视为马的项圈，甚至马桶圈。

车重

车重1719千克，敞篷跑车比三厢轿车还要重一些。

埃德塞尔 科塞尔（海盗船）

底盘
结实的钢梁结构底盘与全尺寸的侧轨和五个横梁结合在一起。埃德塞尔特快332立方英寸V8发动机能够产生225马力，或者采用超级特快361立方英寸V8发动机，能够爆发303马力。

车架
车架由护轨和全尺寸的侧轨组成。

埃德塞尔的内部
1959年，埃德塞尔重新设计了仪表盘，不稳定的Teletouch变速箱换成了杆式Mile-O-Matic两速变速箱。按钮式收音机需要额外收取64.95美元的费用。

悬挂
采用球窝接头机械结构的前悬挂。

埃德塞尔计划
早在1954年，福特公司就为了挑战通用公司的统治地位而推出了新的设计，并就这项设计向大众展开广泛的意见调查，将这项设计车型命名为E型（意为实验性的，experimental）。等到埃德塞尔真正现身，大家才发现这不过是个荒谬的利维坦。

… 228 经典酷车

法希 维加 II

像巴勃罗·毕加索(Pablo Picasso)这样的名人,一定得选择外观极其漂亮的汽车才行。在那个时代,法希维加II仿佛一首钢铁铸成的诗,同一切优雅的意大利设计一样美丽。20世纪60年代,法希汽车成为乘坐喷气飞机环游世界的富豪们喜爱的汽车,也就不足为奇了。艺人林格·斯塔尔(Ringo Starr,甲壳虫乐队成员之一)、影星艾娃·嘉纳(Ava Gardner)、影星丹尼·凯(Danny Kaye)、影星托尼·柯蒂斯(Tony Crutis)、法国电影导演弗朗索瓦·特吕弗(François Truffaut)、影星琼·芳登(Joan Fontaine)都曾经驾驶过法希汽车。法希汽车是当时最热门、最迷人的汽车之一。1961年,法希维加在HK500的基础上重新设计了线条更加清晰的外观,车身加长了15厘米,称为法希维加II。它1.5吨重,法希维加II比HK500稍轻一些,速度可达到225公里/小时(140mph)。售价比同时代的阿斯顿·马丁DB4(Aston Martin DB4,参见第32页至第35页)和玛莎拉蒂3500 (Maserati 3500)都要贵,法希维加II如同杜森伯格(Duesenberg)、希斯巴诺苏莎(Hispano Suiza)或者德拉哈耶(Delahaye)一样,成为不朽的纪念碑。我们再不会看到像法希 维加II这样的汽车了。

手工打造的超级轿车

如果就工艺完成情况、外形和质量而言,法希维加(Facel Vega)可算是手工打造得最成功的一款超级汽车。车身的接合处处理得极度完美,车门关上的声音仿佛厚重的金库保险门的声音。前后保险杠等部位采用抛光不锈钢材质,就连车顶的金属接缝都完美无缺。

后座
真皮后座可以作为行李箱的平台,折叠放倒。

保险杠
保险杠采用非镀铬的不锈钢材质。

法希 维加 II 229

天窗
可以卷起的（防雨）织物纤维全景天窗，是在推出市场一段时间后才添加的配置。

俯瞰图
法希维加 II 的轴距和发动机与HK500一样，但是外形却更加精细和现代，摒弃了过时的曲面风挡玻璃的老一套。

凸起的发动机罩
巨大凸起的发动机罩，下面是空气过滤器和两个化油器。

变速箱
最初，这款车采用的蓬达穆松手动变速箱（Pont-a-Mousson）是用在货车上的。

油耗
法希维加 II 开起来非常快，每10英里（约16公里）消耗一加仑汽油。

轮圈锁紧器
法希维加 II 的轮圈锁紧形式为销栓锁紧。

后部视野
扩大了的后部车窗比HK 500的玻璃车窗要大得多,几乎占据了后部90%的视野,且只是靠很细的车窗支柱来支撑。

广泛的产品
20世纪50年代,法希还制造小型摩托车、喷气式飞机的发动机、办公室家具和家用橱柜。

车的尺寸
1.5吨重,4.57米长,1.83米宽,只有1.3米高,法希 维加II在体积上模仿同时代的美国车。

内饰
方向盘直指驾驶者的心脏。仪表盘的布局仿佛飞机的仪表盘一般让人无法错认,中间是仪表,还有暖气控制开关和手动控油节气门。

悬挂
Selectaride减震器为乘客带来了舒适的驾乘感受。

大范围前格栅
从汽车的前面一眼望过去,看到的简直全部是格栅,颇为惊人。这是因为疯狂运转的V8发动机需要极多冷空气进行冷却。HK500配备了四个圆形的前车灯,但是,法希 维加II时髦而妖冶的前车灯却是无耻地从同时期的梅赛德斯沙龙车上剽窃而来的。

法希 维加 II

一体的车灯
刹车灯完美嵌在后翼上。另外，为了达到完美的一体化外观，车身的轻合金面板都是经过一块一块手工整修，以保证彼此之间严丝合缝。

车身风格
潇洒的车身与双门版费斯里亚（译注：Facellia是1960—1963年的法希汽车车型）非常类似。

最稀有的车型
迄今为止，法希 维加II是出产最少的法希车型，仅仅出厂184部，一直是收藏法希汽车的发烧友们狂热寻找的一款车。

规格
车型：法希 维加II（1962—1964）
产量：184
车身风格：双门四座GT
构造：钢质底盘，钢质/轻合金车身
发动机：6.2升铸铁V8
输出功率：390bhp at 5400 rpm（手动）；355bhp at 4800 rpm（自动）
变速箱：三速托克弗莱特自动变速箱，或者四速篷达穆松手动变速箱
悬挂：前轮螺旋弹簧独立悬挂系统；后轮带有叶片弹簧的桥式悬挂系统
刹车：四轮盘式刹车
最高速度：240km/h（149mph）
0—60MPH（0—96km/h）8.3秒
0—100MPH（0—161km/h）17.0秒
A. F. C：5.4km/l（15mpg）

发动机罩
发动机罩盖看上去非常巨大，是因为发动机也同样的巨大。

刹车
四轮全部采用盘式刹车是为了应对法希汽车巨大的动力而设置。

法拉利 *250 GT SWB*

与250 GT SWB相比，那个时期法拉利出产的公路车都显得异常平庸。因为250 G SWB 确实是法拉利历史上最好的公路车之一，是当时全世界衡量GT公路车的标尺。1959年至1962年期间共生产了167部，其中74部曾经用于竞赛。它的简洁使其成为2 世纪50年代最具有竞争力的运动赛车。SWB采用管状底盘设计，V12 3.0升的前置发动机，以及简洁的四速变速箱。不过经由平尼法瑞那（Pininfarina）雕琢的外形才是令这部车万人瞩目的原因。法拉利 250 GT SWB的车身整体线条令人感觉温和舒适，柔顺的度几乎没有特斯塔罗萨（Testarossa）或者代托纳（Daytona）表现出来的令人生畏的胁迫感。SWB实现了外形与功能的完美结合，它绝对可以跻身世界上最漂亮的汽车行列。同时，它在赛道上的表现也尤为成功。从Spa到勒芒，从拿骚到纽伯格林，SWB一路高奏凯歌。这一切正如恩佐·法拉利所希望的那样。"它是这样一种汽车，喜欢运动型的买家可以在工作日开着在公路上跑，也可以在周末的时候开上赛道。"真是快乐无比啊！

出众的设计团队
柔滑，紧凑，圆润。法拉利250 GT SWB在平尼法瑞那（Pininfarina）汽车设计公司设计外观，斯卡列迪（Scaglietti）工厂负责制造车身，于是世界上最迷人的一款汽车诞生了。

没有过滤器
没有装配空气过滤器，而是直接采用无过滤网的喇叭口形状的进气装置。

散热口
汽车侧翼的散热通风口帮助冷却发动机。

车鼻
前端逐渐收紧，是钣金工人的艺术杰作。

法拉利 250 GT SWB

发动机
V12发动机拥有坚固的钢质七轴承曲轴,3个双腔韦伯(Weber)DCL3 或者DCL6 化油器。

规格
车型:法拉利 250 GT SWB(1959—1962)
产量:167(10 右舵驾驶)
车身风格:双门两座GT
构造:管状底盘,全合金车身或者钢/铝混装车身
发动机:2.9升 V12
输出功率:280bhp at 7000 rpm
变速箱:四速手动变速箱
悬挂:前轮叉臂螺旋弹簧独立悬挂系统;后轮叶片弹簧桥式悬挂系统
刹车:四轮盘式刹车
最高速度:237km/h(147mph)
0—60MPH(0—96km/h)6.6秒
0—100MPH(0—161km/h)16.2秒
A. F. C:4.2km/l(12mpg)

后车窗
巨大的后车窗下面是同样巨大的123升(27加仑)燃油箱。

轮圈
法拉利250 GT SWB采用的是优雅的博拉尼(Borrani)镀铬钢丝密齿赛用轮圈。

俯瞰图

法拉利250 GT SWB车身达到了完美的平衡。外形圆润流畅。最初的11部法拉利250 GT SWB采用合金材质制造,可是这样虽然减轻了车身的重量,但是硬度却下降了。于是后来的公路车采用更硬的钢质车身结构,辅以铝质发动机罩和车门。

绑上"驾驶者"

法拉利250 GT SWB的防滚架和现代"挽具"都在给驾驶者的安全加分。这全是因为从V12发动机内爆发出的强大动力绝对不容小觑。

低调的美丽

法拉利250 GT SWB是一块极品宝石,低调奢华。只有钢质的前格栅和低而宽的轮拱罩拱给人以压迫感,前部外观巧妙地综合了美丽与犀利这两种感觉。整体而言,250GT并非那么夸张。

公路保护

与图中的赛车不同,公路车还配备着前保险杠,在前格栅上还保留着法拉利跃起的马的标志。

法拉利 250 GT SWB

内饰
尽管法拉利250 GT SWB的外形美丽,光彩照人,它的内部却被设计成纯粹的"工作地带"。仪表板的设置注重功能性,基本底色是没有饰边、毫不花哨的黑色烤漆,而且没有遮阳板。驾驶室内空气畅通而舒适,可是一旦转动钥匙,发动汽车,驾驶室内的噪声可真不小。

油箱盖
巨大的合金油箱盖可以让加油更快速地进行。

赛车宣言
两套犀利的双排气管使汽车后部看起来异常凶猛,也暗示了法拉利 250 GT SWB的赛车血统。在很长一段时间内,法拉利 250 GT SWB几乎统治了全球范围内的山路和赛道。它毫无疑问是一部终极赛车。

法拉利 *275 GTB/4*

从1966年到1968年，GTB/4仅仅持续生产了两年。只制造了350部，其中只有27部是右舵驾驶，GTB/4可算不上是法拉利的赚钱机器。以四凸轮轴构造的发动机来命名（GTB/4），GTB/4仍然算得上是法拉利在菲亚特（Fiat）接管之前生产的最好的公路车之一。完全独立悬挂系统、五速变速箱、采用迷人的平尼法瑞那设计、在斯卡列迪工厂制造车身，GTB/4是最后一批严格意义上的柏林尼塔汽车（Berlinetta）。敏捷而紧凑的结构，具有更平衡的操控，设计醒目、富有魅力，GTB/4可能是人们最想要的一款法拉利汽车。

规格

车型：法拉利　275 GTB/4（1966—1968）
产量：350
车身风格：前置发动机，双门两座硬顶跑车
构造：钢质底盘，铝质车身
发动机：3.3升双顶置凸轮轴V12
输出功率：300bhp at 8000 rpm
变速箱：五速全挡位同步啮合变速箱
悬挂：四轮独立悬挂系统
刹车：四轮盘式刹车
最高速度：257km/h（160mph）
0—60MPH（0—96km/h）5.5秒
0—100MPH（0—161km/h）13秒
A. F. C：4.2km/l（12mpg）

机械装备

这是法拉利有史以来生产的第一批配置四凸轮轴V12发动机的汽车，也是第一批在公路上驰骋的配备了后部独立悬挂系统的"跃马"。226发动机与1965年赛季的330P2原型车颇有关系。GTB/4的底盘是由两根截面为椭圆形的钢管和分别焊接在其两侧的梯形框架组成。

驾乘魅力

GTB/4比捷豹E形车、阿斯顿马丁 DB4，或者是兰博基尼缪拉都要漂亮。小巧的行李箱，驾驶室小而紧凑，车鼻很长，这是典型的平尼法瑞那（Pininfarina）风格——优雅美丽与劲爆肌肉的完美组合。只是内饰采用的是不奢华的乙烯基塑料材质。

法拉利 代托纳

这部做工考究、速度极快的代托纳（Daytona），是一部"车格分裂"的超级跑车。当速度在193公里/小时（120英里/小时）之下时，它就像一部操控迟钝的货车，悬挂系统的回馈令人崩溃；但是一旦时速表指针超过了225公里/小时，它就开始迸发出激情的火花。最高速度可以达到280公里/小时，代托纳是最后一部伟大的V12前置发动机的跃马。为了纪念法拉利在1967年美国24小时汽车拉力赛中的巨大成功，在1968年巴黎车展上首发的365 GTB-4很快被媒体命名为"代托纳"（Daytona）。比它同时代的意大利和英国车都要快，扁鼻头的法拉利赢得了赛车桂冠的殊荣和全世界狂热追随者的心及其钱包。

一首钢质的美妙的诗
钢铁铸造的一首美妙的诗，只有极少数的几部车在审美方面能够与代托纳相媲美。

车里车外

赛车座椅，一堆白底黑色的仪表、角度犀利且格外长的变速杆，代托纳的驾驶室能够点燃每一位驾驶者的热情，并带来极度的驾驶快感。此外，在令人兴奋的外表之下，还隐藏着管状铬钼钢梁材质的车身框架，给予这部车巨大的刚性和力量。

规格

车型：	法拉利 代托纳（1968—1973）
产量：	1426（其中165部为右舵驾驶车型）
车身风格：	双门两座掀滑背跑车
构造：	钢质/合金/玻璃纤维车身，独立多管非承载式底盘
发动机：	4.3升V12
输出功率：	352bhp at 7500 rpm
变速箱：	五速同步啮合变速箱
悬挂：	四轮独立悬挂系统
刹车：	四轮盘式刹车
最高速度：	280km/h（174mph）
0—60MPH（0—96km/h）5.4秒	
0—100MPH（0—161km/h）12.8秒	
A. F. C：	5km/l（14mpg）

法拉利 *迪诺 246 GT*

快得足以干掉一部飞驰的火车,法拉利迪诺(Dino)的创意并非来自恩佐·法拉利的头脑,而是出自其灵魂深处。这位伟人为了表达对患肾病而去世的儿子阿尔弗莱迪诺(Alfredino)的爱,缔造了迪诺这部车,"Dino"正是恩佐之子的名字缩写。这部车将目标顾客锁定为购买保时捷911(参见第450页至第451页)的买家,因此迪诺246发动机的汽缸比普通法拉利的汽缸少了一半,代替V12发动机的是2.4升的V6发动机。尽管如此,它仍然非常"法拉利",能够轻松达到240公里/小时。性能操控耀眼,小包围,中置发动机,它操控起来像是一部卡丁车,可以自信满满地奔驰在路上。经由平尼法瑞那汽车设计公司雕琢的外形美妙绝伦,被誉为20世纪70年代汽车设计的巅峰之作。当时,迪诺是市场上销售的最时髦的汽车之一。迪诺最罕见的就是GTS,带有Targa可移动车顶。托尼·柯蒂斯(Tony Curtis)曾经在20世纪70年代的ITC热门电视剧《说服者》(*The Persuaders*)中开着迪诺狂奔,那时迪诺可真是出尽风头。

车身构架
早期的迪诺使用合金材质的车身,后来采用钢质,并由斯卡列迪(Scaglietti)工厂负责制造车身。但是不幸的是,此款车对于防锈功能关注太少。此外,车身内部链接的部位也仅仅涂抹了很薄的一层油漆了事。

空气动力学设计
光滑柔顺的车顶曲线体现了空气动力学原理,可以帮助车身达到惊人的最高时速。

轮胎
宽轮胎非常必要,可以帮助体验迪诺那轻盈精确的操控性。

法拉利 迪诺 246 GT

后置发动机

横置2.4升V6发动机拥有4个顶置凸轮轴，四轴承曲轴，辅以3个双腔韦伯（Weber）40 DCF化油器。输出动力为195马力。这独一无二的发动机的咆哮声是法拉利的专属，是法拉利的传奇。

风挡玻璃

很少有汽车的风挡玻璃具有这样大坡度的倾斜。

迪诺的价格

20世纪80年代的时候，迪诺的价格高得让人发疯，不过现在的价格仅是当时的一半了。

发动机位置
发动机的位置在车身偏后,留给机械师的维修操作空间非常小。备胎和电池设置在车身前部行李箱区域,所以迪诺没有太多的空间存放如行李之类的其他物品。可以选择的有机防风玻璃前车灯罩,能够将迪诺的最高时速再提高5公里/小时(3mph)。

标志
246将迪诺的标志放在车鼻位置,从来没有放过法拉利的跃马标志。

规格
车型:法拉利 迪诺 246 GT(1969—1974)
产量:2487
车身风格:双门两座滑背跑车
构造:钢质车身,管状底盘
发动机:横置V6/2.4升
输出功率:195bhp at 5000 rpm
变速箱:五速全同步啮合变速箱
悬挂:四轮独立悬挂系统
刹车:四轮通风盘式刹车
最高速度:238km/h(148mph)
0—60MPH(0—96km/h)7.1秒
0—100MPH(0—161km/h)17.6秒
A. F. C:7.8km/l(22mpg)

曲线柔美的意大利风格
让人无限享受的柔美曲线,毫无疑问出自法拉利。我们在图中看到的跃马标志是车主后来自己加上去的。由于迪诺的原始车漆喷得很薄,因此大多数幸存至今的迪诺都至少重新修整过一次车身了。

法拉利 迪诺 246 GT

饰
表盘采用麂皮绒，上面星罗棋布地布置着各种开关。看上去狭促的安排实际上是一次人体工程学的大胜利。虽然驾驶舱里又热又吵，却丝毫无损这辆车的广受欢迎和追捧程度。在狭窄的槽状镀铬变速箱上推动变速杆，就像用勺子在舀蜂蜜。

变速器
汽车采用五速全同步啮合变速箱。

颜色
金属棕色是非常罕见的颜色，75%的迪诺是红色的。

菲亚特的车灯
车灯和电动配置由菲亚特提供，菲亚特拥有法拉利品牌。

排气
四出排气意味着V6发动机听起来仿佛V12发动机那么悦耳。

法拉利 365 GT4 柏林尼塔 拳击家

BB（Berlinetta Boxer）注定要成为法拉利王冠上的一颗耀眼明珠，它是有史以来速度最快的GT之一。取代了传奇的搭载V12发动机的法拉利代托纳（Ferrari Daytona，参见第23?页），BB采用水平对置12缸"拳击家"发动机。由于水平对置的发动机活塞猛烈撞击它对?的点火数字，这个发动机因而得名"拳击家"。中置发动机，管式桁架，车身来自无可比拟的平尼法瑞那车身设计公司，采用合金、玻璃纤维和钢混合材质制造。BB由位于意大利摩德纳的斯卡列迪工厂装配而成。1971年BB首次在意大利都灵汽车展上亮相，然而搭载4.4升380马?的拳击家如此复杂精密，组装出厂费时费力，以至于直到1973年拳击家才送到买家的手上。问题在于，法拉利表示，拳击家的最高速度可以达到298公里/小时（185mph），而实际上拳击家的最高时速只能达到274公里/小时（170mph），比将要退出市场的代托纳还要慢些。1976年，法拉利用排量为5升的拳击家512取代了365。然而365仍然是一部罕见而迅捷的跑车，一共只?产了387部。

经典汽车的价值
20世纪80年代中期，是经典汽车的甜美时光。一部二手的拳击家汽车的价格简直疯狂，无事故的512价格已经是原售价的3倍，而365则是原售价的两倍。如今，这两款车都已回落到理性价位上。

油箱容量
拳击家能够装下120升的汽油。

刹车
想要停住拳击家，通风刹车盘非常必要。

法拉利 365 GT4 柏林尼塔 拳击家

发动机位置
发动机和驱动系统在驾驶舱后面纵向排列。

排气
并非很多量产公路车能如同拳击家一样采取六出排气。

法拉利的第一
365拳击家是第一部中置发动机、12汽缸的法拉利量产车。它的汽缸盖采用轻合金制造，4个凸轮轴。两个电动泵向4个三腔韦伯（Weber）化油器提供燃料。

天线
收音机的天线被内嵌在风挡玻璃里面。

轮胎
拳击家的轮胎是非常宽的米其林ＸＷＸ215/70。（Michelin）

车身形态
根据空气动力学设计的车身形状使得拳击家的牵引系数（阻力系数）非常低。

低位置
拳击家发动机的位置分布非常好，因为它能让整车重心更低，跑得更快，更符合空气动力学原理。

轮圈
轮圈采用铸造合金制造，与代托纳一样。

原型车测试
手工打造的拳击家原型车必须接受额外的测试。投入量产前的原型车总是有一些细节让人区分出来——比如车顶无线电天线，而工厂出产的量产车会将其放在风挡玻璃里。平尼法瑞那设计的车身外形却是从原型车到投入量产后都没有变化。

内饰
集合了赛车和休旅车的特点，拳击家的驾驶舱内部既实用又奢华。配备了电控车窗和空调系统。开关位于变速杆旁边的中央控制台之上。

中央控制台
后置行星齿轮箱的设计，这意味着缩短了变速箱的通道，节省了驾驶舱的空间。

法拉利 365 GT4 柏林尼塔 拳击家

发动机

这是艺术之作的极致，水平对置12缸发动机的机轴采用坚固的刚性铬钼钢质成。365采用齿形复合正时带取代正时链，这在1973年是一个创新。

汽缸

拳击家配备双机油滤清器，每个分别负责发动机一侧的六个汽缸。

规格

车型：法拉利 365 GT4 柏林尼塔 拳击家（1973—1976）
产量：387（其中58部为右舵驾驶车型）
车身风格：双门两座滑背跑车
构造：管状结构底盘
发动机：4.4升 水平对置12缸发动机
输出功率：380bhp at 7700 rpm
变速箱：五速全同步啮合后置变速箱
悬挂：四轮独立悬挂系统
刹车：四轮通风盘式刹车
最高速度：277km/h（172mph）
0—60MPH（0—96km/h）6.5秒
0—100MPH（0—161km/h）15秒
A. F. C：4.2km/l（14mpg）

冷却通风口

板条状的发动机罩上面的冷却通风口帮助降低发动机舱内部的温度。

底盘

拳击家的底盘来自迪诺（Dino，参见第238页至第241页），由管状车架、车门架、发动机托架和铝质的前部组成。

更低的车身

更低的汽车包围和轮拱内衬均为玻璃纤维材质。

法拉利 308 GTB

法拉利308 GTB曾经是法拉利历史上销售最好的车型之一。308 GTB采用平尼法瑞那汽车设计公司设计的玻璃纤维车身，在斯卡列迪（Scaglietti）工厂制造。传承了308 GT4的V8 3.0升发动机和五速变速箱，两者配合爆发出308 GTB的全部力量。美国城市或近郊住宅区的居民是GTB的目标买家，《联邦机动车排放量规定》发布之后，GTB不得不重整策略，进化为拥有高科技配置的汽车——每个汽缸4个活塞，加上博世（Bosch）出品的燃油喷射技术。这些令法拉利 308GTB变得非常实用，而且在行驶中很容易操控。308 GTB成为20世纪80年代入门级的法拉利，并取代了保时捷911，成为标准的雅皮士汽车。

规格

车型：法拉利 308 GTB （1975—1985）
产量：712部308 GTB为玻璃纤维车型；2185部308GTB为钢质车型；3219部为GTS车型
车身风格：双门两座半开篷跑车，双门两座硬顶跑车
构造：玻璃纤维/钢质
发动机：中置双顶置凸轮轴2.9升 V8水平发动机
输出功率：255bhp at 7600 rpm
变速器：五速手动变速箱
悬挂：四轮双叉臂螺旋弹簧独立悬挂系统
刹车：四轮通风盘式刹车
最高速度：248km/h（154mph）
0—60MPH（0—96km/h）7.3秒
0—100MPH（0—161km/h）19.8秒
A. F. C：5.7km/l（16mpg）

混合风格
英俊的设计风格混合了迪诺246和365GT4两部跑车的基因。308GTB从迪诺借鉴了凹进式的后车窗和锥形的进气口，从365GT4处借鉴了双车身设计，腰线部分设计了沟槽。2.9升的V8发动机带有双顶置凸轮轴和四个40 DCNF韦伯（Weber）化油器。

前部外观
发动机后置，这样前方窄的板条状前格栅在刹车的时候就能够"舀起"空气，有助于内部通风。翻灯设计将风力阻挡在车鼻和前轮部分。GTB全部为固定硬顶车型，只有时髦的GTS版本才配备了一个半开篷的车顶。

法拉利 *400 GT*

作为第一部采用了自动变速箱的法拉利车型，400 GT的主体目标市场在美国，而且法拉利有意让这只欢腾的骏马飞奔进欧洲和美国老板们的会议室。不过400 GT的自动变速箱十分不"法拉利"，三速GM Turbo-Hydramatic自动式变速箱却稍显慵懒，它也应用于凯迪克、劳斯莱斯和捷豹汽车上。400 GT可能是当时世界上最好的一款自动挡跑车，但是它已经远远背离了马拉内罗（Maranello）原有的设计理念，只取得了有限的成功。400 GT可能是法拉利制造的最严谨、最精良的一部车。虽然70%的法拉利跑车都喷成红色，但是400 GT喷成"竞赛红"之后看起来却不怎么样，所以最终大部分400 GT还是采用了深金属色。400GT在1973年进化为400i GT，1985年进化为412。

规格	
车型：	法拉利 400 GT（1976—1979）
产量：	501
车身风格：	双门四座运动沙龙车
构造：	钢质/合金车身，独立管状底盘框架
发动机：	4.3升双顶置凸轮轴V12发动机
输出功率：	340 bhp at 6800 rpm
变速箱：	五速手动变速箱或者三速自动变速箱
悬挂：	双叉臂螺旋弹簧独立悬挂；四轮自动水平油气悬挂系统
刹车：	四轮通风盘式刹车
最高速度：	241km/h（150mph）
0—60MPH（0—96km/h）7.1秒	
0—100MPH（0—161km/h）18.7秒	
A. F. C：	4.2km/l（12mpg）

与365的相似之处
除了纤细的前部扰流板和螺栓锁紧式的合金轮圈（而非销栓锁紧式），400GT的车型外观简直是纯粹的365GT4 2+2，激进俯冲的发动机罩设计和车身侧面的凹痕造型是矩形车身的亮点。

头灯
电动马达能够驱动四个头灯收回到车身里。

法拉利 特斯塔罗萨

特斯塔罗萨（Testarossa）从来也不是摩德纳（译注：Modena，摩德纳为意大利北部城市，也被称为"世界名车之都"。这里的"摩德纳指"的是法拉利公司）最好的一次尝试。带有巨大而凶狠的包围，特斯塔罗萨活生生地表现了20世纪80年代无节制主义信条。当它在系列电视剧《迈阿密风云》(*Miami Vice*)中出现在的电视荧屏上的时候，特斯塔罗萨成为那个错误的狂暴物质主义和充满贪婪欲望的10年的典型代表。但是，特斯塔罗萨的价格在后来瞬间一落千丈。喜欢这部车的投机者花10万多英镑购买这部新车，鼓吹它的价值能攀升到25万英镑。但是到了1988年，二手的特斯塔罗萨价格严重下滑，许多投资者不得不眼睁睁地看着自己的爱车在一夜之间缩水到原来价值的1/4。今天，就算是品相良好的二手特斯塔罗萨最多也就价值4万英镑多一点，可谓尘世荣耀，就此消逝……

赛车传奇

法拉利将无上荣誉给予它的新型汽车特斯塔罗萨（Testarossa），以赛车历史上最伟大的名字之——250特斯塔罗萨（250 Testa Rossa）——这部只制造了19部零售款的超级跑车来命名。新车型在平尼法瑞那的全尺寸风洞检测中得到了进一步完善，忠实的追随者非常喜欢这款车的尺寸和外形。

风格

散热器的冷却导管让人过目不忘，它省去了水从前部散热器流到中部发动机的麻烦，释放了前部行李箱的空间。

法拉利 特斯塔罗萨 249

规格

车型:	法拉利 特斯塔罗萨（1988）
产量:	1074
车身风格:	中置发动机，双门两座硬顶跑车
构造:	钢质框架，铝质和玻璃纤维车身
发动机:	水平对置12缸4.9升发动机
输出功率:	390 bhp at 6300 rpm
变速箱:	五速手动变速箱
悬挂:	四轮独立悬挂系统
刹车:	前轮盘式刹车，后轮鼓式刹车
最高速度:	291km/h（181mph）
0—60MPH（0—96km/h）5.3秒	
0—100MPH（0—161km/h）12.2秒	
A. F. C:	4.2km/l（12mpg）

宽体超级跑车

比法拉利512BB、克尔维特（Corvette，参见第142页至第145页）和康塔什（Countach，参见第324页至第327页）还要宽，车身宽度竟然达到了1.83米。这意味着特斯塔罗萨的驾驶室也很大，遇到下雨天，宽大的车门门槛里还会聚集许多泥水。

轮胎
可以选装两种轮胎，固特异的鹰系列（Eagle）或者是米其林的TRX。

空气动力学原理
前扰流板让车身紧紧贴向地面，冷却空气通道直通前刹车。

空间巨大的内部
特斯塔罗萨巨大的车身保证了巨大的驾驶舱空间，给乘客和安放行李都留下了舒适的余地。尽管如此，车内装饰容易损坏，而且在开了7万英里（11.2万公里）以后，车主就产生了审美疲劳。

旁观镜
汽车两侧突出的旁观镜使得特斯塔罗萨的车身宽度增加了20厘米。

后观镜
奇特的犹如潜望镜一样的后观镜是在平尼法瑞那设计的。

驾驶舱
驾驶舱内的装饰内敛且简朴，包括手工仪表盘，以及不会分散驾驶者注意力的适度装饰。曾经有一段时期，法拉利的驾驶舱内标配电控可调真皮座椅和空调系统。

后部处理
平尼法瑞那把车的后部也做成了与前格栅同样的样子，保持了前后的一致性。

法拉利 特斯塔罗萨

传统感
尽管特斯塔罗萨的外部风格看起来十分现代，汽车内部仍然保存了传统感觉。经典的法拉利挡杆和镀铬的变速箱挡位指示面板，还有带有跃马标志的方向盘中心连接器。

存储空间
中置发动机使得车子的储物空间前移到汽车的前部。

侧翼通风口
从国际汽车大奖赛的赛车经历中吸取的经验表明，两个配有奶酪刀一样冷却系统的散热器，被安置在后轮的前面，以使热气远离驾驶舱。

最初的设计
特斯塔罗萨夺目的侧翼通风口设计，如今成为争相模仿的风格特征。

发动机
水平对置十二缸中置发动机具有4.9升的排量，6300转时能够爆发出最大390马力。带有每汽缸四个阀门、点火线圈装置、燃油喷射技术，它是最后的水平对置12缸的GT跑车之一。

菲亚特 *500D*

1957年，菲亚特500 诺瓦（Fiat 500 Nuova）面世的时候，长期担任菲亚特设计师的但丁·吉阿科萨（Dante Giacosa）为这部车辩护道："甭管这车有多小，一部汽车总比小型摩托车要舒适得多。"如今，这部看起来像小型摩托车的汽车已经不需辩护，时间已经证明了吉阿科萨的正确——直到1977年最后的吉阿迪捏拉旅行版（Giardiniera Estate），这期间共生产了400万部菲亚特500系列及其派生车型。从某种意义上来说，菲亚特可能是比英产迷你（参见第44页至第47页）更早生产迷你车型的企业。因为菲亚特的迷你车型不仅比英国人早两年推出，而且在长度上也要短7.6厘米。配备0.47升发动机，早期的500诺瓦就已经相当强劲。随着1960年500D的推出，这个车系日趋成熟，500D的发动机排量更是升级到499.5毫升。现在，这部菲亚特的微型车无须费力，即可达到96公里/小时（60mph）的速度。

天窗
有些500的天窗配备了折回式的小天窗。在敞篷车里，织物的篷顶配有塑料的透明后窗，能够随着篷布收起到后座后面。

"自杀"式的车门
你能够判断出这部菲亚特产自1965年之前，因为车门采取后铰链设计——也就是俗称为"自杀"式的车门。1965年后，车门铰链便移到了前面。

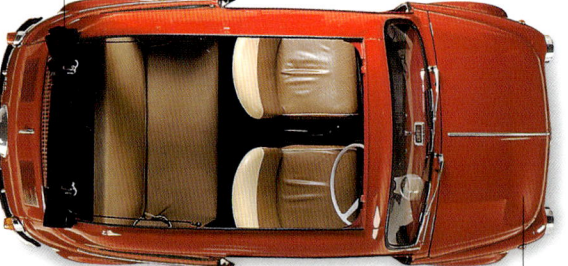

车门
直到1977年车型终结之前，吉阿迪捏拉旅行版（Giardiniera Estate）一直保留这种"自杀式"车门。

发动机罩
发动机罩下面是油箱、电池和备胎，还能留有少许空间放置适量的行李。

菲亚特 500D

漂亮的菲亚特
英国的约翰·库珀（John Cooper）创造出受世人追捧的迷你车，卡罗·阿巴斯（Carlo Abarth）也出产了一款改装的菲亚特-阿巴斯（Fiat-Abarth）。

规格
车型：菲亚特 500D（1957—1977）
产量：400万以上（所有车型）
车身风格：沙龙车、敞篷车、吉阿迪捏拉旅行版
构造：承载式车身/底盘
发动机：双缸风冷0.47升或者0.49升
输出功率：17.5bhp at 4400 rpm（0.49升）
变速箱：四速变速箱非同步啮合
悬挂：前轮双叉臂叶片弹簧独立悬挂系统；后轮半拖曳臂螺旋弹簧独立悬挂系统
刹车：四轮液压鼓式刹车
最高速度：95km/h（59mph）
0—60MPH（0—96km/h）32秒
A．F．C：19km/l（53mpg）

把后面搬到前面来？
有些后置发动机的汽车喜欢模仿它的兄弟——前置发动机的汽车，非要在前面装上假的前格栅和进气口。菲亚特可不这么装腔作势。

充满魅力的意大利车
这部小车充满魅力。无论从哪个角度看过去，你都能从这部小小的菲亚特上看到快乐和微笑的神情。停车的时候极为方便，但是车内空间略显狭小。两位正常体形的成年人能够坐在前面的座位上，不过后座的空间的确小了点儿。

驾驶菲亚特 500
这部小尺寸的菲亚特是一部性能很好的微型车,它自信而灵敏的操控,赢得了媒体的一片喝彩。虽然最高时速并不快,但是它优秀平衡的重量配比使其驰骋在畅通无阻的大路上的时候根本无须减速。

后部空间
比较合理的安排是,后排坐两个小孩子和侧着坐一个大人。或者是只放一个大型购物筐便可。

内部空间
菲亚特500的内部空间虽然狭小,但却非常实用。仪表板上没有燃油表,只有一个警示灯,在油箱只剩下3/4加仑汽油的时候,灯会亮起——这些汽油还能跑64公里。

菲亚特 500D

敞篷版本

吉亚（Ghia，是一个意大利汽车设计公司，后被福特公司收购。在现在很多福特汽车后部都标有"吉亚"字样，表示尊贵型）公司在菲亚特500的基础上推出了一款敞篷沙滩车，名为"欢乐"（Jolly）。它模仿"二战"前的双门敞篷车的设计，但是被大家亲切地称为"儿童车"。

风冷后部

1955年出产的菲亚特600采用了后置发动机设计，省去了传动轴通道，节省了不少空间。500配备的风冷式发动机只有两缸，绝对是菲亚特发展的全新方向。

发动机

每一具发动机都是一个活跃的"小恶魔"，为500D全速飞奔提供无限动力。

福特 *GT40*

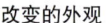

如果形容传说中的福特GT40（Ford GT40）为一部"超级跑车（Super Car）"，恐怕不足以表达这部车的"超级"！在现代汽车语录中，捷豹XJ220（Jaguar XJ220）、迈卡伦F1（Mclaren F1）、布嘉迪EB110（Bugatti EB110）都达到了"超级跑车"的巅峰，但是它们之中有谁赢得过全部的勒芒赛事？只有福特GT40！它不仅是一部顶级的公路车，更是在它的年代里顶级的耐力赛车，它所享有的这两种荣耀无车可敌。有趣的是，关于它的国籍问题，直到今日仍然争论不休。我们还是更愿意称它为美国汽车制造商和英伦天才的结晶，还掺杂了一点意大利和德国的元素在里面。最重要的是，福特GT40达成了制造它的最初目的，连续4次取得勒芒24小时拉力赛的桂冠。而且，福特GT40的故事并不止于勒芒传奇。你可以——如果你敢的话——在公路上以322公里/小时（200mph）的时速飞奔！终极跑车？不对，福特GT40可比终极跑车更强！终极赛车加终极公路车？或许！

改变的外观
仔细观察福特GT40的前脸，就能从中认出它历经各个时期的改变。最早的GT40的车鼻较尖。而图中展示的这部车，车鼻较方，首次出现于1965年。公路版MkIII的外形则更加流线；MkIV的车尾部更圆更扁。

狭小的驾驶舱
驾驶舱有些狭小，但是GT40的不实用性也正是它奢华特性之一。

刹车
通风盘式刹车是非常重要的配置。

福特 GT40

车门
巨大的车门几乎靠到了顶篷的中央，以方便驾驶者进入。

设计秘密
GT40的设计是建立在较早的英国劳拉（译注：劳拉是英国赛车制造商）赛车（Lola）基础之上的。发动机中置的布局以及变速箱和传动轴在后，如今已经衍生成为赛车的标准设计。强劲的V8发动机，无数的美金投入，再加上亨利·福特二世（Henry Ford II）的决心，一起造就了勒芒拉力赛的冠军。

风挡玻璃
全景风挡玻璃提供了极佳的前方视野。

发动机位置
发动机差不多正好处于汽车的正中央。

公路车的保险杠
图中展示的是赛车版，所以没有配备保险杠。公路版装有一根细的镀铬保险杠。

规格

车型：福特GT40（1964—1968）
产量：107
车身风格：双门两座硬顶跑车
构造：钢质一体车身（Mk Ⅳ），玻璃纤维车身
发动机：福特V8 4.1升（Mk Ⅰ）、4.7升（MkI&Ⅲ）、6.9升（Mk Ⅱ&Ⅳ）
输出功率：从350bhp at 7200 rpm（MkI 4.1升）到500bhp at 5000 rpm（MkⅣ）
变速箱：四速或者五速ZF变速箱
悬挂：四轮双叉臂螺旋弹簧独立悬挂系统
刹车：四轮通风盘式刹车
最高速度：249—322km/h（根据变速箱匹配不同，155—200mph）
0—60MPH（0—96km/h）4.5秒
0—100MPH（0—161km/h）8.5秒
A. F. C：4.2—5.7km/l（12—16mpg）

旁观镜
许多赛车都配有旁观镜。

排气
排气的歌唱，从低沉的嘶吼变成震耳欲聋的狂叫声。

车尾
车尾上的后唇帮助汽车在高速行驶的时候保持稳定。

重要数据
毫无疑问，GT代表着巨大的动力。而40则代表着汽车高40英尺（1.2米）。汽车总长度为4.2米，宽1.78米，车部自重832千克。

轮圈
根据赛车场地不同，轮圈的宽度也随之变化。

福特 GT40

追风者
优雅而肌肉的外形是在福特第尔本（Dearborn）设计室中勾画成型的。设计要求发动机中置，还要符合空气动力学原理，这对于参加勒芒拉力赛的时候跑直道甩掉法拉利至关重要。

无装饰的驾驶舱
福特GT40的驾驶舱简朴而狭小。各种开关和仪表都是纯粹赛车用的，低矮的车顶线条意味着高个子的驾驶者很难进入车舱，鸥翼式的车门还会打到他的头。

驾驶者的后视野
驾驶者可以通过发动机罩上面模糊的缝隙看到，身后的法拉利吃着灰尘被远远落下。

仍然胜利
GT40取得了1994年的法国汽车拉力赛的冠军，它常常出现在这类怀旧赛事中。这部英国人的汽车，自豪地在车身上贴上了"英伦赛车手俱乐部（British Racing Drivers' Club）"的徽章。

通风口
通风口提升了散热器的效率。

福特 雷鸟 1955

雪佛兰1954年的克尔维特（Corvette）可能已经登峰造极，不过似乎任何通用公司能做到的事情，福特公司都会做得更好。1955年的福特雷鸟（T-Bird）没有使用克尔维特采用的玻璃纤维车身，而是采用了钢材质，还配备了彪悍的V8发动机。雷鸟真是潇洒得要命，配有奢华的手动摇杆式车窗，此外它还提供了许多可选配置。当福特雷鸟的销量以卖出24部，克尔维特才能卖出1部的速度攀升时，没有人感到惊讶。但是福特考虑到雷鸟的体积不大，两座的雷鸟可能并不符合所有人的胃口。因此，1958年，小雷鸟变成了大雷鸟，配备了四个巨大舒适的坐椅。无论如何，作为美国第一批热销的两座车之一，雷鸟点燃了公众的想象力。在接下来的10年里，美国的买家一直都在寻找能够提供更大动力的性能包，能让每一部雷鸟发挥到极致。

向过往点头致意

汽车的风格非常福特，由比尔·布瓦耶（Bill Boyer）执笔设计，弗兰克·赫尔希（Frank Hershey）监督制造。简洁、流线、活力四射的车身外观是这部车的亮点。发动机罩很长，而后行李箱盖很短，让人想起20世纪40年代的林肯大陆（Lincoln Continental）。

动力大鼓包

发动机罩不得不鼓起一块儿来容纳巨大的空气过滤器。同时看上去也颇具设计感。

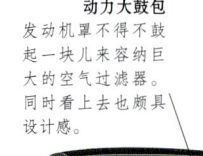

福特 雷鸟 1955

规格

车型：福特 雷鸟 1955
产量：16 155（1955）
车身风格：双门两座敞篷跑车
构造：钢质车身和底盘
发动机：4.6升 V8 发动机
输出功率：193bhp
变速箱：三速手动变速箱，可选超速挡；或者三速Ford-O-Matic自动变速箱
悬挂：前轮螺旋弹簧独立悬挂系统；后轮叶片弹簧桥式悬挂系统
刹车：四轮鼓式刹车
最高速度：169—201km/h（105—125mph）
0—60MPH（0—96km/h）7—11秒
A. F. C：6km/l（17mpg）

内饰
奢华的可选配置使雷鸟成为一款易于驾驶的汽车。可选配置清单上包括助力方向盘、电控车窗、助力刹车、自动变速箱，甚至还有电控座椅和电控车篷。花上100美元，就可以在车上安装按键式的收音机，它比助力方向盘还要贵。

驾驶舱
升起车篷后，变速箱的热气使得驾驶舱内酷热难挡，1956年以及1957年的车型上因此而安装了通风散热装置。

流畅的线条
1955年，雷鸟出产的第一年，流畅的线条设计就成功吸引了16 155位买家。

车长
雷鸟车身4.4米长，并不算短。

离地高度
离地高度仅仅12.7厘米。

发动机
雷鸟的发动机为全新顶置凸轮轴292立方英寸铸铁V8发动机,辅以双排气系统和四腔霍利(Holley)化油器。与克尔维特(Corvette)古老的六缸发动机相比,雷鸟被给予了更大的动力。根据调校的不同状态,最好的时候,雷鸟能在7秒钟内从0加速到60公里/小时。

风挡玻璃
采用空气动力学设计的风挡玻璃外形简单而美观。

成功的发动机
雷鸟的V8发动机在这部车的巨大成功中起到了决定性的作用。

鸟瞰图
在这张鸟瞰图中,雷鸟看上去明亮而生机勃勃。今天,雷鸟已经成为20世纪50年代乌托邦的化身。1955年至1957年出产的雷鸟最叫人垂涎欲滴——因为从1958年开始雷鸟就改成四座的了。

简洁风格
除了过于突出的排气以外,雷鸟的后部非常干净利落。硬顶是标准配置,但是买家可以订购选装的原厂软顶车篷。

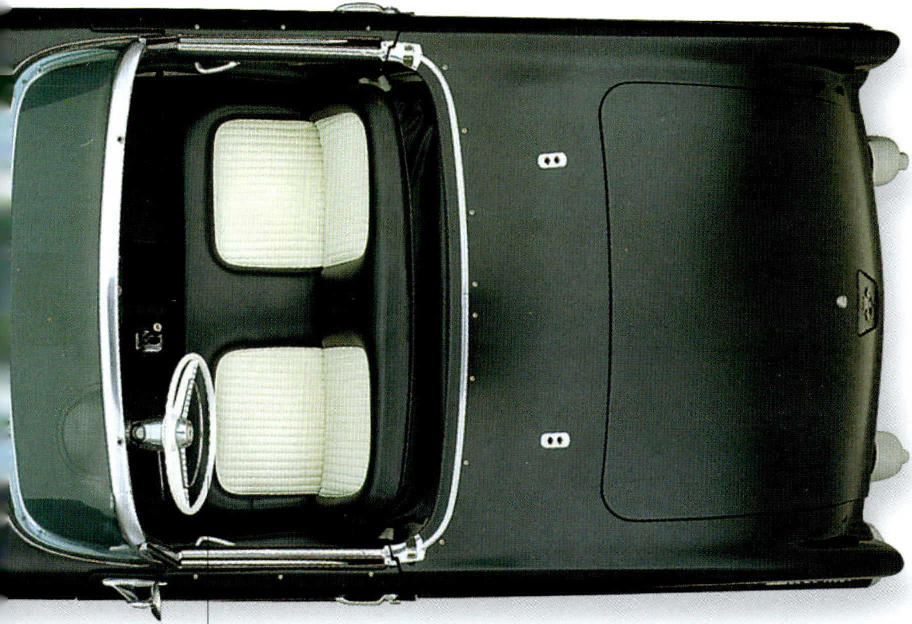

助力方向盘
只要花上98美元,买家就可以装配助力方向盘了。

发动机动力输出
发动机动力输出从212马力到300马力不等。再花25美元,买家们就可以把漂亮的镀铬保险杠装上车。

雷鸟的名字
"雷鸟"的名字来源于美国西南部印第安人信仰的带来雨水和丰收的神。拥有雷鸟的名人包括电影明星黛比·雷诺兹(Debbie Reynolds)、玛丽莲·梦露(Marilyn Monroe)和简·曼斯菲尔德(Jayne Mansfield)。

福特 费尔莱恩 500 天际线

1957年,福特在最炫目的费尔莱恩(Fairlane)系列里第一次升起了车顶。而伸缩式硬顶设计(Retrac)更令这部汽车光彩照人。费尔莱恩500天际线(Fairlane 500 Skyliner)是当时世界上唯一一款大批量生产的可伸缩硬顶汽车。它于1956年的纽约车展首次发布。1957年,第一部汽车刚刚下线,就送给了艾森豪威尔总统。天际线的硬顶开启时犹如芭蕾舞般的优雅设计是多年来街头巷尾的焦点谈资,更使成千上万痴迷的买主蜂拥而至福特的展厅。伸缩式硬顶顶篷惊人地可靠,全部开合过程,只凭一个简单的开关。它的配线加起来足有185米长,配有3个马达和一大堆五金部件。除了这些令人惊叹的展示之外,天际线价格昂贵,行李箱空间狭小,而且也没留多少地方放你的脚和腿。到了1959年,人们对天际线的新鲜劲儿过去了,于是该项目主管决定终结这个项目。天际线项目最终于1960年被砍掉了。

衰退的销量

天际线存在了3年,但是从来都不是销量赢家。考虑出手的买家可能会觉得天际线的线条简洁美丽,不过似乎对于车顶升降机械设计的可行性仍然充满了疑虑。1957年,天际线卖出了21 000部;1958年则不到15 000部;1959年就只有12 915部了。

发动机选择

买家可以选装从272立方英寸到352立方英寸4种不同规格的V8发动机。

车窗选择

可选配置还包括涂色玻璃、电控车窗、电控座椅和斯代顿双色喷漆。

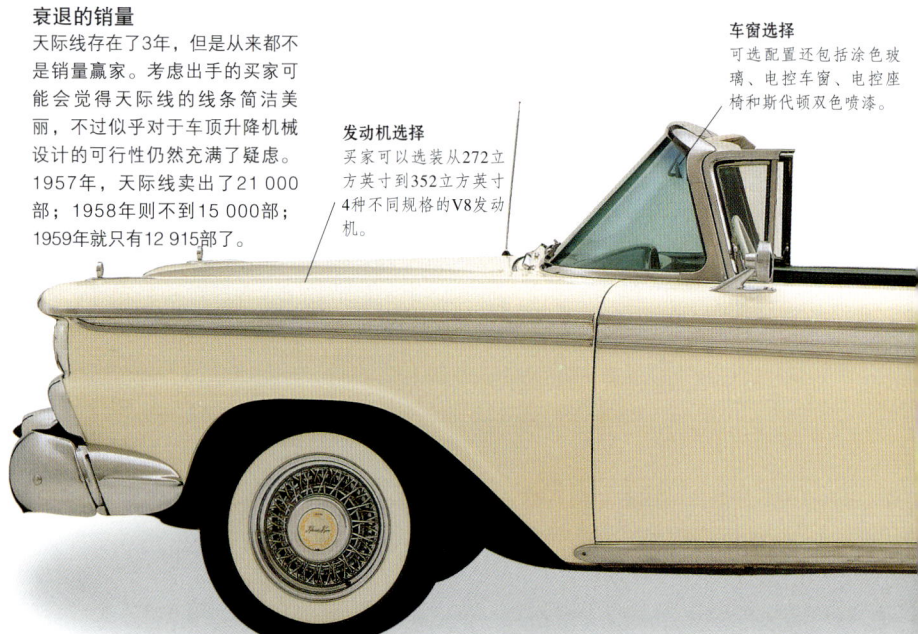

福特 费尔莱恩 500 天际线 **265**

内饰
19美元的安全包包括一个遮阳板和软包仪表盘。

天际线的花销
福特花费了1800万美元测试天际线的伸缩式车顶篷,从机械功能的角度来讲,福特取得了成功。具有讽刺意味的是,伸缩式硬顶设计最大的失败并非在机械电子问题上,而是在车身防锈上。

后柱
当机械装置启动,车顶就位,后撤的结实后柱就会告知崇拜者——这是一部天际线!

油箱
油箱位于后座乘客身后,这并非出于安全原因,而是实在没有其他地方可以放。

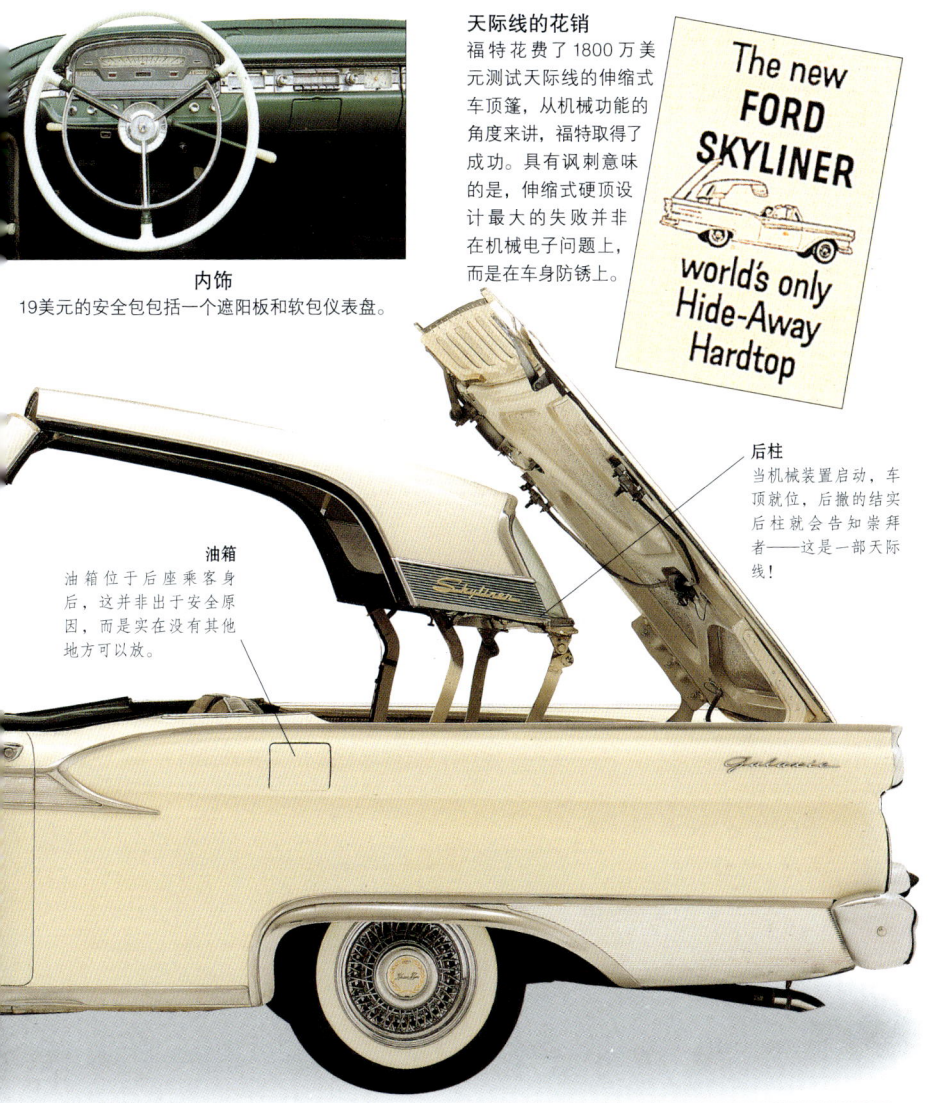

风挡玻璃

风挡玻璃的密封有问题,一年四季困扰着驾驶者。

底盘

底盘不得不重新改造,以给控制车顶篷的铰链留出位置。

种种之最

重达2吨,售价3138美元,天际线是福特出品的最重、最贵也最不实用的一款车。它标配4.6升的V8发动机,但是我们现在看到的这部汽车,配备了顶级的雷鸟5.6升特别版V8发动机,能够爆发300马力。

悬挂

虽然这部车非常沉,后部却依然采用标准的叶片弹簧悬挂系统。

行李箱盖

行李箱盖采用后铰链式设计,车顶篷先收好后,行李箱盖才放下。

风格

天际线上的行李箱位置比普通的汽车要高。巨大的圆形后车灯具有典型的雷鸟车的特征,成为那时福特汽车的特有标志。

后部视图

1959年的车型里取消了尾鳍,采用导弹型设计。简洁大方的后部隐藏了所有可移动的车顶金属配件。福特最初只打算将天际线做成一部中型车。不过,最终,费尔莱恩却是第一部车身又长又低的福特汽车。

福特 费尔莱恩 500 天际线 267

升起车顶篷

当车篷升起后，可选配置的波勒艾尔空调系统就显得尤其重要。其他选装配件还包括涂色玻璃和一块对于伸缩式设计（Retrac）来说必不可少的70安培的耐用电池。随车配备一本全面的故障处理手册，还有一套缓慢而迟钝的手动关闭车篷的应急系统。

规格
车型：福特 费尔莱恩500天际线（1959）
产量：12 915（1959年款）
车身风格：双门伸缩式敞篷跑车
构造：钢质车身和底盘
发动机：4.3升，4.6升，4.9升，5.6升 V8发动机
输出功率：190—300马力
变速箱：三速手动变速箱；或者三速Cruise-O-Matic自动变速箱
悬挂：前轮螺旋弹簧悬挂系统；后轮叶片弹簧悬挂系统
刹车：四轮鼓式刹车
最高速度：169km/h（105mph）
0—60MPH（0—96km/h）10.6秒
A. F. C：5.4km/l（15.3mpg）

车篷开启的过程

方向盘后面的杆式开关可以开启三个电机完成升起车顶篷的动作。一个电机为车顶解锁，另一个电机升起车顶并将之放到开启的行李箱中。然后一个独立的伺服电机会降下行李箱盖并覆盖在车篷上，随后复位。这一切只需花费一分钟，但是汽车的发动机必须启动着才能完成这一系列动作。

福特 福肯（猎鹰）

时任福特首席执行官罗伯特·麦克纳马拉先生（Robert McNamara）对大众的甲壳虫怀有眷恋之情，于是想要在第尔本生产出一种属于福特的紧凑车型。由于被汽油问题和经济原因困扰，麦克纳马拉本打算生产一部成本比六缸版本还低13.50美元的四汽缸汽车，但是他被人们说服认为六汽缸汽车肯定更好卖。1958年3月19日，福特生产小型车的计划启动。1960年，福肯（Falcon）——美国第一部紧凑型车诞生了。新闻界对这部车印象深刻，称它为现代版的T型汽车（Tin Lizzy，福特T型车，是福特公司于1908-1927年推出的一款汽车）。一位汽车记者这样形容麦克纳马拉："他戴着一副老太太的眼镜，于是生产出了这部老太太的汽车。"但是此时并不富裕的消费者却喜欢福特新车的尺寸，福肯推出第一年就卖出了43.5万部。外表上看起来好像非常普通，不引人注目，但是福肯内部宽敞舒适，驾驶流畅，它的燃效更能达到惊人的10.6公里/升（30mpg）。

简洁的风格

福肯比全尺寸的福特要短半个发动机罩，高腰线的双门或者四门福肯能够轻松地容纳6位乘客。车身设计风格和它的机械构造一样简洁大方，有着并不锋利的边缘，皱起的侧面车身，还有巨大的圆形尾灯。1970年，紧凑型的翼虎（Maverick）代替了福肯，后者又被品托所（Pinto）代替。

发动机

福肯出厂的标准配置是144立方英寸六缸发动机，对于这具发动机，广告鼓吹为"具有大型车的性能和安全保障"。

福特 福肯（猎鹰） 269

规格

车型：福特 福肯（猎鹰）（1962）
产量：396 129（1962年款）
车身风格：双门硬顶跑车，四门三厢轿车，旅行车，敞篷车
构造：钢质承载式车身
发动机：2.3升，2.7升六缸发动机，4.1升 V8 发动机
输出功率：85—174马力
变速箱：三速手动变速箱；或者两速 Ford-O-Matic自动变速箱
悬挂：前轮螺旋弹簧悬挂系统；后轮叶片弹簧悬挂系统
刹车：四轮鼓式刹车
最高速度：145—177km/h（90—110mph）
0—60MPH（0—96km/h）12—18秒
A. F. C：8.8—10.6km/l（25—30mpg）

内部空间

福特的市场人员这样宣传福肯："向上帝发誓，这是能够安置6位乘客的舒适汽车——6位乘客和他们的行李！"从某种程度上讲，他们说的是真的。福肯的内部空间的确足够大得能容纳任何身高超过1.8米的乘客。

车顶线条

1962年出厂的双门和四门福肯都具有雷鸟风格的车顶线条。

新的宽度

在亨利·福特（Henry Ford）抱怨车内太窄之后，福肯的原车型不得不大大加宽。

合理的价格

1960年，基本款的福肯只售1974美元。

福特 *银河 500XL 森利纳*

1962年,福特公司以这样的口号来销售他们的全新汽车系列:"全美国最生机勃勃、让您最无忧无虑的汽车!"引领充满活力的新型汽车潮流的就是光可鉴人的银河汽车系列(Galaxie)。这一年正是总经理李·雅科卡(Lee Iacocca)在福特的第三个年头,他一直致力于以极速和肌肉感赢得年轻人的市场。线条干净利落、外形时髦,而且车身非常低,银河系列车正是每个男孩子的梦想,也引领福特进入新的纪元。1962年新推出的500XL可真是部好车。凹背座椅、地板式变速器、机加工的仪表盘,还可以选择猛兽般的406立方英寸V8发动机。XL代表着"更多的生机(extra lively)",500XL开启了福特全新的全面性能销售运动。500XL森利纳(Sunliner)敞篷车定位为运动型活动顶汽车,售价为3350美元,非常合理。它的动力强劲,配备的发动机从292立方英寸到390立方英寸,直到终极的406立方英寸的V8发动机。你还可以选择博格华纳(Borg-Warner)的四速手动挡变速器。这部车给福特上了宝贵的一课。藏在巨大且奢华车身下的发动机,必定非常犀利。

时尚缔造者
1962年银河系列的高腰线车身完全是新式的,更为大车型的设计奠定了一定的时尚基调。虽然汽车的线条比较单调,装饰少,但是银河系列仍然推出了13种颜色供买家选择,还包括21种时髦的双色漆搭配。

软包仪表盘
软包仪表盘的颜色可以与车外观的颜色一致。

安全带
前座椅安全带是可选配置。

福特 银河 500XL 森利纳

销售宣传单
"今年,银河的风采比以往任何一年都更加让整个汽车界艳羡。"宣传册上的观点虽然难免主观,但是福特重新设计推出的银河的确是一个巨大的成功。新的XL系列更为买家贡献了巅峰的性能表现以及500系列顶级的内饰。

规格
车型:福特 银河500XL 森利纳(1962)
产量:13 183(1962年款)
车身风格:双门敞篷跑车
构造:钢质车身和底盘
发动机:4.6升、5.6升、6.2升、6.4升 V8发动机
输出功率:170—405马力
变速箱:三速自动变速箱;或者四速手动变速箱
悬挂:前轮螺旋弹簧悬挂系统;后轮叶片弹簧悬挂系统
刹车:四轮鼓式刹车
最高速度:174—225km/h(108—140mph)
0—60MPH(0—96km/h)7.6—14.2秒
A. F. C:5.7—6.4km/l(16—18mpg)

车顶
车篷采用玻璃纤维材质的"隔热毯"。

敞篷
与我们现在看到这部车不同,最罕见的森利纳(Sunliner)配备了低风阻的星升(Starlift)硬顶车篷,而且并非在可选配置中(需要特别订购)。

独具风格的镀铬装饰
箭一般的防擦条是对20世纪50年代备受推崇的"Sweepspear"弧光曲棱车身线条的致敬。

内饰
内饰豪华靓丽,迈拉(Mylar)聚酯材质内饰,深褶的凹背座椅侧面是中控台。座椅可以手动调节4个角度,或者电控调节6个角度。

刹车
1962年,所有出产的福特都配备了自动调节刹车系统、9660公里的润滑周期和伴随汽车终身的变速箱油。

车灯
又大又圆的后车灯模仿雷鸟,也用在福肯(Falcon)和1962年推出的费尔莱恩(Fairlane)上。

后部视图
位于中部,可以翻转的电镀面板之内,隐藏着燃油盖。面板使车显得更宽。500XL森利纳的硬顶版本叫做维多利亚俱乐部(Club Victoria),比敞篷版本要便宜250美元,受欢迎程度却是敞篷版本的两倍,1962年制造了2.8万部。

福特 银河 500XL 森利纳

旁观镜
旁观镜车灯是原厂的可选配置，在能见度较好的时候，车灯能够覆盖前方800米远的距离。

车身噪声隔离
银河行驶起来隔音效果特别好，因为它在隔音的各个方面都下足了工夫。车门内侧、发动机罩、行李箱罩、车侧前后车翼都加入了吸音的树脂材料。

银河性能
1962年的银河是福特的老板李·雅科卡（Lee Iacocca，1924— ，前福特主席，被誉为野马之父）对崇尚性能的年轻人市场的首次出击。两年以后在传奇的野马（Mustang，参见第278页至第285页）身上，才看到他期望的盛放。这绝对是一场雄心壮志的市场赌博，终于使得福特20世纪60年代的产品无论在展厅还是赛道上都取得了巨大的成功。

发动机
银河搭载223立方英寸的六缸发动机或者292立方英寸的V8发动机。购买500XL的买家可以选择雷鸟的V8发动机的任意版本，包括我们在这里看到的390立方英寸的特别版，或者是405马力406立方英寸带有三霍利（Holley）化油器的V8发动机，只售价379美元。

底盘
由双槽纵梁和宽体车架组成。

福特 雷鸟 1962

第三代雷鸟（Thunderbird）看起来就像要从火箭发射塔上喷射出去一般，这可是偶然的。设计师比尔·布瓦耶（Bill Boyer）打算把新车打造成"一件具有导外形的艺术品"。美国公众当然能够充分理解这款车的潜台词，此时他们正为古巴弹危机和赫鲁晓夫增加军事预算的宣言所激怒。这部双门运动敞篷跑车是1961年至19年的雷鸟中最好的车型。配有凯尔-海斯（Kelsey-Hayes）出品的超密齿钢丝轮圈和在双座后的玻璃纤维材质的后舱盖，雷鸟成为坊间最炫目的汽车之一，当然也是最稀有的汽车之一。满男性气概、巨大而昂贵，这只大鸟说明了汽车城底特律的厂商们仍然不愿意生产小型的、便宜些的汽车。汽车生产商的这种态度，在通用公司表现得尤为明显。通用公司甚至放肆说："美国要实现更便宜的交通的唯一解决方法就是使用品质优良的二手车（而非小车）。"无论如何，制造看起来像是弹道导弹一样的汽车可是有趣得多，也赚钱得多。

漂亮的敞篷车
发动机罩放下，这只大鸟恐怕算得上是福特有史以来出产的最具吸引力、最硬朗的一部敞篷车。结实的承载式车身构架保证汽车在行驶中几乎没有晃动、翻滚和嘎嘎作响的声音。《汽车时尚》(*Motor Trend*) 这样评论："这款福特出产的时尚'潮车'身上有许多缺点……但是它仍然是性能车里的最佳典范。"

可调方向盘
雷鸟的驾驶者可不是一群小年轻，可调角度的方向盘设计能够帮助发福了的驾驶者轻松进入车厢。

轮圈
很少有雷鸟的买家愿意花费343美元购买超密齿钢丝轮圈。

福特 雷鸟 1962

底盘
汽车采用了坚固的双结构承载式底盘设计,底盘与车身前部焊接在一起。

车顶的乐趣
当车篷敞开的时候,汽车后座部分的流线型设计使这部双门运动敞篷跑车非常优雅,足以和1955年两座雷鸟(参见第260页至第263页)交相辉映。

规格	
车型:	福特 雷鸟 1962
产量:	455(1962年款)
车身风格:	双门两座敞篷跑车,双门四座敞篷跑车
构造:	钢质车身和底盘
发动机:	390立方英寸 V8 发动机
输出功率:	330-340马力
变速器:	三速Cruise-O-Matic自动变速箱
悬挂:	前轮上下A臂螺旋弹簧悬挂系统;后轮叶片弹簧桥式悬挂系统
刹车:	四轮鼓式刹车
最高速度:	187—201km/h(116—125mph)
0—60MPH(0—96km/h)	9.7—12.4秒
A.F.C:	3.9—7.1km/l(11—20mpg)

装饰
三组五条镀铬斜杠装饰是这部车的强劲动力无法错认的标志。

车身中间的折线
风格奇特的车身折线从后翼一直延展到车门,是与这款车最不相配的设计了。

后悬
后悬很突出,但是好处是在停车的时候可以以后尾鳍作为参照。

内饰

很明显,内饰设计意图营造一种处于飞机驾驶舱的感觉。设计围绕突出的中控台展开,从而将整个驾驶舱一分为二,成为两个独立的空间,勾勒出司机和乘客的位置。

选装配件

涂色玻璃、电控可调座椅、电控车窗和AM/FM 调频收音机是最受欢迎的选装配件。

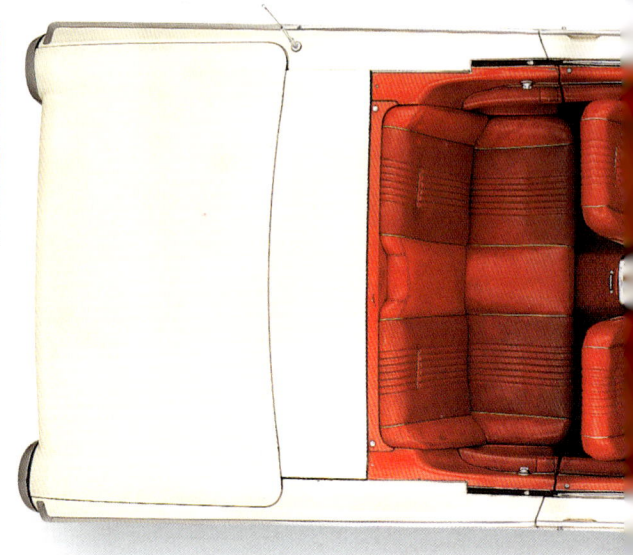

鸟瞰图

双门运动版也有四座车型。不问题是,在4个人乘坐的时候后备箱就无法放置原本放在后上的遮盖面板。如果4人一起出就只能把这块面板放在家里后座上面的面板取下来的时需要两个人一起才能搞定。

前部外观

第三代雷鸟的前部外观英国版的福特科塞尔/盗船(Corsair)非常似,这既不让人吃惊也是偶然,因为海盗船也样出自亨利前辈之手!三代雷鸟上市后受到买的极大欢迎,销量也突猛进。

福特 雷鸟 1962

神的设计
广告宣传的创意展示——雷鸟是福特和上帝共同努力缔造的。

驾驶舱设计
内饰设计师雅特·盖费尔德（Art Querfield）在雷鸟驾驶舱内饰上花费的时间比他在福特工作40年间在任何一辆车上花费的时间都要多。

更明快的后部
1958年至1960年的雷鸟停产后，福特重塑了豪华车的后部设计。后车灯换成一组简洁的圆灯，保险杠又直又宽。

颜色
一共有18种单色和24种双色搭配可供选择。

福特 野马 1965

福特野马（Mustang）可谓一炮而红，自1964年4月上市以来，以飞驰的速度迅速改写了销售历史纪录。它的确是破旧立新的一款车，就是从野马开始，人们开始使用"小马车"（Pony Car，所谓"小马车"，是一种中型尺寸的双门硬顶或敞篷跑车）一词形容新型的紧凑运动车。面向公众推出并不昂贵的运动车这一创意，要归功于当时福特年轻而充满激情的副总裁李·雅科卡（Lee Lacocca）。这一举动的结果就是，野马的购买人群超越了各个阶层的限制，全社会对这一款车普遍追捧。看了附加配件选项表就知道，野马尽力满足每一个顾客的口味需求。我们能看到为妈妈们、儿子们、女儿们、丈夫们甚至那些人老心不老的祖父祖母们量身定做的野马。那些名流，能够负担得起整个农场全部塞满了纯种赛马，或者拥有一车库全部来自意大利的顶级跑车，而他们也会为拥有一部野马而感到自豪。为什么呢？因为野马算得上是汽车里的"民主人士"！

吸引大众

1964年，当幕布揭开的那一刻，野马就注定了要被载入史册。野马一举复兴了早期运动雷鸟所代表的自由精神，将运动车的驾乘感受带给大众。

天线
按钮式收音机和天线都在可选配置单之列。

车门
长长的车门方便坐在后面的乘客上下车。

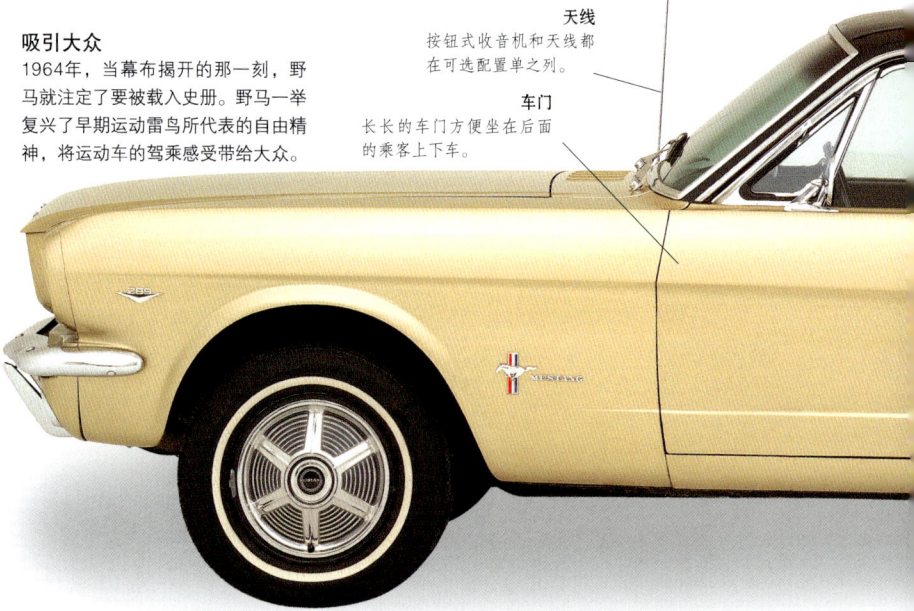

福特 野马 1965

发动机
野马可选V8发动机（图中为289立方英寸），或者是六缸发动机。1964年至1968年，售出的V8配置的比六缸配置的多一倍。买家可以买到100马力的野马跑车，也可以买到加装了运动性能包的400马力野马跑车。

规格
车型：福特 野马 1965
产量：2 077 826
车身风格：双门四座硬顶跑车、双门四座滑背跑车、双门四座敞篷跑车
构造：整体钢质车身
发动机：六缸170—428立方英寸V8 展示的是289立方英寸V8发动机
输出功率：195—250马力 at 4000—4800rpm；271bhp at 6000rpm（289立方英寸）
变速箱：三速或者四速手动变速箱，三速自动变速箱
悬挂：前轮叉臂螺旋弹簧悬挂系统；后轮半椭圆叶片弹簧悬挂系统
刹车：四轮鼓式刹车，前轮可选盘式刹车
最高速度：177—204km/h（110—127mph）（289立方英寸）
0—60MPH（0—96km/h）6.1秒（289立方英寸）
0—100MPH（0—161km/h）19.7秒
A. F. C：4.6km/l（13mpg）

无B柱式双门跑车
这样，前后侧车窗的视野就大大增加了。

轮圈选择
野马有许多可选配置，包括略小尺寸轮圈、更宽的轮胎、钢丝轮圈罩和销栓锁紧式轮圈锁。

内饰
第一代野马的仪表布局与福特福肯（参见第268页至第269页）一样，不过野马采用的是软包的仪表盘。塑料内饰稍显廉价，但是卖得这样便宜，没有顾客对此抱怨。运动方向盘是1965年款的标准配置。

风挡玻璃
带条纹的涂色玻璃是另一个可选配置。

原型车的发展
1962年的野马一代的原型车是一部采用V4中置发动机的两座跑车，非常漂亮，不过太奇特了。1963年的野马二代雏形车于F1美国大奖赛上亮相，它的成功为野马的量产铺好了路。时至今日，野马仍然是福特历史上销售最快的一款车。

刹车
前轮盘式刹车系统是在1965年车型中首次加入的可选配置。

福特 野马 1965

鸟瞰图
从上面,我们可以轻松地观察到野马的整车分配比例——发动机、乘客以及行李的位置。并没有采用美国汽车常用的侧面鼓起来的奢华的车身面板,而且,野马的内部空间也被最大化地利用起来。野马低调的风格是汽车设计界的一股清新之风。

V形标志
289立方英寸、铸铁V8发动机——闪闪发光的动力配置!你也可以在偶像级的AC眼镜蛇(AC Cobra)、新宾泰格/新光虎(Sunbeam Tiger)和TVR格里菲斯[译注:TVR是英国独立车厂,始于1946年]上看到。

车顶篷
硬顶之上覆盖以时髦的乙烯基材质,看上去好像是敞篷跑车。

买家的选择
只要你愿意,野马要多便宜有多便宜,要多贵有多贵。"野马的设计理念就是——一款能够由您亲自设计的车!"销售宣传单上这样写着。从低配版的售价2368美元开始,你可以在配置列表上不断打钩,来"设计"属于自己的爱车——改装的花费往往比低配售价的两倍还要多!

悬挂
作为可选配件,买家可以订购更硬的悬挂系统和用来提升操控感的套件。

福特 谢尔比 野马 GT500 1967

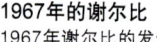

在我们这个时代,无论做什么都要等,而且无论做什么都要花上大价钱。由此回看过去,想到曾经存在过这样一个美好的时代,那时我们可以从汽车展示厅的地板上直接拉走能让你的胃翻个个儿的强劲动力的汽车,想想真是不胜欷歔。更美妙的是,如果你买不起,你还可以从当地的赫兹租到这部车用上一个周末。事实证明,美国公众非常喜欢这部汽车野兽般的咆哮声、美妙的外形和卡罗尔谢尔比眼镜蛇(Carroll Shelby Cobra)这三大力量的结合。福特的宣传口号直指这点——谢尔比野马(Shelby Mustang)就是独一无二的公路跑车!凭着289立方英寸和428立方英寸的V8发动机,谢尔比野马的速度快得让人尖叫,不论在街道上还是在赛道上都能称王称霸。1967年,野马设计也更加人性化,配备了空调系统和助力方向盘,还有各种量表,木制镶边的谢尔比方向盘,以及最重要的最高达140mph(225公里/小时)的时速表。小野马已经成长为雄壮的种马!

1967年的谢尔比

1967年谢尔比的发动机罩上凸起的家伙比以往的车型都要大,加上玻璃纤维前部,组成了野马新型加长发动机罩。在1967年,谢尔比可是一个大热门。GT350热销了1175部,而GT500热销了2048部。价格也比1966年便宜了15%。

GT500的名字
GT500的名字是武断了一些,但与动力无关。

方向盘
木制镶边方向盘是谢尔比的标准配置。

发动机罩锁
赛车风格的发动机罩锁是标准配置。

福特 谢尔比 野马 GT500 1967

谢尔比出厂牌
早期的野马出自谢尔比在洛杉矶的汽车厂,后来则在密歇根州制造。谢尔比赶在巨大的暴风雪的前一天,将首批汽车送到赫兹。但是这些车的刹车过于灵敏,其中20部车被返厂。

规格

车型:福特 谢尔比 野马 GT500 1967
产量:2048(1967年款)
车身风格:双门四座硬顶跑车
构造:钢质承载式车身
发动机:428立方英寸V8
输出功率:360bhp
变速箱:四速手动变速箱,三速自动变速箱
悬挂:前轮螺旋弹簧悬挂系统;后轮叶片弹簧悬挂系统
刹车:前轮盘式刹车,后轮鼓式刹车
最高速度:212km/h(132mph)
0—60MPH(0—96km/h)6.8秒
A. F. C:4.6km/l(13mpg)

赛车的乐趣
曾经有人租了一部谢尔比,归还的时候轮胎竟然都快被磨平了,而且车门上还贴着赛车的号码。

眼镜蛇的重生
在1967年之后,500GT被赋予了谢尔比眼镜蛇(Shelby Cobra)的称谓,但是福特仍然掌控所有的宣传和促销业务。

侧面通风口
侧面通风口起到排出汽车内部空气的作用。

后部
后部由玻璃纤维制成,以减轻整车的重量。

轮圈可选项
轮圈还可以选择凯尔-海斯(Kelsey-Hayes)的巨星(Magstars)系列。

实用的座椅
所有的GT350和500都以能够折叠放下后座以便放置谢尔比专用的防滚架而著称。当时谢尔比只生产滑背车,直到1968年才开始生产敞篷车,并且从来没有出产过旅行版。(译注:在1967年之前只有350版本,并且无后座配置。配置后座是在350大受欢迎之后,为了迎合市场的进一步举动)

悬挂
谢尔比的悬挂系统与普通版野马相比,加装了前部防倾杆,具有更坚硬的弹簧和盖博(Gabriel)避震筒。

耗油量
吃油的428立方英寸V8发动机意味着最优只能达到4.6公里/升(13mpg)(译注:相当于21.73升/公里)的水平。

眼镜蛇的源头
428立方英寸V8发动机在最早的AC眼镜蛇中就已经采用了。

GT500的发动机
GT500的428警用拦截者发动机带有两个霍利(Holley)四腔化油器。谢尔比发动机上端装配了独一无二的椭圆形鳍状的铝质开放式空气净化器和铸铝的阀门盖。

中央车灯
在美国有些州,由于联邦立法限制,标准配置的位于格栅正中央的强聚光车灯不得不移到两侧。

福特 谢尔比 野马 GT500 1967　**285**

转速表
标配的转速表的红线划在8000转的位置。

内部
标准配置包括斯图-华纳（Stewart-Warner）机油表、安培表和转速表。有两种内饰颜色可供选择——米白色和黑色。车内装饰主要采用了高级铝质门板以及礼貌灯。

刹车
位于前部更高效的盘式刹车辅助位于后部更强有力的鼓式刹车（译注：当今轿车基本上都采用盘式刹车，以提升效率，减少热衰。而重型工程车仍然采用老式的鼓式刹车，因为相比于盘式刹车，鼓式刹车更有力）。

引进助力系统
967年，助力方向盘和助力刹车的引进，意味着原来驾驶感粗糙的谢尔比已经转变为一款奢华的弹弓，并将迅速成为时代偶像。

车灯
谢尔比将野马的后车灯换成了1965年雷鸟的连续车灯设计。

歌顿 基伯 GT

1960年,歌顿基伯GT(Gordon Keeble GT)是英国著名的汽车杂志《汽车与发动机》(Autocar& Motor)曾经测试过的最令人激动的一款车。由意大利著名设计师乔治亚罗(Giugiaro)设计,在英国南安普敦的飞机库里制造,歌顿基伯外形美观,玻璃纤维车身,配备5.4升300马力的雪佛兰克尔维特(Chevrolet Corvette)V8发动机。虽然很多人都喜欢歌顿 基伯,它的外形漂亮、操控优良,拥有众多追随者,但是它仍是一个商业失败作品,只制造了104部。"本车采用了飞机的标准来制造",广告宣传如是说。时间也证明了歌顿基伯并没有说谎,立体架构底盘、防锈的车身保证了至今有90部歌顿仍然流传于世,其中的60部甚至还能正常行驶。歌顿基伯诞生的时代,还是产品比利润更重要的时代,所以歌顿的失败主要源于两个原因。首先,工人们制造得数量不够多;其次,管理者竟然忘记在定价上体现出利润空间。看,汽车工业这些年来发生了多少巨变!

风格
对于20世纪60年代的设计来说,歌顿 基伯很清新、时髦,并且不过时。

车架
原型车的底盘由复合金属材质的正方管制造而成。车架先是运到法国,然后再跨越大陆运到(意大利)都灵——在那里,乔治亚罗给它安上了一个英俊的外壳。

价格落水的经典车
同其他的经典车一样,歌顿基伯从20世纪80年代后期开始,价格也开始大落水。现在,在英国,品相好的歌顿基伯只需花上10万英镑,而1988年的价格则是这个数字的两倍。

歌顿 基伯 GT 287

保险杠
基伯精致的三片式镀铬保险杠是手工特别打造的。

车窗
电控车窗采用的驱动马达与劳斯莱斯的银影系列(Silver Shadow)是一样的。

发动机
小小的来自黄貂鱼(Sting Ray)的发动机能够传送巨大的300马力的功率。

高性能车身
在那个年代,基伯手工打造的强化玻璃纤维车身是最好的。

新锐设计师

乔治亚罗(Giugiaro)设计这部车的时候,只有21岁。他赋予歌顿 基伯一个在发动机罩上的巨大进气口,和一对时髦的双前车灯。车顶曲线被加长,C柱的倾斜角度加大,从而加大车窗玻璃的面积,提供最大限度的视野。

规格

车型: 歌顿 基伯 GT(1964—1967)
产量: 104
车身风格: 玻璃纤维,双门四座GT
构造: 多管状底盘框架,强化玻璃纤维车身
发动机: 5.4升 V8
输出功率: 300bhp at 5000rpm
变速箱: 四速同步啮合变速箱
悬挂: 前轮独立悬挂系统,后轮迪式悬挂(De Dion)系统
刹车: 四轮盘式刹车
最高速度: 227km/h(141mph)
0—60MPH(0—96km/h)7.5秒
0—100MPH(0—161km/h)13.3秒
A. F. C:5km/l(14mpg)

霍顿 FX

第二次世界大战结束后,澳大利亚遇到了一个棘手的难题。那就是整个澳大利亚极度缺乏汽车,而大量退伍的士兵手拿大把的钞票急于烧钱。于是通用霍顿公司(General Motors-Holden)出产了一款四门六缸六座的汽车(译注:这是第一部由澳大利亚人自己制造的汽车),这立刻成为澳大利亚的汽车传奇。1948年发布的48-215,更多人喜欢叫它FX,是澳大利亚的莫里斯迈纳(Morris Minor,参见第392页至第395页)。它矮胖而敦实,样子很传统,有大别克那么大,配备扭矩强大的发动机、钢质车身、液压制动和三速杆式变速箱。它很轻,功能齐全。霍顿FX(Holden FX)简单高效的特性给诺菲尔德勋爵(Lord Nuffield)留下了深刻印象,以至于他大老远地运了一部霍顿FX回到英国,让工程师把它拆开来研究。尽管霍顿FX的材质有些粗糙简陋,澳大利亚人还是义无反顾、热情高涨地买了12万部。

离地距离
为了应付糟糕的路况,霍顿FX的离地间隙特意设计得较高。

国的影响

顿FX其实采用的是老式"二战"前风格,是基于938年美国通用汽车公司产的小型雪佛兰三厢轿车行设计的。对于当时的底律—阿德莱德的联合公,今天澳大利亚人仍然用圣的口气谈论霍顿FX,将之视为那个年代最值得任的汽车之一。

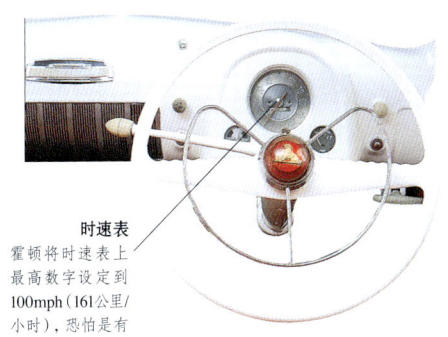

仪表盘

仪表盘的设计折射出澳大利亚人的实用主义作风,时速表居中,两个小仪表分居两侧,还有一根三速变速杆,5个辅助开关。伞状的手刹和镀铬的喇叭环按钮都是受到来自美国底特律设计风格的影响。

时速表
霍顿将时速表上最高数字设定到100mph(161公里/小时),恐怕是有些过于乐观了。

车身工艺
出租车司机抱怨霍顿FX的车身工艺并不完美无缺,门的部位密合度并不好。

车身
车身采用防尘设计,这在澳大利亚的炎热气候中非常实用。

省油
"二战"后的燃油短缺意味着霍顿这个"小气鬼"正当道。

车灯
简洁而未加更多的装饰，FX没有转向灯或者侧向灯，只带有一个6伏的单件式后车灯。

后翼风格
霍顿的后翼线条直接延展至车门，但是其风格比汽车城底特律的设计师喜欢的样子要柔和得多。后部的车轮罩使汽车看上去更低、更时髦。FX的储物空间也非常巨大，这一点十分实用。

发动机
汽车的动力来自强劲的2.1升铸铁直列六缸发动机，带有完整的缸体和曲轴箱，顶杆阀门以及斯通博格（Stromberg）的单缸化油器。

霍顿 FX

前部外观
发动机罩上雄踞的狮子徽章，会让人误以为这部车世出名门。事实上，霍顿没有任何名贵的血缘背景，不过这一点也不妨碍霍顿成为澳大利亚中产阶级的专属用车。

规格

车型：霍顿 FX（1948—1953）
产量：120 402
车身风格：四门六座家用沙龙车
构造：全钢质Aerobilt一体车身
发动机：直列六缸铸铁2.1升发动机
输出功率：60bhp at 4500rpm
变速箱：三速手动变速箱
悬挂：前轮Y形叉臂螺旋弹簧悬挂系统；后轮叶片弹簧桥式悬挂系统
刹车：四轮液压鼓式刹车
最高速度：117km/h（73mph）
0—60MPH（0—96km/h）27.7秒
A. F. C：11km/l（30mpg）

输出功率
发动机的输出功率为适中的60马力。

悬挂
霍顿的悬挂太硬了，简直可以戳穿汽车顶篷。

宣传册
通用霍顿公司以加工鞍具和皮制品起家，后来才开始制造汽车车身。

哈德森 超级6型

1948年，哈德森公司（Hudson）的未来一片光明，它推出了"二战"后第一款新设计的汽车。在弗兰克斯普林（Frank Spring）的带领下，新的哈德森超级6型（Hudson Super Six）不仅看起来非常漂亮，还满载着新发明。最关键的是它的承载式结构和革新性的"低踩式"设计。哈德森的车身比竞争对手们都低，贴地而行，自信非凡。加上凶猛的直列六缸发动机，超级六能够把所有竞争者都远远抛在身后。1951年，超级6型演变成哈德森大黄蜂（Hudson Hornet），一直在从1951年到1954年间的美国房车竞速赛（American stock car race）上称霸。但是它复杂的设计无法适应每年推出更新片的迅猛需求，1953年出品的汽车看起来和1948年出品的汽车一个样子。1954年，哈德森与纳什（Nash）合并，1957年就彻底消失了。

空气动力学功能的外形

光滑美丽的外形使超级6型在众多汽车中间脱颖而出。设计团队的领袖是弗兰克·斯普林（Frank Spring），他是哈德森的元老了，他在将外观设计与动力设计两相结合方面拥有过人的天赋。我们能从哈德森的空气动力学设计中找到弗兰克曾经从事飞机设计的痕迹。

高度
超级6型的高度仅有1.53米，比同时代的其他汽车都要低。

低驾乘
底盘框架延展到后轮外，被用做"看不见的侧保险杠"。

哈德森 超级6型

规格
车型：哈德森 超级6型（1948—1951）
产量：180 499
车身风格：四门三厢轿车、双门三厢轿车、双门俱乐部、双门硬顶跑车、双门敞篷跑车
构造：承载式底盘/车身
发动机：262立方英寸L头直列六缸发动机
输出功率：121bhp at 4000rpm
变速箱：三速手动变速箱，可选的超速挡；半自动变速箱
悬挂：前轮：螺旋弹簧独立悬挂、Y形叉臂、筒式避震器、防倾杆；后轮：半椭圆形叶片弹簧桥式悬挂、防倾杆
刹车：四轮液压鼓式刹车
最高速度：145km/h（90mph）
0—60MPH（0—96km/h）14—18秒（根据不同的变速箱）
A．F．C：4.2—6.4km/l（12—18mpg）

发动机罩之下
1948年，哈德森装上了强劲的全新262立方英寸六缸发动机，使得超级6型成为美国公路上跑得最快的汽车之一。

分开的车窗
分开的前窗玻璃弧度都经过精心打造，以制造半包围的效果和良好的视野。

战后先锋
与斯蒂贝克（Studebaker）一样，1948年的哈德森是第一批采用"战后汽车设计理念"的汽车之一。

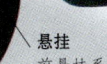

悬挂
前悬挂系统由Y形叉臂、螺旋弹簧和筒式减震器组成。

哈德森 大黄蜂

1954年,哈德森(Hudson)公司竭尽所能地在其1948年的车型上开发出了大黄蜂(Hornet)。大黄蜂具有更滑顺的侧翼和更低更宽的前部外观,加上更加华丽的内饰,仪表盘也经过全新设计。最终,大黄蜂还采用了一片式风挡玻璃。从机械角度看,这部车也很出色。事实上,很多人评价这部最后的"低踩入式设计"是哈德森历史以来最好的一部车。直列六缸Twin-H发动机带有坚硬的凸轮轴和合金缸盖,可以爆发出170马力。很快,这部车就被称做"最不可思议的哈德森汽车"。但是问题在于这是个人人都拥有V8的时代。截至1954年,哈德森公司已经有严重赤字600万美元。1954年4月,从1909年就开始独立存在的哈德森终于被纳什-卡尔文纳特(Nash-Kelvinator)集团公司吞并了。但是大黄蜂还是得到了公平的评价,它被誉为一部具有里程碑意义的汽车,也是那个年代最快的六缸车之一。如果说对于哈德森,我们应当记住些什么——我想应当是那些具有独创力的工程师们,他们硬是从可怜的预算和古老的设计中绞尽脑汁挤出了这样棒的一部汽车。

强大的"低踩入式设计"
被称为"低踩入式设计",是因为实际上你坐到车里的时候真的是"踩进去"。在20世纪50年代最快的汽车阵营中,哈德森的动力水平位居上游,而且操控感非常轻盈。

发动机
令人惊讶的是,哈德森从来没有提供过V8发动机,这恐怕也是他们衰落的一个原因。

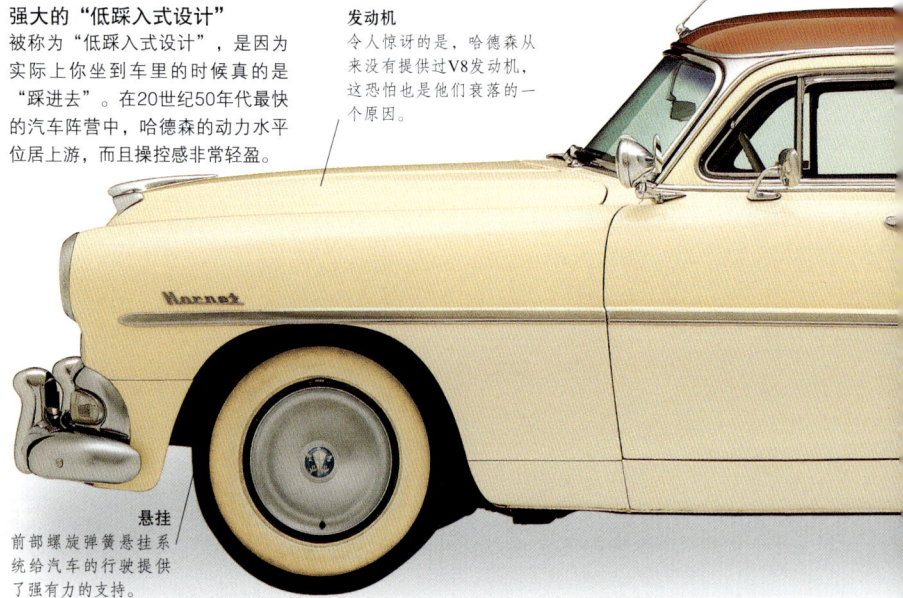

悬挂
前部螺旋弹簧悬挂系统给汽车的行驶提供了强有力的支持。

哈德森 大黄蜂 **295**

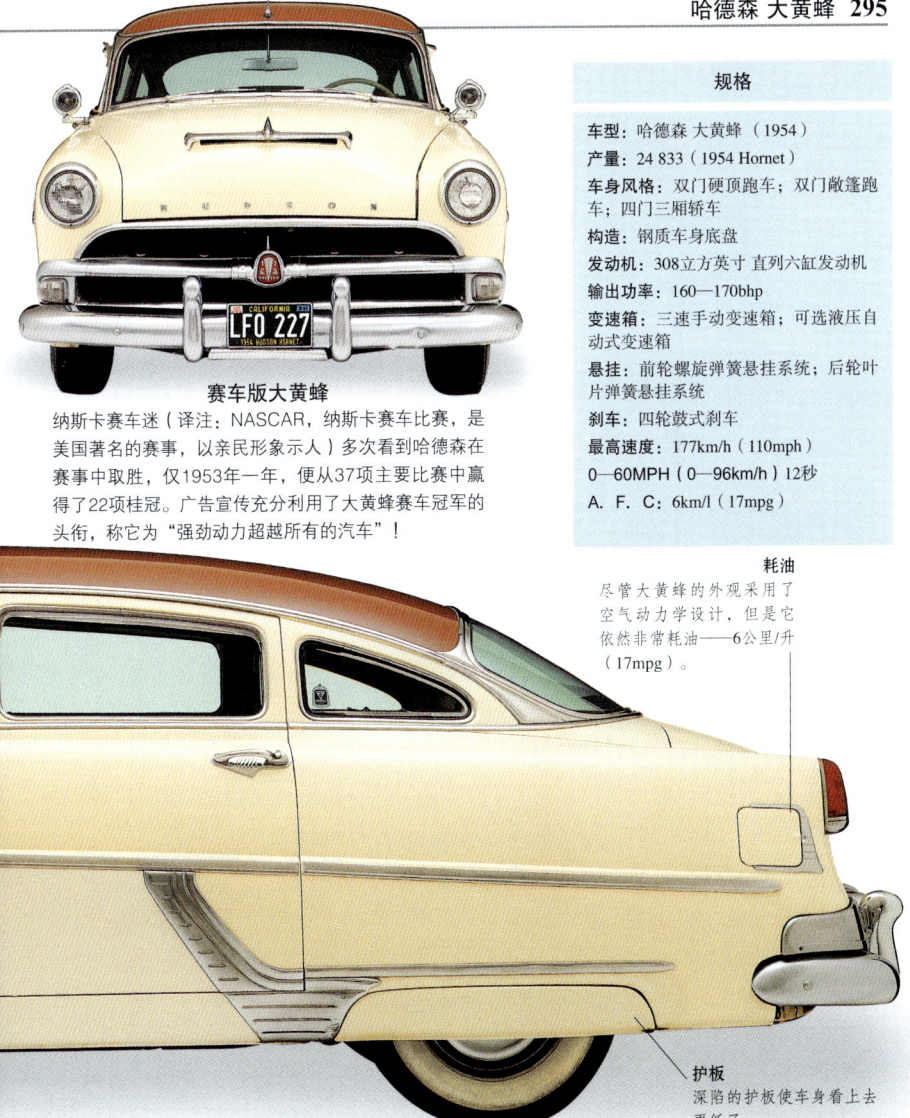

赛车版大黄蜂

纳斯卡赛车迷（译注：NASCAR，纳斯卡赛车比赛，是美国著名的赛事，以亲民形象示人）多次看到哈德森在赛事中取胜，仅1953年一年，便从37项主要比赛中赢得了22项桂冠。广告宣传充分利用了大黄蜂赛车冠军的头衔，称它为"强劲动力超越所有的汽车"！

规格

车型：哈德森 大黄蜂（1954）
产量：24 833（1954 Hornet）
车身风格：双门硬顶跑车；双门敞篷跑车；四门三厢轿车
构造：钢质车身底盘
发动机：308立方英寸 直列六缸发动机
输出功率：160—170bhp
变速箱：三速手动变速箱；可选液压自动式变速箱
悬挂：前轮螺旋弹簧悬挂系统；后轮叶片弹簧悬挂系统
刹车：四轮鼓式刹车
最高速度：177km/h（110mph）
0—60MPH（0—96km/h）12秒
A. F. C：6km/l（17mpg）

耗油
尽管大黄蜂的外观采用了空气动力学设计，但是它依然非常耗油——6公里/升（17mpg）。

护板
深陷的护板使车身看上去更低了。

旁观镜
旁观镜也具有侧灯的功用。

风格
从侧面看,四门版大黄蜂并不是最漂亮的一款,双门和敞篷车型看上去更好看。

装饰
在1954年的车型里,后加上的镀铬装饰穿过整个后门和侧翼,这在当时是全新的设计。

发动机
通过卡特(Carter)双腔化油器,L型308立方英寸直列六缸发动机能够达到最高160马力。1954年的车型提升了压缩比,只要再花86美元,就可以感受"奇迹的H动力的强力冲击"。还可以选择三速手动变速箱,或者是液压式自动变速箱。

行李箱标志
大黄蜂那颇具设计感的火箭标志是对其全新火箭造型的完美诠释,而哈德森汽车的标志则是由两座高塔和两艘大型帆船组成的。

哈德森 大黄蜂

产量
1954年，哈德森大黄蜂全年产量为32 287部。

助力方向盘
1954年，哈德森大黄蜂第一次加入了方向盘助力系统。

色彩选择
可以选择的颜色有罗曼锡青铜、牧场绿、阿尔及利亚蓝、庄重米白、灰色或者唇膏红。

内饰
仪表板的设计非常现代和时髦，但是还是采用哈德森独特的数字时速表。哈德森的驾驶舱内到处装饰着镀铬镶边，使用尼龙精纺贝德福呢子布和棕色、蓝色或者绿色的塑胶皮材料。

四门版本的差别
哈德森四门版本的滑背式的后部与带有传统行李箱的两门版本的后部差别很大。1954年版的迷你尾鳍上的尾灯，在视觉上令车身曲线看起来没有那么流畅。

低车身
虽然大黄蜂的车身很低，几乎贴地疾驰，不过它的内部空间却非常大。在1954年，很少有汽车如大黄蜂一般拥有如此的舒适等级。哈德森早期的"宽车身"依据空气动力学原理制造，在那个时代也是数一数二的。

捷豹 *XK120*

在汽车极度匮乏的大不列颠,汽车制造仍然维持在"二战"前的水平,而1948年1月在伦敦举办的厄尔伯爵汽车展(Earl's Court Motor Show)则让当时的人们得以一瞥未来汽车发展的走向。这场展览的明星就是捷豹SS(Jaguar Super Sports)。无论从哪个角度去看,它都让人震惊。车型线条纯粹,完全不需要用铬来装饰。它的速度不可思议地快,捷豹XK120(Jaguar XK120)出产后,很快证明120确实意味着它能达到120mph(193公里/小时),这使它成为当时世界上最快的汽车之一。但是唯一的麻烦在于你根本买不到它。捷豹XK120最初只打算作为打品牌的短期产品推出,以展现捷豹的盛名。1948年在展览上的大受欢迎彻底改变了厂家原来的计划。手工精制、合金车身,1949年捷豹XK120出厂的速度好比挤牙膏,除非你像克拉克·盖博(Clark Gable)一样有名,否则别想搞到一部。随着1950年配件和配套设备的到位,XK120开始批量生产。今天,捷豹XK120仍然是人类历史上最迷人的汽车之一。

固定车顶的天堂
稀有的固定车顶跑车被认为是XK120中最耀眼豪华的车型。漂亮的车顶曲线、泪滴形车窗,让人想起美丽的布加迪(Bugatti Type 57SC Atlantic)。事实上,捷豹直到1951年3月才推出了固定硬顶车型,这种车型比双门敞篷跑车要稀有得多。

驾驶舱
驾驶舱有些狭窄,不过却很舒服。

轮胎
薄薄的交叉帘布层轮胎在大角度转弯的时候会给人更多的刺激。

捷豹 XK120

出口大赢家
XK120在国际市场取得了巨大的成功,85%的XK120都出口到了国外。

轮圈
标准配置的轮圈与捷豹沙龙车一样是钢质的。

规格

车型:捷豹XK120(1949—1954)
产量:12 055
车身风格:双门两座硬顶跑车、双门两座敞篷跑车
构造:铝质/钢质非承载式车身
发动机:3.4升,六缸双顶置凸轮轴,两个SU化油器
输出功率:160bhp at 5100rpm
变速箱:四速手动摩斯(Moss)变速箱,2—4挡同步啮合
悬挂:前轮叉臂及扭力杆弹簧独立悬挂系统,后轮叶片弹簧桥式悬挂系统
刹车:四轮30厘米液压鼓式刹车
最高速度:203km/h(126mph)
0—60MPH(0—96km/h)10秒
0—100MPH(0—161km/h)35.3秒
A. F. C:6.1—7.8km/l(17—22mpg)

双门两座敞篷小跑车的复兴

20世纪80年代,人们对许多双门两座敞篷小跑车都进行了整修,希望可以恢复当年风采。它们的流线型车身和完美的配比如今被广为传颂。

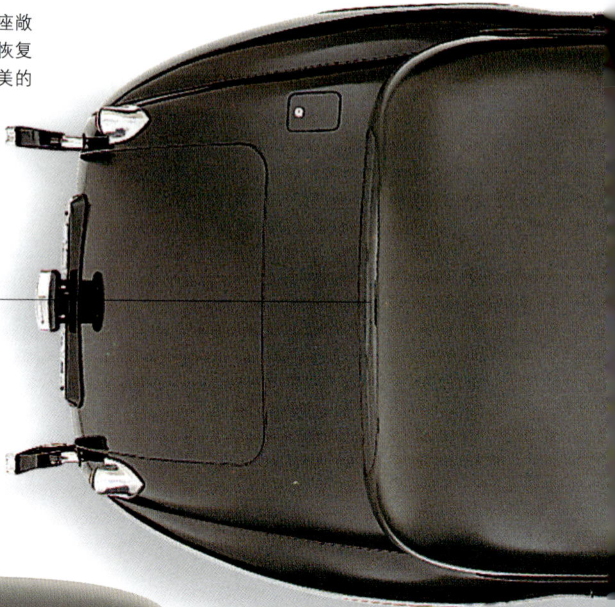

视野受限

固定硬车顶轿跑车的后部视野会受到一些限制,但是不管怎样,有了固定车顶,你才得以在英国潮湿多雨的夏天保持干燥。

最佳选择

捷豹的老板威廉·里昂斯(William Lyons)又一次成功施展了他的手段——提供给买家在这个价位上最物超所值的汽车。实际上,当时在这个价位上,也没有其他汽车了。

内饰

坐在XK120里的感觉相当不错,因为你被真皮和厚厚的地毯包裹着——豪华的内饰、布局实用的仪表,更有那咆哮的排气声。

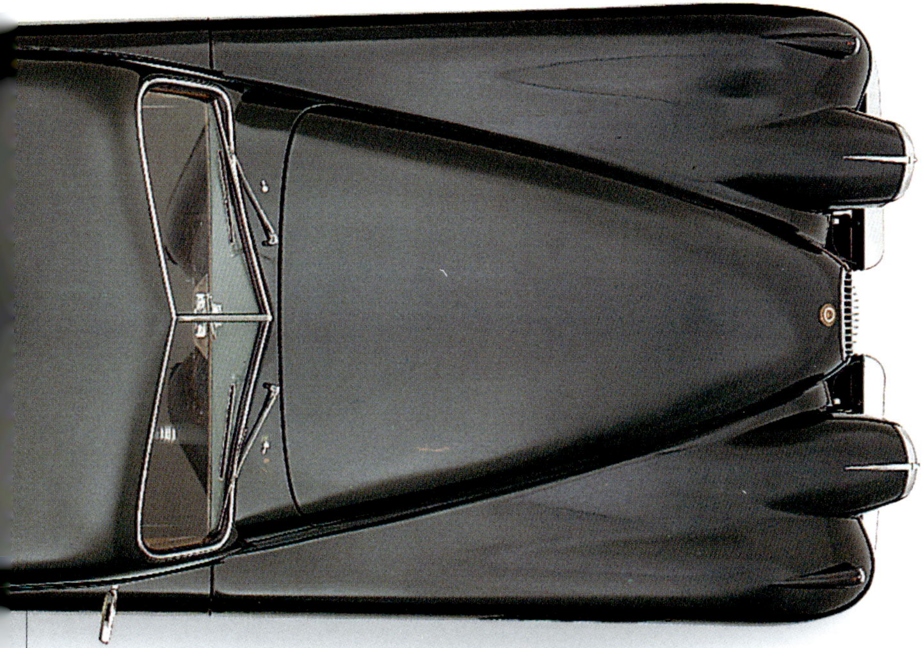

捷豹 XK120

出售梦想
早期宣传XK120的画册刊登了在1948年的车展上捷豹XK出产的第一部车经过精心修饰过的照片,真是漂亮。

发动机
XK的六缸发动机来自首席工程师比尔·哈尼斯(Bill Heynes)和瓦利·哈桑(Wally Hassan)的设计,而且在1986年之前都一直作为E系列(参见第308页至第311页)和其他捷豹车的动力。虽然发动机已经非常强劲,老板威廉·里昂斯还是坚持采用双顶置凸轮轴,使其与20世纪30年代的GP汽车类似。

输出功率
六缸发动机的输出功率为160马力。

双化油器
XK120通过两个SU化油器来呼吸。

捷豹 C型

捷豹C型（Jaguar C-Type）开创了捷豹的赛车传奇，也开启了这款来自英国考文垂的汽车与勒芒赛事的蜜月期。20世纪50年代，捷豹的老板比尔·里昂斯想要为英国赢得勒芒锦标赛的冠军，就像宾利（Bentley）在25年前曾经做过的那样。在测试过稍加改造的XK120后，1951年捷豹紧跟着推出了一款赛车，XK120C——也就是C型（C-Type）。C型不出意料地赢得了1951年、1953年的勒芒桂冠，只是在1952年没能夺冠。至此，C型确立了自己在汽车史上的地位，它为捷豹运动车的传奇奠定了基础，其后它的继承者D型车（D-Type）更进一步把这一传统推向顶峰。要知道，D型车在四年内赢得了三次勒芒24小时拉力赛的冠军。除了参加比赛，C型也向私人出售，但是大多数购买者还是将它用做赛车，而不是公路车。尽管如此，C型还是一部易于驾驭的公路车，我们在街上还是能看到许多C型的身影。当C型不再是最有竞争力的赛车时，大多数C型被当做高性能的公路车使用。

与量产车的相似点
捷豹老板比尔·里昂斯表示，C型将会与捷豹其他的量产车非常相似。他们将马尔科姆·赛耶（Malcolm Sayer）设计的车身安装在特制的车架上，以保持外观一致。

快速加油
快速弹开的油箱盖是赛车的另一个特性，这样能够在赛场上节省宝贵的时间。

上车
跨过车门上车比开车门上车更容易些，而乘客那边甚至连车门都没有。

行李箱空间
赛车不需要存放行李的空间，后甲板下是巨大的油箱。

捷豹 C 型

规格

车型：捷豹 C 型（1951—1953）
产量：53
车身风格：双门两座运动赛车
构造：管状底盘、铝质车身
发动机：捷豹 XK120 3.4 升，六缸双顶置凸轮轴，双 SU 化油器
输出功率：200—210bhp at 5800rpm
变速箱：四速 XK 低齿轮比变速箱
悬挂：前轮叉臂扭力杆弹簧悬挂系统，后轮刚性轴扭力杆弹簧悬挂系统
刹车：四轮洛克希德（Lockheed）液压鼓式刹车，后来改用邓禄普（Dunlop）盘式刹车
最高速度：232km/h（144mph）
0—60MPH（0—96km/h）8.1秒
0—100MPH（0—161km/h）20.1秒
A. F. C：5.7km/l（16mpg）

完美结合
捷豹保持了犹如向后蹲准备突袭的猫的外观造型，是美观与实用主义的完美结合。它能保证汽车在勒芒巡回赛高速狂奔中以完美的设计外形发挥的空气动力学优势，减小风阻增加速度。

刹车
1952 年，C 型引入了盘式刹车系统，虽然当时大多数汽车都采用鼓式刹车装备。

悬挂
筒式减震器使驾驶感更加顺滑流畅。

赛车

在其故乡，C型大多跑在赛道上。多数时候是在勒芒的赛道上，而较少参加诸如"银石"等短道巡回比赛。C型三次参加勒芒24小时经典大赛，两次夺冠。

发动机罩

采用了前铰链式发动机罩。这样的设计方便在比赛中随时调试发动机。

发动机

发动机来自XK120，将之放到C型上。六缸发动机的马力每年都得到提升，直至最后达到220马力。

发动机位置

发动机在车中的位置非常合适，已经准备全速前进！

捷豹 C 型

空气动力学影响

车型设计师马尔科姆·赛耶（Malcolm Sayer）曾经在飞机制造行业工作过，我们能够从C型完美的流线型设计中窥得一二。发动机上面的百叶窗帮助发动机散热，发动机罩通过能够快速开启的把手和皮质的安全带固定。

内饰

驾驶舱的设计原则是为比赛而生，而非舒适。但是驾驶舱的空间仍然足够容纳两个成年人（而不是只有司机的位置）。副驾驶位置的乘客可以紧紧抓住侧面的把手，以防司机在驾驶的时候还以为自己还在勒芒赛事中。在赛车版的内饰中，风挡玻璃采用单片式。而我们现在看到的这部车，则采用了另外定制的（三片式）全幅前部车窗。

捷豹 *XK150*

1957年春天，捷豹XK150（Jaguar XK150）首次发布，它是整个XK系列中最精致的一部车，也是捷豹采用非承载式车身的最后一批车型之一。捷豹XK150开启了捷豹运动车文化，它的腰身更宽大，也更加舒适。XK150一直保持着旺盛的市场需求，直到当时还是秘密武器的E型（E-Type参见第308页至311页）于1961年做好发布准备时，才被抢去风头。20世纪50年代晚期，XK150的确是一部炫目的超级汽车，它和当时的阿斯顿·马丁（Aston Martin）一样漂亮，但是却比阿斯顿·马丁便宜了1500英镑。1958年3月，它的"S"性能包（S performance package）带来了更多的动力，使3.4升的发动机功率输出上升至250马力，到了1959年，3.8升的发动机输出飙升至265马力。捷豹XK150的款式包括双门敞篷跑车、双门硬顶跑车。XK150在4年里卖掉了9400部。在捷豹E型推出后，XK150逐渐衰落。

沙龙车后部
从后面看，固定的后部有着明显的沙龙车线条、弧线的后车窗、巨大的全包围式保险杠、宽轮胎以及又大又深的行李箱。

减价
XK150如今价格下跌，你可以用买奥斯汀-希利（Austin Healey 3000）、戴姆勒达特（Daimler Dart）或者是新宾泰格（Sunbeam Tiger）的价钱就可以买一部了。

捷豹 XK150

稀有
最罕见的车型是XK150的敞篷跑车,一共只生产了193部。

经典的直列六缸发动机
XK150于1949年首次搭载了配备双顶置凸轮轴的直列六缸发动机,直到1986年,这款经典的发动机才正式退役。

犹如猫的姿态
在传统的底盘上,是拥有美妙曲线的车身。衔接与曲度都完美无瑕。由于20世纪50年代的汽车厂商很少关注如何防锈,所以非常遗憾的是,那个年代所有的捷豹都非常容易生锈。

规格

车型:捷豹 XK150(1957—1961)
产量:9400
车身风格:双门两座硬顶跑车,双门两座敞篷跑车
构造:钢质非承载式车身、箱型结构、侧梁
发动机:双顶置凸轮轴直列六缸发动机;3.4升或者3.7升
输出功率:190bhp at 5500rpm(3.4);210bhp at 5500rpm(3.8);265bhp at 5500rpm(3.8s)
变速箱:四速手动变速箱,可选超速挡;或者三速博格华纳(Borg Warner)8型自动变速箱
悬挂:前轮独立悬挂系统,后轮叶片弹簧桥式悬挂系统
刹车:四轮邓禄普(Dunlop)盘式刹车
最高速度:217km/h(135mph)
0—60MPH(0—96km/h)7.6秒(3.8s)
0—100MPH(0—161km/h)18秒
A. F. C:6.4km/l(16mpg)

捷豹 *E型*

当捷豹的老板威廉姆斯·里昂斯,如今我们称他为"威廉爵士",于1961年3月在日内瓦车展上为捷豹E型(Jaguar E-Type)揭幕的时候,收到了狂热的回应,这重新点燃了人们对1948年英国的XK120(参见第298页至300页)发布时的记忆。捷豹E型,在美国称为XKE,轰动一时。英国汽车杂志在新车发布同一时间做的路试表明,这部双门固定硬顶跑车的速度能达到惊人的242公里/小时(150.4mph)。或许路试的参数有些吹牛,最早购买捷豹E型的人发现233公里/小时(145mph)的最高时速可能是一个比较可靠的数字。无论如何,传奇诞生了。它不仅是一部令人惊异的、车身线条柔美的运动车,更是捷豹运动车的典型标志,又一次将超级性能与超值的价格结合起来。与捷豹运动车同样著名的跑车,诸如阿斯顿·马丁和法拉利,则需要两倍多的价钱才能买到。

最佳品种

E型在1961年3月15日的日内瓦车展上首次发布时引起的轰动,如今已经是捷豹传奇的一部分,并广为传颂。第一批捷豹E型的硬顶跑车——如今被称为"平板"的车型——直到1962年6月才出产,却是所有车型里最昂贵的。其实驾驶者的搁脚位置设计成平板是一个缺陷,后来搁脚位置采取了凹陷的设计,为身材高大的驾驶者提供方便和舒适。

操控系统

捷豹的汽车后部采用了全新的独立悬挂系统。虽然捷豹在雨天等限制条件下的操控曾经受人诟病,但是在那个年代,E型的操控基本上是无所不能的。

轮圈

超密齿钢丝轮圈是六缸的E型公路车的标准配置,而盘式钢质轮圈则是V12版本的标准配置。

捷豹 E型

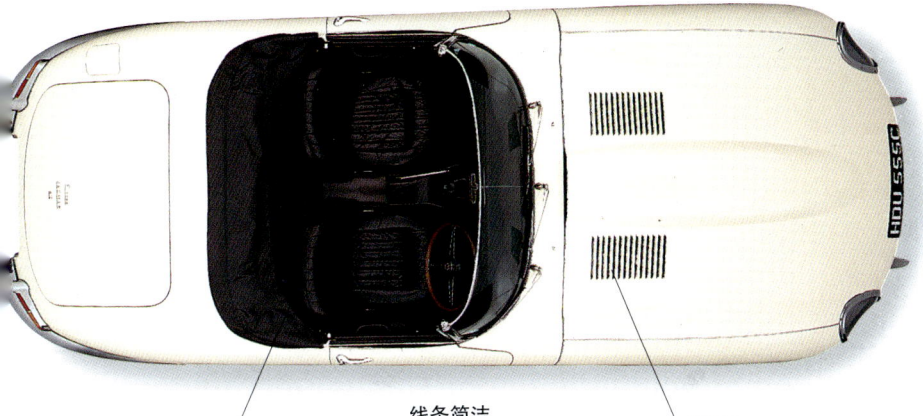

座椅
3.8升的凹背座椅因为后背很薄受人诟病。我们现在看到的4.2升的车型里,座椅靠背的厚度得到了极大的改善。

线条简洁
设计师马尔科姆·赛耶(Malcolm Sayer)坚称自己是空气动力学专家,不愿别人称自己为设计师。他认为E型是第一款以"数学"的精准来设计的量产车。

通风口
百叶窗式的通风口可不是为了美观,E型,尤其是早期的E型,在炎热的天气就会变得滚烫。

车灯罩
1967年,虽然美观但却不实用的车灯罩被取消了。

刹车
从第一部E型开始,四轮盘式刹车就是标准配置。

车篷
车篷落下后整齐地叠放在汽车后部的布罩之下。

保险杠
薄薄的镀铬保险杠很漂亮,但是并不能提供足够的保护。

警报器
在纤细的保险杠上方是汽车尾灯。从1968年开始,发布了"2"系列,尾灯组改在保险杠下面。可拆卸的硬顶也被设置为可选配置之一。

美国市场
E型在出口市场的巨大成功可以用如下事实得到证实——每制造三部车,其中两部就会出口到国外。虽然在所有的量产E型中,硬顶跑车超过一半,但是最受国外市场青睐的是公路车,大多出口到美国。具有讽刺意味的是,正是美国的汽车排放法规,扼杀了这部超级跑车的表现。

规格

车型:捷豹E型(1961—1974)
产量:72 520
车身风格:双门两座敞篷跑车、双门两座硬顶跑车、双门2+2硬顶跑车
构造:钢质一体构造
发动机:3.7升直列六缸发动机,4.2升直列六缸发动机,5.3升V12发动机
输出功率:265—272bhp
变速箱:四速手动变速箱,自1966年后可选配自动变速箱
悬挂:前轮叉臂、扭力杆弹簧独立悬挂系统;后轮螺旋弹簧独立悬挂系统
刹车:四轮盘式刹车
最高速度:241km/h(150mph)(3.8&4.2)230km/h(143mph)(5.3)
0—60MPH(0—96km/h)7—7.2秒
0—100MPH(0—161km/h)16.2秒(3.8)
A. F. C:5.7—7km/l(16—20mpg)

捷豹 E 型

雨刷器
罕见的运动型三段式雨刷器已经让位于1971年搭载了V12发动机车型上的双刃雨刷系统。

内饰
"1"系列4.2升车的内饰完美地呈现了运动车的奢华——真皮座椅、木纹方向盘,以及一系列的仪表和扳钮开关——后来被不那么运动的摇杆摇臂开关所取代。3.8升车则采用铝质的中控台面板和变速箱通道护板。

经典的发动机罩
从这个角度看,E型那凸起的、精心雕琢的发动机罩至今仍然是最经典的发动机罩之一。

杰森 截击者

杰森截击者（Jensen Interceptor）正是那种每10年就会出现一次的伟大汽车。出产于（英国）伯明翰一个小工厂，不可思议地克服了造车资源的匮乏，这部车突出的"下巴"和足够使轮胎烧烟的强劲动力，终于让小小的杰森公司声名远播。这部车是多种风格的绚丽结合——意大利风格的车身、美国制造的V8发动机和英国优雅的精工制造——这使它成为20世纪60年代末和70年代时髦人士的首选车型。杰森截击者英俊、时尚而且速度不可思议地快，但是它的巨大缺陷在于其可怜的燃烧效率——只有3.5km/l（10mpg）。杰森公司经历过两次石油危机和一次全球范围内的经济衰退，还在不幸的杰森-希利（Jensen-Healey）项目中遭受了巨大的经济损失，不得不于1975年申请破产，最终于1976年5月关门倒闭。

超越时间的时尚
截击者在其存在的10年内，几乎没有改变它的未来主义风格造型，并被公认为那个时代最有创新的汽车设计。这款经典的汽车外形设计由意大利设计公司维格纳尔（Vignale）操作。从最初构想到汽车下线，只用了3个月的时间。

车窗
把后车窗抬起就可以看到巨大的行李箱空间。

车身
车身采用全钢质造，对于防锈工艺并没有给予足够重视。早期的车型大多锈得厉害。

杰森 截击者

规格

车型：杰森 截击者（1966—1976）
产量：1 500
车身风格：全钢质，双门四座硬顶跑车
构造：管状结构，制钢框架
发动机：6.2升 V8发动机
输出功率：325bhp at 4600rpm
变速箱：三速克莱斯勒托克弗莱特自动变速箱
悬挂：前轮独立悬挂系统，后轮桥式悬挂系统
刹车：四轮格林（Girling）盘式刹车
最高速度：217km/h（135mph）
0—60MPH（0—96km/h）7.3秒
0—100MPH（0—161km/h）19秒
A. F. C：4.9km/l（13.6mpg）

漂亮的内饰

路试员总是抱怨截击者的仪表盘仿佛一架小型飞机的仪表盘一样复杂。但是它的内饰的确非常美丽，用最精良的真皮手工制成，再加上威尔顿（Wilton）地垫。

简单的机械装备

一个巨大的化油器，只有一个凸轮轴，杰森截击者有着简洁的灵魂。

发动机

克莱斯勒6.2升V8发动机值得信赖，能带来直线加速的快感。

轮胎

邓禄普（Dunlop）的SP型轮胎取代了1968年之前的较窄的RS5。

凯撒 达林

"世界期待已久的运动车"是一个巨大的失败。由霍华德·达奇·达林（Howard "Dutch" Darrin）设计，凯撒公司（Kaiser）于1953年推出这款奇怪的汽车纯属偶然。态度粗暴的凯撒联合公司主席亨利·J·凯撒（Henry J. Kaiser）惹恼了设计师达林，达林愤然离开凯撒公司总部的办公室，回到位于加利福尼亚州的工作室，自己出钱，制造了这样一款像女士钱包盖一样的两座车，从车前面看上去就像要给你一个吻。代表未来汽车走向的玻璃纤维车身安置在亨利J.的底盘之上，配备了威利斯六缸发动机。唉，可惜车身总是嘎嘎作响，滑门总是滑不动，仅有90马力的输出无论如何也比不上华丽的雪佛兰克尔维特。而凯撒达林（Kaiser Darrin）售价3668美元，这个价格却已经达到凯迪拉克的范围内，最终只卖出了435部。1954年年底，凯撒-威利斯（Kaiser-Willys）破产了，也连带着达林一并迈向死亡。对于这两者的逝去，并没有什么人表示哀悼。

真正的经典
达林的设计风格美丽至极，与许多汽车不同，它如今开起来也几乎毫不过时。朗道（译注：Landau，一种软顶敞篷车的顶部造型，兴起于20世纪30年代）造型的软顶可以移去，换上硬顶。配有三速地板式变速箱，带有超速挡，能够开到极佳的9.6公里/升（27mpg）。

两翼外形
后翼逐渐收紧，看上去仿佛鱼雷一样。

车身外壳
达林的车身外壳由游艇制造商格拉斯帕（Glasspar）制造。

后翼
当年，它的后翼和后车灯的处理都受到了限制，使人联想起捷豹XK。

凯撒 达林 315

内饰
内饰标准配置包括电子雨刷器控制杆、转速表以及欧洲风格的仪表盘。皮质装饰座位是可选配置。标准配置还包括白胎壁轮胎和一片式风挡玻璃。

规格

车型：凯撒 达林（1954）
产量：435
车身风格：双门两座硬顶跑车
构造：玻璃纤维车身，钢质框架
发动机：2.5升六缸发动机
输出功率：90bhp
变速箱：带有超速挡的三速手动变速箱
悬挂：前轮螺旋弹簧悬挂系统；后轮叶片弹簧悬挂系统
刹车：四轮鼓式刹车
最高速度：161km/h（100mph）
0—60MPH（0—96km/h）15.1秒
A．F．C：9.6km/l（27mpg）

滑动式车门
早在1922年，霍华德·达林就有了充满争议的汽车滑拉门设计的最初构想。问题是车门总是咯吱咯吱响，滑动不畅，无法从每个角度都能拉开车门。

能力有限的六缸发动机
六缸发动机只能带来161公里/小时（100mph）的最高时速。

时髦的选择
广告称这部车为"我们这个时代最能给人带来愉悦的汽车"。

推迟面世

达林的发布着实花费了一段时间。1952年9月26日就对外公布即将发布新车,结果到了1953年2月11日才面世。而量产车到达买家手中的时候已经是1954年1月6日了。

上升的车轮拱线条
曲线很美丽。前侧翼线条顺着车门倾斜向下,在后轮拱的位置又陡然上升。

驾驶室空间
硬顶车型比较顶车型的驾驶室空间更大些,也没有拥挤闭塞的感觉。

侧车窗
可翻转的有机玻璃侧车窗可以减少驾驶室的风流。

安全带
达林是全美第三款将座椅安全带设为标准配置的汽车,这非常了不起。其他两款是蒙兹(Muntz)和纳什(Nash)。

车头灯
原型车的车头灯太低,不符合美国联邦道路灯光管理条例,所以在制造量产车的时候,凯撒公司的设计师将前车翼的线条抬高了。

凯撒 达林

底盘
达林的血统与亨利J.的底盘和发动机并无多大关联。

发动机
也可选装F头的威利斯版本的亨利J.六缸发动机，但是只配备了一个化油器，仅比标准配置多了10马力。在公司合并后，达林并没有采用来自凯迪拉克的300马力V8机械增压发动机，结果开起来糟透了。

大众公司风格
从前面看，达林与大众公司早期的卡曼吉亚（Karman Ghia）非常类似。

售价
90马力的达林比150马力的雪佛兰克尔维特还要贵145美元。

并不愉快的合作
亨利·J.凯撒对霍华德·达林在未经许可的情况下，就在这部车上大动手脚而怒不可遏。最后，亨利的妻子拯救了达林——她认为这部车是她曾经见过的"最美丽的东西"。

英国人的车尾
虽然设计出自美国加利福尼亚人之手，不过从后面看，却特别像一部英国产的汽车。

凯撒 亨利·J.科塞尔（海盗船）

20世纪50年代，几家大型的汽车厂商意识到，出产小型汽车的利润极其有限，于是低价车的市场就留给了诸如纳什·威利斯（Nash Willys）和凯撒费雷泽（Kaiser-Frazer）这样的小型独立汽车公司。1951年凯撒公司发布了一款流线型的"美国最重要的新车"——亨利·J.（Henry J.）。只有80马力的六缸发动机非常省油，凯撒公司更声称，亨利·J.跑3英里（4.8公里）用的油相当于其他车跑2英里（3.2公里）的路。免费赠送1英里！不过市场却并没有买账。售价1561美元，亨利·J.的价格比最便宜的大尺寸雪佛兰汽车还要贵一些，做工却不如后者，因而迅速贬值了。亨利·J.只制造了10.7万部。事实上，美国第一款真正意义上的燃油经济型汽车是在1958年美国商业衰退期间推出的，也就是亨利·J.发布7年后。如果亨利·J.能在延后到那时推出，倒真有可能成为一款畅销车。

小车型
霍华德·达奇·达林（Howard "Dutch" Darrin）最初设计亨利·J.的时候是按照一辆全尺寸乘用轿车来设计的，但是顽固的凯撒公司老板却坚持将其改成了小型车。

车翼
前后车翼的面板都是用螺栓锁紧的，这也是亨利·J.的省钱哲学之一。

轴距
2.54米的轴距不算长，但是内部空间并不小。

凯撒 亨利·J. 科塞尔（海盗船） 319

仪表盘上的控制开关
仪表盘上的控制开关非常少，只有发动机点火开关和车灯开关。

科塞尔的内部
科塞尔的内部非常俭朴。除了超速挡和自动变速箱之外，几乎没有其他的东西。

车顶线条
科塞尔的车顶非常高，这是因为凯撒公司的老板总是戴着帽子！

规格

车型：凯撒 亨利·J. 科塞尔（海盗船）（1952）
产量：12 900（1952年款）
车身风格：双门五座三厢轿车
构造：钢质车身和底盘
发动机：2.1升四缸；2.5升六缸
输出功率：68—80bhp
变速箱：三速手动变速箱，可选超速挡；或者是三速液压自动式自动变速箱
悬架：前轮螺旋弹簧悬挂系统；后轮叶片弹簧桥式悬挂系统
刹车：四轮鼓式刹车
最高速度：140km/h（87mph）
0—60MPH（0—96km/h）17秒
A. F. C：12km/l（34mpg）

颜色
绸缎蓝只是9种可选颜色之一。

行李箱空间
把后座放倒，行李箱的空间可谓是任何载客轿车中最大的。

兰博基尼 缪拉

兰博基尼缪拉（Lamborghini Miura）在1966年日内瓦汽车博览会上首次发布时，就注定是一款超级跑车，这在当时的汽车界可是一件惊天动地的大事！它漂亮到令人窒息，技术超级卓越，速度不可思议地快。这款车是3个20出头的年轻人头脑风暴的智慧结晶。最棒的是，缪拉被公认为如果有钱最想买的车，它包含了极其犀利的外形，令人惊异的表现，精准的稳定性，最高时速更可达到282公里/小时！从缪拉锋芒毕露的车身线条和冲击力，到令人震惊的大胆用色——就连兰博基尼公司自己都觉得是不是太过于未来，以至于卖不出去。缪拉完美呈现了20世纪60年代中期的时代特征。但是随着20世纪70年代石油危机的发生，缪拉的前景日益暗淡，终于在1973年被并非十分讨人喜爱、在很多人眼中并不如缪拉的康塔什（Countach，参见第324页至第327页）所取代。

与GT40类似

中置发动机的兰博基尼的外形和布局配比与福特的GT40（参见第256页至第259页）非常类似，但是发动机却是由曾保罗·达拉拉（译注：Gianpaolo Dallara，在兰博基尼时任首席工程师，1936—　，意大利帕尔玛人）制造的。缪拉的核心部分是钢质底盘框架加上前后支架，以支撑整个汽车。这条产品线上的最后一台"疯狂快速"（SV, Super Veloce）就是最精致的缪拉，有着更大动力，更坚韧的底盘和重新设计的悬挂系统。

隔音

为了减少驾驶舱内听到的发动机的咆哮，兰博基尼在发动机和驾驶舱之间加上了10厘米厚的聚苯乙烯隔音层。

后翼

SV的后翼外观与早期的车型都不相同。

兰博基尼 缪拉

车灯
缪拉的标准配备车灯与菲亚特850相同。

车身高度
缪拉只到人的腰线那么高——107厘米。

内饰
标准配置的内饰是没有留下深刻印象的燕麦色乙烯基材质的内饰。

持久的风格
长而低的车身、精致的外形,缪拉至今仍然被认为是有史以来最英俊、最具有雕塑感的汽车之一。车身如此之低,车头灯不得不设计成高角度,以达到足够高度照亮前方。

罕见的SV
一共只出产了150部SV。这其中只有部分SV采用了"分开的机油箱",即发动机和变速箱采用独立的机油。

加速
就算是与今天的超级赛车相比,缪拉的加速也毫不逊色。

尾部动作
由于缪拉的坐姿非常低,因此根本没有翻车的可能性。因此在车尾甩尾的时候根本没有警示。实际上以这样的动力,在高速行驶的时候必定要发生甩尾的。

发动机
中置的V124升发动机横向放置,是为了避免汽车的轴距过长。为了节省空间,变速箱、主减速器和曲轴箱都铸造在一起。在十二活塞之下,是四链传动凸轮轴、二阀门和四腔化油器。

兰博基尼 缪拉

规格

车型：兰博基尼 缪拉（1966—1972）
产量：大约800
车身风格：双门两座硬顶跑车
构造：钢质底盘，轻合金与钢质车身
发动机：横置V12 4升
输出功率：P400, 350bhpat 7000rpm;
P400S, 370bhpat 7700rpm; P400SV,
385bhpat 7850rpm
变速箱：五速变速箱
悬挂：四轮独立悬挂系统
刹车：四轮通风盘式刹车
最高速度：282km/h（175mph）(P400SV)
0-60MPH（0-96km/h）：6.7秒
0-100MPH（0-161km/h）：15.1秒
A. F. C：5.7km/l（16mpg）

轻与大马力
缪拉拥有令人印象深刻的动力重量比，功率能够达到385马力，重量仅仅为1200千克。

加油盖
加油盖隐藏在发动机罩的条板下。

前部翘起
危险的空气动力学设计意味着达到时速274公里/小时（170mph）的时候，缪拉的两个前轮都会离地。

变速箱
变速箱的性能令人沮丧，操作起来感觉好似卡车，完全配不上缪拉华丽的发动机。

内饰
驾驶舱看上去十分简单，但细节精致，配备了巨大的积家（Jaeger）时速表和转速表。中控台左边的6个小仪表时刻检测着汽车的行驶状况。合金材质的变速箱挡位指示面板，是手工打造的艺术精品。

兰博基尼 康塔什 5000s

兰博基尼康塔什（Lamborghini Countach）在1971年的日内瓦汽车博览会上为取代缪拉的车型首次推出。发动机由简保罗·达拉拉设计，绝妙的外形设计意大利博通公司（Bertone）的马塞罗·甘迪尼操刀。康塔什是一部精细复杂纯手工制作的超级跑车，"俯冲而下"的外形向世人展示了它极高的性能。19 年，4.75升375马力的V12发动机给即将推出的法拉利特斯塔罗萨（Ferra Testarossa）一个下马威。没有其他的中置发动机汽车能像康塔什这样，发动机纵向放置多管立体构架上，还有在侧面的两个汽油箱和两个水箱；汽车内部，视野很糟糕，转向重，变速并不顺畅，驾驶室狭窄。然而，这一切缺点在康塔什令人惊异的性能面前根本值一提，甚至成了独具个性的特点——要知道康塔什能够达到301公里/小时（187mph）最高时速，0—60加速（96公里/小时）仅需要5秒！这还不够吗？

打破常规

兰博基尼康塔什的外形是创意天才的颠覆之作，它推翻了一切汽车设计的既定规则。车身侧面车窗下的进气口打破了车型的楔形曲线，形成了一个既成的凹陷，也成了车门开关的把手。

进气口

进气口为剪刀门提供了理想的把手。

声音效果

就在离发动机舱几英寸远的驾驶舱里，所有的乘客都能听到发动机咆哮的美妙音乐。

轮圈轮胎

如同压路机一般的12J五孔合金轮圈加上超低断面轮胎。

兰博基尼 康塔什 5000s

车门
剪刀门简直是一件艺术极品,即便在最早的车型上也完美无缺。

经典底盘
在合金面板下面是复杂的鸟笼状的立体构架底盘。重量配比接近50/50,康塔什的平衡性是一个传奇。

储藏空间
行李箱只能放下一只过夜的包。

操控
依靠完美的重量配比,康塔什几乎可以精确地达到任何指定方向和位置。

内饰
驾驶舱内饰非常俭朴，排列理。开关和控制杆来自菲亚和蓝旗亚（菲亚旗下品牌）。由车身保护不足，大部康塔什的车身都有痕。

悬挂
独立前后悬挂带有Y形臂和螺旋弹簧

规格
车型：兰博基尼 康塔什 5000s（1973—1990）
产量：大约1000
车身风格：中置发动机，双门两座硬顶跑车
构造：合金车身立体构架底盘
发动机：4.7升四凸轮轴V12发动机
输出功率：375bhpat 7000rpm
变速箱：五速手动变速箱
悬挂：四轮双叉臂螺旋弹簧独立悬挂系统
刹车：四轮通风盘式刹车
最高速度：301km/h（187mph）
0—60MPH（0—96km/h）：5.1秒
0—100MPH（0—161km/h）：13.3秒
A. F. C：3.2km/l（9mpg）

庆祝
1985年推出的兰博基尼25周年纪念版是为了庆祝5000s和更加卓越的Quattrovalvole 5000s。

兰博基尼 康塔什 5000s

"大"汽车

康塔什身上的每一样东西都那么"大"——四出排气、四凸轮轴、十二缸、6个45DCOE韦伯(Weber)化油器,还有比在路上跑的任何汽车都宽大的轮胎。

巨大包围
要一个世纪才能习惯康塔什加宽的车身。

倒车
康塔什倒车有点儿像启动"玛丽皇后号"。最好的方法是打开剪刀门,身子向外坐在车门槛上,从你的肩头往后看着倒车。

省油?
4.75升的发动机从没有想过要省油,每跑3.2公里就要喝掉1升汽油。

蓝旗亚 奥莱莉亚 B24 蜘蛛

这部可爱的小小蓝旗亚（Lancia）的美丽，不止停留在车身表面。在它迷人的肌肤下面，是苗条的平尼法瑞那小蛮腰，奥莱莉亚（Aurelia）的内里充满着动力十足的机械设备。让我们从紧凑的合金V6发动机开始说起。维托瑞·加诺设计了这具V6发动机，他还曾经负责20世纪20年代和30年代的阿尔法罗密欧的设计。这台加速快、扭力强劲的V6发动机是蓝旗亚首批大量生产的V6发动机。然而，革新并不仅局限在汽车的前部，后部为变速箱与差速器合为一体的驱动桥传动装置，使得奥莱莉亚拥有了近乎完美的重量配比。这些革新首次与平尼法瑞那设计的车身联袂现身于1951年，制造出奥莱莉亚B20 GT 双门跑车，这款通常被视为"二战"后首批现代GT车的代表。当你爬上这部超级跑车之后，一切就都清楚了：虽然它并不是加速最快的车型，但是它的操控简直完美无缺，以至于驰骋了40年后，你仍然会对它精准的弯道表现赞叹不已。

家族相似性
蜘蛛与奥莱莉亚沙龙车有许多类似的地方，这是同一家族的相似，甚至与GT的车型也颇有类似。但是蜘蛛具有以上这两种车型里都没有的曲面风挡玻璃和同样抢眼的小包围。而且蜘蛛的前格栅也与两者略微不同。

行李箱空间
奥莱莉亚蜘蛛的行李箱空间比同时代的两座车要大许多。

命名
蜘蛛和敞篷车被命名为B24奥莱莉亚。B10、B15、B21、B22都是四门沙龙车。B20是GT跑车。

双排气
在欢乐的汩汩声中又加入了颤动嘶哑的声音，这正是双排气的音乐。

蓝旗亚 奥莱莉亚 B24 蜘蛛

稀有的蜘蛛
蜘的产量非常少，且大部分都出口美国。

敞篷
如果你拥有了一部B24 蜘蛛，那么你就得到了B20跑车的所有优良性能外加新鲜空气。今天，这部罕见而独具风格的双门敞篷跑车是整个卓越的车系家族中价格最昂贵的。

蜘蛛的独特标志
蜘蛛的发动机罩上的进气口是奥莱莉亚车型的独特标志。

发动机
可调节60度V6发动机能够以32公里/小时（20mph）的速度，在最高挡位将转速拉升到5500rpm。

右舵驾驶
一直到奥莱莉亚之前，蓝旗亚生产的汽车全部采用右舵驾驶，即便在（意大利）本土市场也是如此。后来改用的左舵驾驶使得右舵车难得一见了（译注：奥莱莉亚B24为其公司第一部右舵驾驶汽车，意大利为左舵驾驶国家）。

内饰
在涂漆的金属仪表盘上只有三个主要仪表和一系列的开关。蜘蛛并没有采用当时英国汽车制造商认为的营造奢华运动车必不可少的胡桃木和皮革内饰。优雅的可调节意大利纳蒂（Nardi）方向盘是蜘蛛的标准配置。

发动机
奥莱莉亚配备了世界上第一批大规模生产的V6发动机，全合金发动机从1.7升到1.9升，更有配备在B24 蜘蛛身上的2.4升发动机。

平衡性
为了达到完美的平衡，采用后置变速箱与差速器合为一体的驱动桥传动装置，以平衡发动机的重量。

势如破竹的两翼

在平尼法瑞那制造的富于曲线美的外形中,尤其以势如破竹的两翼和长长的行李箱为佳。蜘蛛的车门槛很高,一体车身结构使车门很小。车身保护措施也很简单。B24配备了一个简单的软顶以及位于两侧的塑料车窗。

旗帜标志

车尾上的标志,是两面交叉的旗帜。这代表着负责汽车机械构造设计和制造的蓝旗亚,与负责汽车车身外观设计和制造的平尼法瑞那的结合。

规格

车型:蓝旗亚 奥莱莉亚B24 蜘蛛(1954—1956)
产量:330
车身风格:双门两座敞篷跑车
构造:钢质一体车身,箱式底盘
发动机:双顶置气门铝合金V6发动机,2.4升
输出功率:118bhp at 5000rpm
变速箱:四速手动变速箱
悬挂:前轮螺旋弹簧悬挂系统;后轮叶片弹簧迪氏悬挂系统
刹车:四轮液压鼓式刹车
最高速度:180km/h(112mph)
0—60MPH(0—96km/h):14.3秒
A. F. C:7.8km/l(22mpg)

赛车血统

在B20GT跑车的基础上生产了B24蜘蛛,这款车在老爷车1000英里(1600公里)耐力赛(Mille Miglia)和勒芒赛事中都有胜出。

蓝旗亚 斯彻特斯

蓝旗亚斯彻特斯（Lancia Stratos）最初是以赢得拉力赛冠军的赛车标准制造的，后来才被改造成为公路车。当时由菲亚特掌控的蓝旗亚公司推出了勇敢的计划，打算制造一部全新的赛车以赢得世界汽车拉力赛（World Rally Championship）的桂冠。配备了法拉利迪诺（Ferrari Dino，参见第238页至24?页）的V6发动机，斯彻特斯于1974年、1975年和1976年连续三年成功获取拉力赛冠军。拉力赛的竞赛规则规定，同一款车参赛必须至少出产500部。斯彻特斯参加比赛用了4?部，剩下的车遍布全欧洲的展馆，经年累月未曾销售出去，甚至一度不得不作为奖励销售额最高的蓝旗亚经销商的奖品白送给他们。虽然斯彻特斯从始至终都没能作为商品推向市场，但它令人难以置信地结合了优雅、优越的性能以及使你瞬间如雷击般的操控感受。

短而粗的风格
比MK II 艾斯考特（MK II Escort）要短，与菲亚特850的轴距一样，斯彻特斯矮胖的楔形外形看上去长与宽几乎差不多。前后杠采用玻璃纤维材质，里面配有更坚硬的钢质防撞梁。风挡玻璃是由从圆柱形的玻璃体整体切割下来的薄片制成的，这样做的目的是防止变形。不论你怎么看待斯彻特斯的外形，毫无疑问，这部汽车华丽的金属质感实在令人叫绝。

轮圈
康帕杰罗（Campagnallo）合金轮圈配合倍耐力（Pirelli）P7F的橡胶轮胎，这里的F代表采用了较软的轮胎配方，这也意味着汽车要损失一点点附着力。

组装
博通（Bertone）制造了车身，后来，蓝旗亚在意大利都灵的基瓦首工厂又进行了一些改动。但却适得其反，外形显得有些笨拙。

犀利的车头
犀利的汽车前部隐藏着备胎、散热器和两个恒温控制冷却风扇。

蓝旗亚 斯彻特斯 333

后部视图
在20世纪70年代流行的亚光黑色塑料后车窗板条有些妨碍向后视野。升高的后扰流板，以保证后轮能够贴在地上，如同口红印在衬衫领子上。

规格

车型：蓝旗亚 斯彻特斯（1973—1980）
产量：492
车身风格：中置发动机，双门两座硬顶跑车
构造：玻璃纤维和钢质底盘、车身
发动机：2.4升横向中置V6发动机
输出功率：190bhpat 7000rpm
变速箱：五速手动变速箱
悬架：四轮叉臂螺旋弹簧独立悬挂系统
刹车：四轮盘式刹车
最高速度：230km/h（143mph）
0—60MPH（0—96km/h）：6.0秒
0—100MPH（0—161km/h）：16.7秒
A. F. C：6.4km/l（18mpg）

安全杆
一旦翻车，安全杆将会给汽车驾驶舱提供保护。

悬挂
后部悬挂系统颇具蓝旗亚"贝塔"（Lancia Beta）风格的支杆，带有下叉臂。

内饰

幽闭的驾驶舱加上糟糕的后视野,斯彻特斯恐怕无望成为一部日常用车。汽车宽1.72米,驾驶舱却很窄,这让方向盘看起来就好像是在汽车的正中央一般。组合工艺也不甚理想,面板之间总有大缝隙,电子配件也很糟糕,通风系统甚至从来不工作。

舒适性

平顶的驾驶舱有些拥挤,还看上去比较廉价,不舒服,而且舱内不可思议地热。

赛车

拉力赛版本采用了每缸四阀门的V6发动机。

车重

斯彻特斯的2/3采用玻璃纤维材质,因此重量较轻,大约刚过908千克。

驾驶者的汽车

驾驶斯彻特斯并不容易。你几乎是坐在汽车的中央,脚踏板在左侧,而方向盘却在右侧。猛地加速、转向过度,发动机散发出来的大量热气使它难以驾驭。

蓝旗亚 斯彻特斯 335

拉力赛冠军
蓝旗亚委托博通公司制造一部"绝不容许失败"的拉力赛利器，于是，1971年斯彻特斯在都灵车展上面世了。虽然它获得过三次世界锦标赛的冠军，但是斯彻特斯的公路车销售还是非常慢，以至于到了1980年，你还能买到斯彻特斯的新车。

后罩
拆掉两个别扣，就可以打开玻璃纤维的后罩来维护维修中置发动机。

发动机
从迪诺246（Dino 246）中直接移植动力，190马力的横向中置V6发动机的四链传动凸轮轴在合金缸盖下旋转——离你的耳朵只有15厘米远。离合器和油门都非常不灵活，这使流畅驾驶成为一种奢望。

内陷的车窗
有机玻璃侧车窗的位置凹陷，这样当车窗玻璃完全打开的时候，不会在驾驶舱引入涡流。

林肯 卡普里

　　林肯的广告坚称,1958年的卡普里(Capri)"不过分炫耀却令人印象深刻",而且"雅致、优美",这广告语可算是史上最拙劣的鬼话了。事实上,卡普里是一场风格上的梦魇——重达2.5吨的巨大车体重量,雕刻般突出的车轮拱罩,古怪的斜向上的头灯。而且,它采用了巨大的6.8升大陆V8发动机,是当时美国出产的汽车中能找到的最大的发动机。卡普里看上去一团糟的外形,加之遭遇1958年的经济衰退,使得销量比前一年(改款前)锐减一半。福特公司意识到卡普里发布时机的糟糕好比埃德塞尔(Edsel)。不过需要说明的是,这部奢华的林肯倒的确具备一个优势——速度快而且操控性好。一本杂志曾经这样评价这部车:"除了林肯以外,几乎没有其他的大型车能够在转弯时如此紧凑,或者在高速行驶的时候能够这样易于操控。"这得益于其承载式车身结构、后部螺旋弹簧和强有力的全新刹车系统。卡普里是濒临灭绝的最后一批恐龙。卡普里之后,汽车过度装饰的俗气时代终于过去。

林肯改版

1958年的林肯大改版的结果并非林肯公司最满意的一次。1957年车型上轻浮愚蠢的尾鳍被大规模减小,但是突出的车身和扇子褶状的车翼并没有大的改观,仍然一塌糊涂。对于1958年的林肯,福特公司尽量将其低调化处理,但是在某种程度上却没有效果。

发动机

巨大的全新6.8升V8发动机可以爆发375马力,输出功率仅次于克莱斯勒300D。

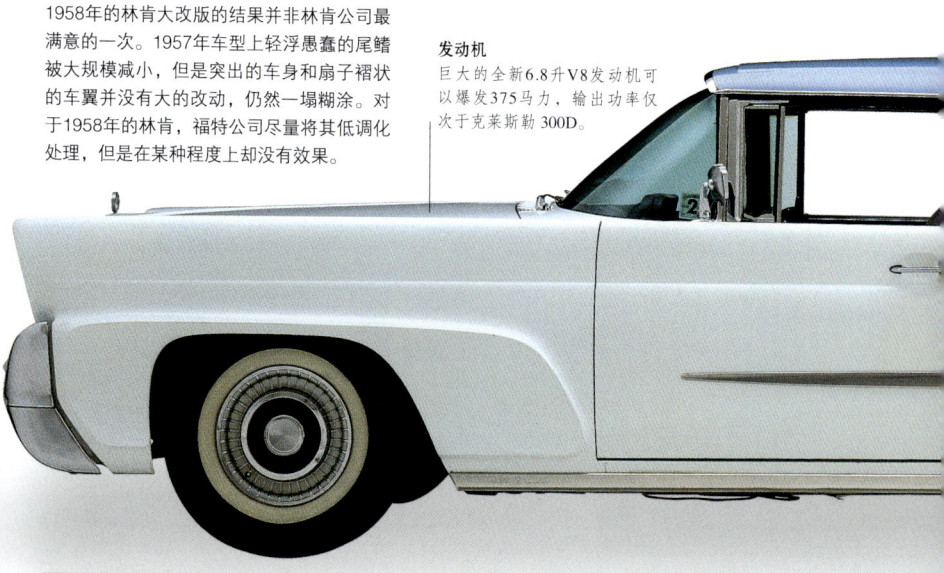

林肯 卡普里

节省燃油
降低终减速比并没能降低油耗，依然为3.5公里/升。

缩减的尾鳍尺寸
1958年，缩小了尾鳍的尺寸。一部分原因是出于美观考虑，主要原因则是在多次的公路汽车事故中都发生了划伤行人的情况，因此为了减小伤害的可能性而缩小了尾鳍。

风格
设计师把所有在汽车城底特律能用上的小花招都用在了卡普里的身上，但是只有绝望的人才会在后保险杠的下面加上尾鳍！

悬挂
1958年，林肯首次在后部采用螺旋弹簧悬挂系统。

行李箱
与同时代其他汽车相比，卡普里配备了巨大的行李箱。

刹车
四轮鼓式刹车系统给汽车提供强大的制动力。

承载式车身结构

1958年,林肯开始采用承载式车身结构。悬挂系统、动力传动系统以及发动机紧紧扣在车身结构上,以减轻车身重量,提供顺滑的驾驶感觉。然而,原型实验品的各个部分却严重地弯曲变形,所以不得不采取加强措施,否定了降低车身重量的最初设想。

内饰

花上不足5000美元,你能得到的标准配置里就包括含有儿童保护功能的电控车窗、六方向电控可调座椅、软包仪表盘,还有5个烟灰缸——每个都带有独立的点烟器。

底盘

这是卡普里存在的近10年里,第一次采用了承载式车身结构设计。

悬挂选择

空气悬挂在可选配置列表之内,但是只有2%的买家决定冒一次险。

轮胎尺寸

9×14的轮胎无法承受林肯巨大的车重。那个时代大部分的汽车都采用有"致命"可能性的小尺寸橡胶轮胎。

林肯 卡普里

风挡玻璃
可选装售价为50美元的涂色玻璃，还有售价为27美元的半透明遮阳板。

座椅安全带
座椅安全带和皮质装饰都是可选配置。

驾驶舱空间
卡普里是当年最大的载客汽车，能够搭乘六七人，因为它的轴距是3.33米。

规格

- **车型**：林肯 卡普里（1958）
- **产量**：6 859
- **车身风格**：四门六座三厢轿车
- **构造**：钢质承载式车身
- **发动机**：6.8升 V8发动机
- **输出功率**：375bhp
- **变速箱**：三速自动变速箱
- **悬挂**：四轮螺旋弹簧悬挂系统
- **刹车**：四轮鼓式刹车
- **最高速度**：185km/h（115mph）
- 0—60MPH（0—96km/h）：9秒
- A. F. C：5km/l（14mpg）

林肯 大陆 1964

一个令人不安的事实是，美国总统约翰 F. 肯尼迪就是在一部1961年的林肯大陆（Lincoln Continental）中被射杀的。这对于这部车来说多少有些讽刺意味。与肯尼迪总统一样，改款的1961年林肯大陆也具有独特的魅力。坚固且具有创新性，整部车是新思想、新主义的体现，并在没有大的改动状况下连续热销了9年。这部车非常适合总统驾乘，它优雅、内敛，造型经典，是对肯尼迪总统新自由主义的完美阐释。有意思的是，肯尼迪总统也相当喜欢林肯车，他在非官方场合时也常常开着白宫的林肯大陆汽车。要买到这款20世纪60年代最具影响力、最畅销的美国车，你需要花费7000美元。这个价格购买到的不仅包含长达两年、里程数为3.9万公里的质量保证，而且每个发动机都接受了严格的测试，每部车都接受了将近200种检测。美国主流白人社会对林肯大陆的认可度相当高，因此这部车推出的第一年销量就翻了番。连工业设计协会对这部车也是钟爱有加，授予它"设计简洁优雅之最"的铜奖。

线条轮廓
除了在后车门的后部腰线处稍有隆起以外，大陆的车顶线条与腰线几乎平行。车身很低，宽而巨大，20世纪60年代的林肯出产的大陆是优雅品位的象征。

发动机
汽车的动力来自巨大的6.8升 v8发动机，能够产生320马力。每台发动机都必须以最大转速咆哮3个小时后再接受各项测试，以保证质量。

林肯 大陆 1964 341

内饰
每部大陆都有电控车窗和助力方向盘、胡桃木饰板、软包仪表盘、奢华的地垫、电控真空助力门锁作为标准配置。汽车一旦启动,车门就会自动上锁。

规格

车型:林肯 大陆 1964(1964)
产量:3 328
车身风格:四门五座敞篷轿车
构造:钢质车身和底盘
发动机:6.8升 V8发动机
输出功率:320bhp
变速箱:三速涡轮自动变速箱
悬挂:前轮螺旋弹簧悬挂系统;后轮叶片弹簧桥式悬挂系统
刹车:四轮鼓式刹车
最高速度:185km/h(115mph)
0—60MPH(0—96km/h):11秒
A. F. C:5km/l(14mpg)

唯一的四门软顶汽车
1961年新版大陆上市,使林肯成为当时世界上唯一一个出产四门敞篷轿车的汽车商。

分担成本
为了节约成本,大陆与1961年的雷鸟共用部分零配件。

方便进入
"对开式"的后铰链开启式车门是向战前经典敞篷车的致敬。然而在早一点的大陆敞篷车上,同时开启四扇车门却很容易扭曲汽车的地板和底盘。

定速巡航
即便是在1964年,只需96美元,你就可以装配定速巡航系统。

方向盘
在1964年的可选配置单上,最受欢迎的就是可调方向盘。

罕见的敞篷车
软顶的大陆是在三厢轿车的基础上加标准电控顶篷演化而来。1964年的软顶敞篷版只比四门硬顶三厢轿车贵了646美元,但是却罕见得多——1961年至1967年出产的所有的林肯车型中,只有10%是敞篷车型。

轮胎
白壁轮胎是众多标准配置中的一项。

林肯 大陆 1964

质量而非体积
从前的大陆简直是一个巨怪利维坦（译注：leviathan利维坦在《圣经》中是象征邪恶的一种巨型海怪，通常被描述为鲸鱼、海豚或鳄鱼的形状），不过1961年款并非如此。1961年改款的哲学是——更大并不意味着更好。

悬挂
悬挂系统被认为放在任何一部车上都是最棒的。

艺术品一般的车顶篷
11个继电器和迷宫一般的铰链使大陆的车顶篷能够干净利索地从视野里消失，然后整齐地折叠安放在行李箱里。电子设备都是密封的，不需特别维护。只要一按按钮，与车顶篷一起消失的，还有侧车窗玻璃以及玻璃外框。

油耗
马克III大陆（Mark III Continental）的油耗仅为5公里/升（14mpg）。

林肯 大陆 马克 IV 1972

1972年，花1万美元你就可以买到电视剧里弗兰克·坎农（Frank Cannon）侦探开的丰满的林肯大陆马克IV（Mark IV Continental），这部奢侈的汽车快得能追上最棒的凯迪拉克。如此庞大的身形，能达到如此快的速度，着实令人惊讶。全新的侧面隆起的宽大车身加上劳斯莱斯风格的前格栅设计，还有在备箱处与众不同的假备胎盖装饰。路试者无一例外都对这款车的动力、奢华和尺寸给予了无私的赞美。他们称赞马克IV的发动机盖"看起来好像航空母舰飞机起落甲板一般"，而这部车奢华的标准配置表好比芝加哥市的电话目录册那么长——空调、六方向电控座椅、电控车窗、电控伸缩天线和电控车门锁等。空调系统就像土星火箭一样复杂和强大，同时为了取悦立法者，在一个棒球场那么大的机盖下面，塞满了便于废气排放的管路。美国人或许不得不降低汽车的排量，但是给汽车减减腰围？永远不！

抄袭劳斯莱斯
劳斯莱斯公司对于大陆抄袭他们的前格栅设计感到备受冒犯，却并没有进行诉讼。不过当这前格栅成为林肯标志性特点的时候，劳斯莱斯可是悔不当初，早该诉讼。马克IV比马克III给后排乘客提供了更大的空间。

巨大的发动机
能够达到7.3升的大陆V8发动机在当时可算是奥运冠军了。不过，在凯迪拉克巨大的8升发动机出现后，它可就黯然失色了。

可调的方向盘
应顾客需求，77%的1972款大陆都标配价值70美元的可调方向盘。

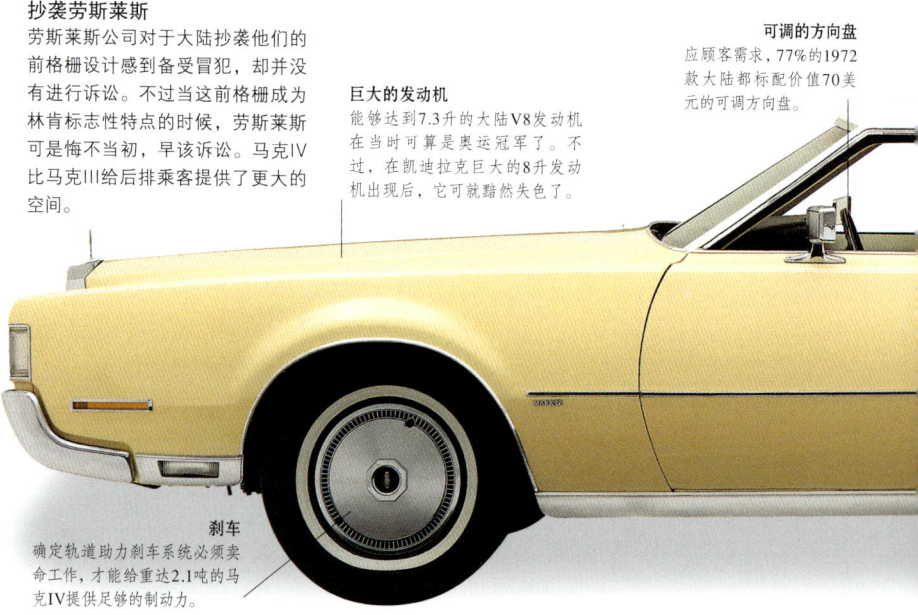

刹车
确定轨道助力刹车系统必须卖命工作，才能给重达2.1吨的马克IV提供足够的制动力。

林肯 大陆 马克 IV 1972

规格

车型：林肯 大陆 马克 IV 1972
产量：48 591（1972年款）
车身风格：双门五座硬顶跑车
构造：钢质车身和底盘
发动机：7.3升 V8发动机
输出功率：224bhp
变速箱：三速自动变速箱
悬挂：四轮螺旋弹簧悬挂系统
刹车：前轮助力盘式刹车；后轮鼓式刹车
最高速度：196km/h（122mph）
0—60MPH（0—96km/h）：17.8秒
A. F. C：3.5km/l（10mpg）

发动机
1972年的马克IV 7.3升发动机的输出功率为224马力，而就在一年之前，车型的输出功率是365马力。联邦立法对于输出功率的限制是主要原因。

轮胎
标准配置的轮胎是225/15的规格。

后部可选配置
泰克森洛克的差速器和高比例后桥都在可选配置单上。

宽敞的驾驶舱

虽然名义上是一部双门车,但是林肯大陆马克IV给乘客的胳膊和腿提供了难以置信的巨大空间,实际上容纳5位乘客完全没有问题。巴洛克内饰风格是那个时代的典型风格,这是第一部在汽车后座还配备了椭圆窗的大陆,虽然还需要另加81.84美元。大陆马克IV一直是林肯风格的典范。

车顶
看上去是皮革质地,其实乙烯基车顶是所有马克IV的标准配置。

真皮坐椅
真皮坐椅是价值179美元的可选配置。

尺寸
马克IV比上一年度的大陆要长10厘米,低1.2厘米。

林肯 大陆 马克 IV 1972

备胎盖
从早期的马克I开始,假备胎盖就成为大陆的特色之一。

大陆系列
在大陆系列中,还包括大型四门三厢版本和长轴距的limousine版本,这使马克IV成为一款真正的驾驶者的汽车。尽管遭遇了能源危机,马克IV的销量还是超过了马克III,每年的销量都能达到5万至6万部。

颜色选择
20世纪70年代,艳黄色是非常典型的颜色。但是再加127美元,所有的马克IV都能喷成金属色。

助力方向盘
助力方向盘是必需品,而非奢侈品。

前部外观
隐藏式的车头灯以及镀铬的保险杠都给车的外观加分不少。

内饰
标准的内饰包括一只卡地亚的电子钟、木质仪表盘、双倍舒适六方向电控沙发椅。即便如此,它的内饰仍让人感觉有些廉价,并没有引起欧洲高端市场的注意。

莲花 *埃利特*

如果有一部汽车可以称得上汽车的里程碑,这部莲花埃利特(Lotus Elite)当之无愧。埃利特是莲花公司第一部被设计用于公路的汽车,而不是一部纯粹的比赛用车。它独具创新特色,并且为以后的一系列性能惊人的运动车和GT车铺好了路。但是这"第一部"莲花可不仅如此。莲花埃利特的车架和车身以玻璃纤维材质为主,这是一次大胆的尝试。这部双门轿跑车还采用了许多创新技术,这使它显得非常特立独行,这些都归功于它的小规模生产。而且,根植在莲花血脉里的赛车血统,为其提供非常卓越的操控感和无可比拟的动力重量比,成就了一个几乎无法打破的跑车神话。莲花是那个时代最美丽的一部车,简单来说,它就是一部迷你的超级GT。

查普曼的创造

埃利特出自公司的创始人、伟大的赛车革新者安东尼·科林·布鲁斯·查普曼(Anthony Colin Bruce Chapman)的创意设计。优雅的轿跑车对于这家小公司来说是个不错的开始。1957年10月,当埃利特第一次出现在伦敦车展上的时候,造成了不小的轰动。

油箱盖
许多人都会选配可以快速开启的油箱盖。

莲花 埃利特

氏牵引
埃利特的前脸很低，进气口在发动机罩之下，既能够增加埃利特的速度还能节省油耗。牵引系数是0.29，这是一个在其后20年任何其他汽车厂商都无法超越的系数。

把手
小小的门把手比一把小钩子大不了多少。

风挡玻璃
沿着风挡玻璃的边缘，有一圈隐藏的钢箍，给风挡玻璃增加了硬度，还提供了全方位的保护。

赛车的成功
在它的级别里，埃利特可是无人能及。1959年至1964年期间，它6次获得勒芒赛事的桂冠。

轮圈
48辐的销栓锁紧邓禄普（Dunlop）钢丝轮圈是标准配置。

规格	
车型：莲花埃利特（1957—1963）	
产量：988	
车身风格：双门两座硬顶跑车	
构造：玻璃纤维一体车身	
发动机：四缸单顶置凸轮轴Coventry Climax，1.2升	
输出功率：75—105bhp at 6100—6800rpm	
变速箱：四速MG 或者ZF变速箱	
悬挂：四轮独立悬挂系统；前轮叉臂螺旋弹簧悬挂系统；后轮麦弗逊式"查普曼结构"悬挂系统	
刹车：四轮盘式刹车	
最高速度：190km/h（118mph）	
0—60MPH（0—96km/h）：11.1秒	
A. F. C：12.5km/l（35mpg）	

欺风者
埃利特的空气动力设施效果非常显著，要知道当时并没有大规模的风洞测试可以做，只能做低速的气流实验。1.17米的低车身保障了空气动力学效果，还有下面的全封闭的车身底板。

内饰
在驾驶的舒适度上，就连高个子驾驶者也毫不讳言他们的赞赏之情。曾获嘉奖的内饰使用轻质而时髦的材质，显得整洁而时尚。

经济性
当时的路试记录下显赫的数据——在稳定的161公里/小时（100mph）的速度下为8.8公里/升（25mpg）。

悬挂
悬挂系统来自1956年的莲花二级方程式赛车（Lotus Formula 2）。

莲花 埃利特

受力结构

车顶是埃利特受力结构车的一部分,这就意味着大众普遍喜爱的——尤其是美国人喜爱的——敞篷车变得不可能。这个问题直到1962年伊兰发布后才得到解决。

车顶
可以选择只有特别装备版(SE)车型才配置的银色车顶。

保险杠
前后保险杠将车身前后的铸造缝隙隐藏起来。

发动机的起源
埃利特的发动机由战时消防泵的发动机发展而来。

发动机
考文垂顶点公司(译注:英国Coventry Climax公司,1903—1986,由生产消防泵起家的发动机生产商)成功地在其赛车发动机的基础上,发展出轻质的1.2升四缸发动机。发动机从初始的75马力发展到第二代埃利特的83马力,但是如果调校出色,则很有可能超过100马力。

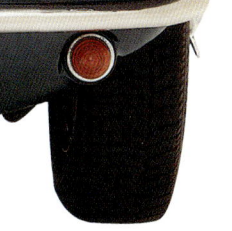

莲花 伊兰 斯普瑞特

莲花伊兰（Lotus Elan）被评为当时操控最好的汽车之一。它外观靓丽，是在当时能买到的最平衡的汽车之一。此车出自天才工程师柯林·查普曼（Colin Chapman）的构想设计，用以取代出身赛车血统的莲花"7"（Lotus 7）。伊兰的发动机安装在钢质底盘之上，罩以光滑的玻璃纤维车身，动力则采用了福特1.6升的双凸轮轴发动机。虽然价格昂贵，评论家和公众却都叫好不断，伊兰成为那个年代最迷人、最有魅力的运动车之一，销量超过1.2万部。伊兰的销售期长达11年，推出了5个系列，逐渐演变成为最令人满意的、加速极快的汽车——最高时速达到195公里/小时，0-60（96km/h）加速在7秒之内。当时的汽车杂志评论道："伊兰斯普瑞特（Elan Sprint）是世界上最精良的运动车之一。"这的确是实至名归。

赛车
车身的双色喷漆、中间带有的分割条，是十分受欢迎的可选配置。红色与金色的组合有某种赛车的意味——金树叶赛车队［译注：1968年，烟草品牌金树叶（Gold Leaf）成为莲花车队的赞助商，烟草企业首次进入F1赛事］的赛车都是这个颜色。人人都承认这小小的伊兰具有精灵般的迷人魔力。

内饰
斯普瑞特的内饰既精致又高端，全黑内饰，木薄片镶嵌的仪表盘，甚至还配备了电控车窗。

行李箱空间
斯普瑞特就如同旅行车一样受到大众的欢迎，因为虽然电池已经占据了大部分空间，但是行李箱的空间还是比一般的敞篷车要大。

莲花 伊兰 斯普瑞特

规格

车型：莲花 伊兰 斯普瑞特（1970—1973）
产量：1 353
车身风格：双门两座敞篷跑车
构造：钢质箱形底盘
发动机：四缸双顶置凸轮轴1.5升
输出功率：126bhp at 6500rpm
变速箱：四速手动变速箱
悬挂：四轮独立悬挂系统
刹车：四轮盘式刹车
最高速度：195km/h（121mph）
0—60MPH（0—96km/h）：6.7秒
0—100MPH（0—161km/h）：15秒
A. F. C：8.5km/l（24mpg）

发动机
斯普瑞特的"大阀门"发动机能够爆发126马力，并有惊人的表现。连双40 DCOE韦伯（Weber）化油器都很难保持正常状态。

风格
无论从哪个角度观察，它的比例都完美无瑕。

全尺寸保险杠
前保险杠是由玻璃纤维制成，里面填充了泡沫塑料。伊兰是第一批采用紧贴车型轮廓保险杠的汽车之一。

刹车
助力盘式刹车系统提供了巨大的制动力。

玛莎拉蒂 吉卜力

吉卜力（Ghibli）被认为是玛沙拉蒂（Maserati）最好的一款公路车，在1966年的都灵车展上引起了不小的轰动。吉卜力被视为玛沙拉蒂30年来最好的前置发动机公路车——融合了豪华和极佳性能与外观的一部超级跑车。吉卜力还在销量上击败了法拉利的代托纳（Daytona）和兰博基尼的缪拉（Miura）。虽然它的技术也许有些陈旧，但是吉卜力却拥有着无可挑剔的血统、来自低沉而洪亮的V8发动机所释放出来的能量和完美的吉亚（译注：Ghia，是乔治亚罗工作室的名称）设计。它是一部坚固的超级跑车，拥有24克拉优良品质的GT赛车。作为一部高性能跑车，它看起来非常凶狠，但是并不是专横跋扈的大男子主义气概，非常适合成熟而有品位的买家驾乘。但是只有一件进退两难的事情，那就是你希望悠然尽享路边的田园风情，还是想在高速公路上一路狂飙？为什么一点都不占呢？

赛车姿态
吉卜力的风格充满激情，毫不妥协。4.57米长的汽车呈现放肆而奢华的姿态，只能容纳两个人。从刀锋般的前车鼻到收紧的短短的车尾，即便它停在那里，你也能感觉到它飞快的速度。后部没有啰唆的尾鳍装饰，这一点非常明智。吉卜力的细节设计简洁明快，你驾驶着它，就仿佛戴上一件精致昂贵但却内敛低调的豪华珠宝。

宽阔的视野
前车窗非常巨大，但是巨大的发动机罩使汽车在操控上有些难度。

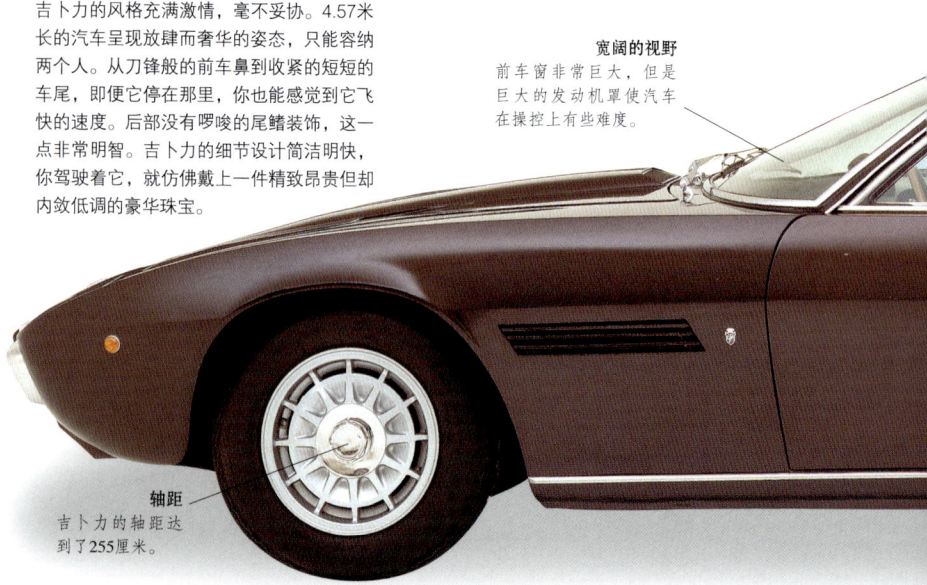

轴距
吉卜力的轴距达到了255厘米。

玛莎拉蒂 吉卜力

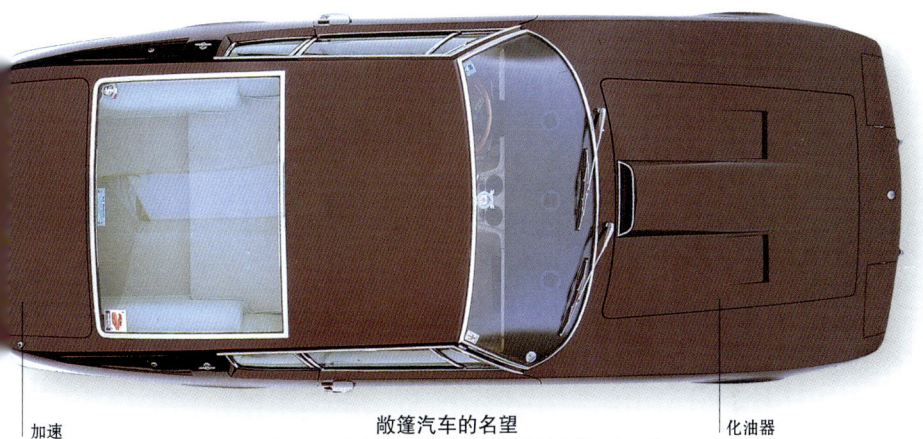

加速
15.1秒就能够跑1英里（1.61公里）。

敞篷汽车的名望
在所有的吉卜力中，125敞篷蜘蛛是最昂贵的。在一共出产的1274部吉卜力中，只有100多部蜘蛛。

化油器
V8发动机配备了4只贪婪的韦伯（Weber）双腔化油器。

耗油
吉卜力非常耗油，但是哪有超级靓车不耗油的？

刹车
四轮都配备了真空助力的格林（Girling）通风盘式刹车系统。

发动机罩之下
富有潜力的拥有赛车血统的四凸轮轴V8发动机性情温和,在第五挡位500马力的时候会产生汽车的最低扭矩。这部1971年的吉卜力SS的发动机是4.9升的。

高度
吉卜力车高118厘米,是真正意义上的低车身双门跑车。

内饰
内饰当然非常时髦,你置身其中,会觉得自己身处飞机的驾驶舱中。中控台很高,标配了空调系统。方向盘可调,后来的助力方向盘则是人人想得到的可选配置。

规格

车型:玛莎拉蒂 吉卜力(1967—1973)
产量:1274
车身风格:双门硬顶跑车,双门Spider
构造:钢质车身,非承载式管状底盘
发动机:四凸轮轴90度V8,4.7升或者4.9升(SS)
输出功率:330bhp at 5000rpm(4719cc);335bhp at 5500rpm(4930cc)
变速箱:ZF五速手动变速箱,或者是博格-华纳(Borg-Warner)三速自动变速箱
悬挂:前轮叉臂螺旋弹簧悬挂系统;后轮刚性轴叶片弹簧悬挂系统
刹车:四轮格林(Girling)通风盘式刹车
最高速度:248km/h(154mph),270km/h(168mph,SS)
0—60MPH(0—96km/h):6.6秒,6.2秒(SS)
0—100MPH(0—161km/h):15.7秒
A. F. C:3.5km/l(10mpg)

三叉戟
一看到三叉戟的标志,马上就能认出这是一部玛莎拉蒂。

玛莎拉蒂 吉卜力

早期的乔治亚罗作品

吉亚（Ghia）的汽车车身设计与制造出自其聪慧的年轻意大利设计师乔吉·乔治亚罗（Giorgetto Giugiaro）之手，是早期设计中最精致者之一。乔治亚罗后来又设计了一系列美丽的汽车，给自己带来了更高的声誉。

名字

如同早期的密史脱拉和布拉［译注：密史脱拉（Mistral）意为吹向法国、地中海沿岸干冷的西北风；布拉（Bora）意为亚德里亚海沿岸的季节性东北冷风］，吉卜力的名字也来自于地区性季风。

隐藏式车头灯

前车灯在不需要的时候可以隐藏起来，但是弹出需要一定时间。1971年，一部全新的吉卜力售价差不多2.2万美元。尽管价格不菲，但是买家毫无疑问得到了一部理想的超级跑车。

前部抬起

当速度高于193公里/小时（120mph）时，宽大的前部好像有升起的趋势。

玛莎拉蒂 卡亚拉米

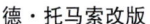

20世纪70年代的确制造了一批让人失望的汽车。那是一个赤裸裸的"换牌不换车"的时代,也是吃油的V8发动机大行其道的时代,但是却没人在乎驾驶彪形大汉一般的汽车如此费油。卡亚拉米(Kyalami)以德·托马索隆尚车型(De TomasoLongchamp)为基础,搭载了玛莎拉蒂全合金V8发动机,以替换福特5.8升铸铁发动机。卡亚拉米本欲与捷豹XJS竞争一番,但却绝望地失败了。电子元件的运用并不理想,这是一部吵闹、巨大且不精致的汽车,外观既不漂亮,操控也不平衡。无论如何,它仍然颇具运动性,在前脸部分突出了玛莎拉蒂的特色,V8发动机还能够发出深厚而尖锐的咆哮声。卡亚拉米可能算不上是一部伟大的汽车,但是我们中的大多数人,至少仅凭它的外观,很难判断出这部汽车的好坏来。

德·托马索改版
玛莎拉蒂的设计者皮特罗·费鲁瓦对德·托马索隆尚(De TomasoLongchamp)的设计稍加润色,就将其变成了卡亚拉米。卡亚拉米的车鼻更低,上面是双灯,发动机罩更宽大,还有全新的橡胶包裹的保险杠,中间嵌有一体转向灯。

后车灯组
精致的后车灯组是从同时代的菲亚特130借鉴而来。

玛莎拉蒂 卡亚拉米 359

规格

车型：玛莎拉蒂 卡亚拉米（1976—1982）
产量：约250部
车身风格：双门2+2运动沙龙车
构造：钢质一体车身
发动机：4.9升全合金V8
输出功率：265bhp at 6000rpm
变速箱：ZF五速手动变速箱，或者是博格-华纳三速自动变速箱
悬挂：前轮叉臂螺旋弹簧独立悬挂系统；后轮独立螺旋弹簧、下拉杆、刚性轴悬挂系统
刹车：四轮盘式刹车
最高速度：237km/h（147mph）
0—60MPH（0—96km/h）：7.6秒
0—100MPH（0—161km/h）：19.4秒
A. F. C：3.6km/l（14mpg）

并不英俊的脸庞
汽车的前部外观比较平庸，甚至有些笨拙。三段式的前保险杠看上去颇为廉价，而玛莎拉蒂的前格栅和三叉戟的标志看上去仿佛事后硬贴上去的。

转向
助力方向盘为汽车驾驶的精确性和操控感提供了必要的支持。

发动机
结构为四凸轮轴、五主轴颈曲轴的4.9升V8发动机，辅以4个双腔韦伯（Weber）化油器，将卡亚拉米推至241公里/小时（150mph）的极速。

轮胎
卡亚拉米的205/70米其林宽尺寸轮胎走到哪里都会引起骚动。

马自达 RX7

1978年,马自达RX7(Mazda RX7)在美国展出的时候简直卖疯了。就算是一个月进口4000部,依旧供不应求。等待购买的人非常多,RX7在黑市上的价格竟然高出零售价格3000美元。截至1985年RX7停产,大约50万部RX7找到了买家,它成为有史以来卖得最好的转子发动机跑车。RX7具有简洁的欧洲车外观和犹如瑞士手表的流线造型,这些都是热销的原因。RX7的灵感来源于可靠的、不可靠的NSU Ro80(参见第396页至第397页),但是马自达的工程师并不担心NSU的失败会影响到RX7。截至1978年,他们已经完善了转子发动机的技术,卖出了差不多100万部转子发动机汽车和卡车。在那些日子里,RX7变成了新兴的经典。RX7是第一部实现了菲利克斯·汪克尔(Felix Wankel)的发动机设计的汽车,也是在20世纪70年代人们非常渴望拥有的、做工精良的跑车之一。

令人震惊的空气动力学套件
RX7光滑而低风阻系数的外形破风的效果非常好,牵引系数只有0.36,最高时速可以达到210公里/小时。光滑的空气动力套件使车体在驾驶中更加稳定,将车身摇摆降低到最小。

悬挂
后悬挂是按照最好的欧洲运动车传统设计,双叉臂结构以及瓦特(Watt)连杆。

马自达 RX7

规格	
车型：马自达 RX7（1978—1985）	
产量：474 565（377 878部出口至美国）	
车身风格：钢质，双门硬顶跑车	
构造：单壳体车身	
发动机：双转子1.1升	
输出功率：135bhp at 6000rpm	
变速箱：通用同步五速变速箱，或者是自动变速箱	
悬挂：前轮独立悬挂系统，后轮瓦特（Watt）连杆桥式悬挂系统	
刹车：前部通风盘式刹车，后部鼓式刹车	
最高速度：210km/h	
0－60MPH（0－96km/h）：8.9秒	
0－100MPH（0－161km/h）：24秒	
A．F．C：7.5km/l（21.3mpg）	

精确的设计
从前面看，车身设计真是无懈可击。这部长达7年生命线的跑车，几乎没有对它的精致平衡的外形做什么改变。

操控
良好的操控来源于全车几乎平均的重量配比和低矮重心。

发动机罩
RX7的发动机罩很低，这完全得益于紧凑的转子发动机，它的重量只有142千克。

刹车
前部采用通风盘式刹车系统，后制动采用传统的鼓式刹车系统。

国家法律的制约

RX7最初本打算设计为双门两座跑车,但是马自达不得不在后排加了一个小座。原因是日本法律规定每部汽车都必须多于两个座位,这样鼓励民众共乘以缓解交通拥堵和能源消费。

内部
驾驶室和仪表板的品位都相当传统——英俊的三辐方向盘、五联仪表。所有的出口英国的马自达RX7都配有手动五速变速箱。

后部设计计划
最早RX7原本打算如保时捷944那样,采用一片式的后车门设计。后来出于经济原因,换成了(三片式的)玻璃舱盖。

涡轮增压
1984年车型经过涡轮增压改装,美国人可能会喜欢这凌厉的217公里/小时的速度。

马自达 RX7

发动机
双转子的汪克尔发动机在其后推出的车型中可以达到135马力。这种发动机可靠、集约,并且方便调试。他们甚至设置了一个电子设备,以防车主忘记把汽车的阻风门推进去。

发动机缺陷
汪克尔设计的转子发动机有两个缺陷:一个是低速牵引力(低扭)不足;另一个是油耗太大。

前车灯
翻灯设计帮助减少了驾驶中的风阻,而且增加了整车的魅力。但是与莲花精灵(Lotus Esprit)和凯旋TR7(Triumph TR7)的头灯不同,马自达的前车灯在行进的时候,总是处于开启状态。

欧式风格
作为一部日本出产的跑车,RX7却具有典型的欧洲特色。它不像其他日本车那样带有浮夸无用的装饰,就连车后座以及掀背式的车背玻璃都发挥着最大的实用性。

梅赛德斯 *300 SL 鸥翼*

当它的鸥翼式车门升起的时候，300SL就好像要起飞一样；当车门关闭的时候，它就真的飞起来了——如火箭般地超过225公里的时速，使与它同时代的伪超级跑车显得非常平庸。300SL的原型来自赢得了1952年勒芒赛事桂冠的赛车（译注：300SL勒芒1952年赛道版）。这部巨大的梅赛德斯（Mercedes）是许多现代超级跑车——如捷豹XJ 220（Jaguar XJ 220）、迈卡伦F1（McLaren F1）——的前辈，它将许多赛车元素运用到公路车上。300SL称得上是"二战"后的第一部真正意义上的超级跑车。但是驾驶者进入车门时很费劲，而且在高速行驶时操控不稳定，极不实用——事实上，它只是一个超级跑车的蓝图而已。但是300SL同时也是一个宣言，表明梅赛德斯已经从战后德国的废墟中复苏。梅赛德斯回来了，300SL可以说是站在三叉星徽的塔尖上，是公司在"二战"后出产的第一部运动车。

空气动力学
300SL在空气动力学的细节设置上超越了当时的任何一部汽车，这使它无可争议地成为那个时代最快的汽车。公路车可以达到240马力，比两年前的勒芒赛道版还要快。

轮圈
有些人认为采用钢质盘状轮圈是为了降低生产成本，但是同时也比条辐轮圈更显肌肉感。

梅赛德斯 300SL 鸥翼

鸥翼式车门
300SL最突出的特征就是铰链在车顶的鸥翼式车门（译注：装盘承载式结构导致底盘侧梁过高，所以不得不选择鸥翼设计了）。车门门槛又宽又高，这可不仅仅为了美观好看，更多的是出于功用上的考虑。鸥翼式车门由铝合金制成，因此它的重量不可思议地轻，在液压支撑的帮助下，驾驶者可以轻松开启和关闭车门。

左舵驾驶
所有的300SL鸥翼都是左舵驾驶。

通风口
这部车的发动机会非常热，所以格栅式的通风口就非常必要，不只是设计元素那么简单。

后部视野
后部视野非常宽广，但是过多的玻璃却能把驾驶室变成小烤箱。

设计风格
梅塞德斯声称，在车轮罩板上方设置一条"眉毛"是出于空气动力学的设计考虑，可以帮助加速。事实上这条眉毛表达的风格可能是为了讨美国消费者的喜欢。

颜色
银色是正统的德国赛车的颜色。

规格

车型：梅赛德斯 300 SL 鸥翼（1954—1957）
产量：1400
车身风格：双门两座硬顶跑车
构造：多管式立体构架的轻质合金车身
发动机：六缸顶置凸轮轴 2.9 升
输出功率：240bhp at 6100rpm
变速箱：同步四速变速箱
悬挂：前轮双叉臂螺旋弹簧悬挂系统，后轮摆动半轴螺旋弹簧悬挂系统
刹车：四轮，带散热片的合金鼓式刹车
最高速度：配合不同变速箱，可达 217—265km/h
0—60MPH（0—96km/h）：8.8秒
0—100MPH（0—161km/h）：21.0秒
A. F. C：6.4km/l（18mpg）

流线型后部线条
鸥翼流畅的线条延展至车身后部，后备箱盖暗示着里面藏有巨大的空间，可事实上并非如此。驾驶室非常热，但是后部车窗上方的通风口能够帮助空气流通，降低温度。

有限的空间
正如这张促销图片上所画的那样，备胎正好放在油箱之上，于是后备箱里基本上就没有什么地方放其他的东西了。

梅赛德斯 300SL 鸥翼

300SL
当鸥翼的产量下降的时候,梅塞德斯就推出了300SL双门两座敞篷跑车,从1957年至1963年共卖出1858部,而鸥翼则只卖出了1400部。从1955年到1963年,另一型号190SL敞篷版跑车被称为是"穷人"的300SL。

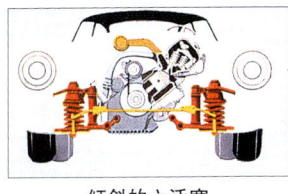

倾斜的六活塞
发动机以倾斜50度的角度放置,这样发动机罩的线条会显得更低。这也是燃油喷射技术第一次在量产的汽车中使用。

倾斜的方向盘
有些汽车,尤其是出口美国的汽车,方向盘略微倾斜以方便驾驶者进入。

动力能源
发动机最早来自300系列,排量为3升的沙龙车,后来发展改造成为1952年300SL赛道版的发动机,两年后又放在了公路车版本的鸥翼中,只是用燃油喷射技术取代了化油器。

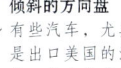

凸起部分
发动机罩上的两个凸起部分,一个是用来给进气系统留出空间,另一个则是为了美学上的平衡而设计的。

三叉星徽标志
巨大的三叉星徽标志主宰了全车的前部外观,并且在发动机罩边缘也有一个涂以瓷釉的小标志。

梅赛德斯 *280SL*

梅赛德斯 280SL（Mercedes 280 SL）经过数年发展，已经完全进化成熟了。1963年，全新SL接过老款的190SL的运动披风，继续超人的神话。从230SL发展而来，经过250SL，直至演变成为280SL。最不同凡响的就是280SL超级现代的外观——风格整洁、精致，很难想象最后一部280SL竟然在1971年就出厂了。在永恒优雅的车身下，借鉴了早期带有尾鳍设计的沙龙车型，分享着显然非常不运动的滚珠式转向系统。虽然外观使这部车脱颖而出，但是包括"宝塔车顶（pagoda roof）"等独特的设计也使得这部车拥有持久的时尚。这部精心打造的梅赛德斯汽车如此标致，驾驶着它，你会得到无法比拟的自我满足感。

悬挂
对于赛车来说，280SL的悬挂确实太软了。

标志性车灯
被称为"眼神迷离、婀娜多姿"的前车灯，是无可辩驳的梅塞德斯的标志。每个车灯透镜都连接着行车灯、宽视灯以及转向灯。

梅赛德斯 280SL

法国设计
280SL的设计荣誉归于法国人保罗·布拉克（Paul Bracq）。有些喜欢颇具男子气概汽车的人大概不会考虑这部车，觉得它略带脂粉气。的确，这部车并不属于梅塞德斯彪悍的运动车。

变速箱
很少有顾客选择用手动变速箱。

可选的第三个座位
通常梅塞德斯280SL只有两座，但是在汽车后座区可以选装一个面向侧面、可折叠的第三个座位。

"拍手"
雨刷器采用梅塞德斯喜爱使用的"拍手"式设计。

喇叭
D型的镂空环状喇叭杆可以让驾驶员毫无阻碍地看到仪表盘。

镀铬保险杠
宽大的前保险杠中间部分凹陷进去，大小正合适放下一枚标准的英国车牌照。高品质的镀铬技术，正如车身其他位置一样，都是一流的。

SL的含义
SL两个字母代表什么？S表示运动（Sport）或者超级（Super）；而L代表着轻（Light）或者奢侈（Luxury）。整车差不多有1362千克，并不算很轻。

规格

车型：梅赛德斯 280SL（1968—1971）
产量：23 885
车身风格：双门两座敞篷跑车
构造：压制钢一体车身
发动机：2.7升 V8
输出功率：170bhp at 5750rpm
变速箱：手动四速或五速变速箱，或者自动四速变速箱
悬挂：前轮双叉臂螺旋弹簧独立悬挂系统；后轮叶片弹簧桥式悬挂系统
刹车：前轮盘式刹车、后轮鼓式刹车
最高速度：195km/h
0—60MPH（0—96km/h）：9.3秒
0—100MPH（0—161km/h）：30.6秒
A. F. C：6.7km/l（19mpg）

发动机罩之下
六缸顶置凸轮轴发动机经历了稳步进化的过程：从1963年230SL的2.2升，到1966年在250SL中开始使用的2.4升，再到1968年的280SL中2.7升的发动机。

安全的悬挂系统
后部摆动轴悬挂装置是为了弥补转向不足。

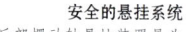

梅赛德斯 280SL

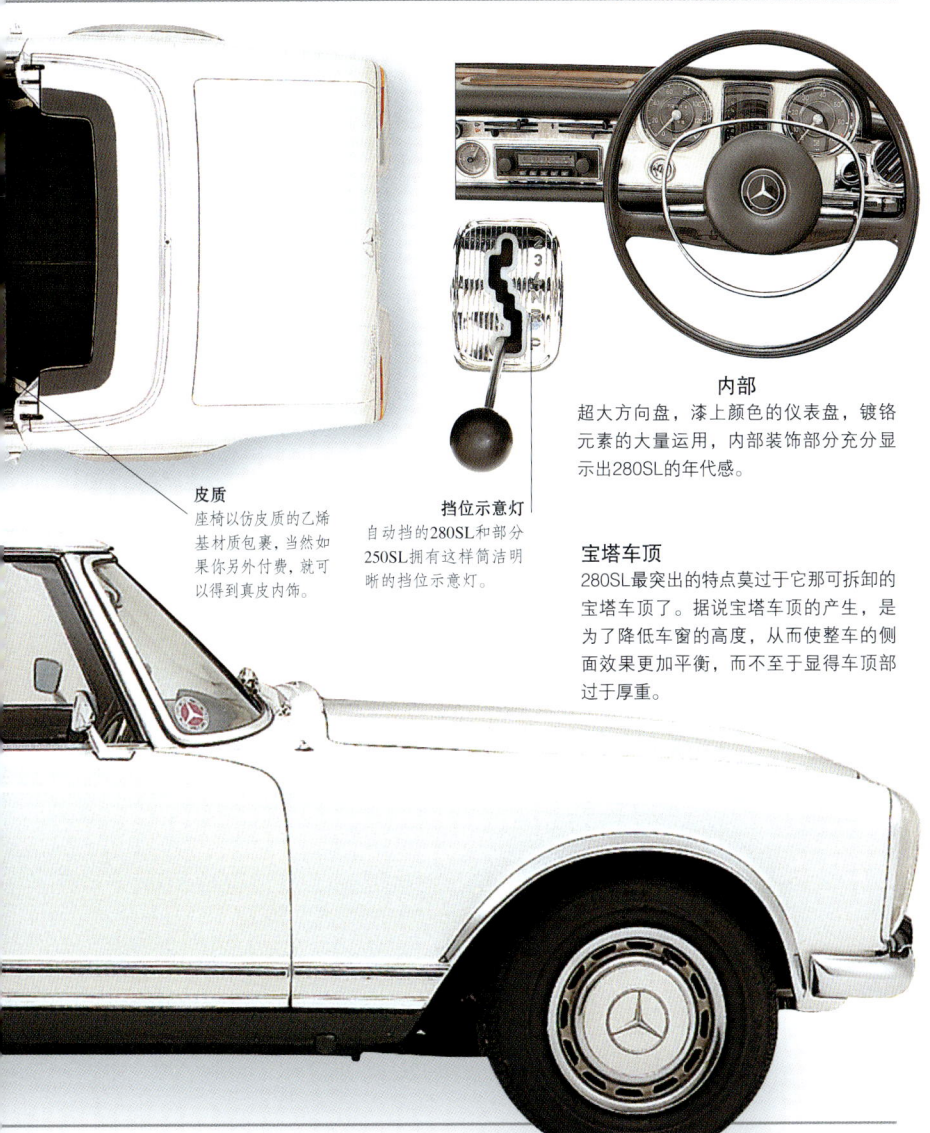

皮质
座椅以仿皮质的乙烯基材质包裹,当然如果你另外付费,就可以得到真皮内饰。

挡位示意灯
自动挡的280SL和部分250SL拥有这样简洁明晰的挡位示意灯。

内部
超大方向盘,漆上颜色的仪表盘,镀铬元素的大量运用,内部装饰部分充分显示出280SL的年代感。

宝塔车顶
280SL最突出的特点莫过于它那可拆卸的宝塔车顶了。据说宝塔车顶的产生,是为了降低车窗的高度,从而使整车的侧面效果更加平衡,而不至于显得车顶部过于厚重。

水星 蒙特雷

1954年的福特水星(Mercury)品牌在其针对的高端市场可谓如鱼得水、乘风破浪。水星抛弃了古老的"平头"V8发动机,代之以全新的161马力Y型发动机。《汽车时尚》(Motor Trend)杂志这样评价:"当你猛踩刹车的时候,那股巨大的冲力将你直撞向座椅背。"消费者喜欢这种强硬的感觉,他们蜂拥而来,成千上万地开走了蒙特雷(Monterey),一路将水星送上当年汽车销量榜的第七位。它别致而倜傥,还因为曾与詹姆斯·迪恩(James Dean)相伴而更显得生机勃勃,蒙特雷在那些自信而富足的年代里,是最佳的汽车(译注:詹姆斯·迪恩,美国著名男演员)。那时的失业率很低,大家的钱包都鼓鼓的,经济蒸蒸日上。当时,人人都想要一部水星——"一部使任何驾驶都变得异常容易的汽车"。公司1954年的产量达到惊人的25.93万部。接下来的一年恐怕是那时整个汽车产业最为风光的一年了——买家蜂拥进展厅,将汽车打包取走。

盛行于1954年
蒙特雷享受着令人嫉妒的成功。四门三厢轿车版位于1954年最受欢迎的车型第二位,共制造了64 995部。顾客可以从35种不同颜色的车中进行选择——14种整车同色,21种两色拼色。

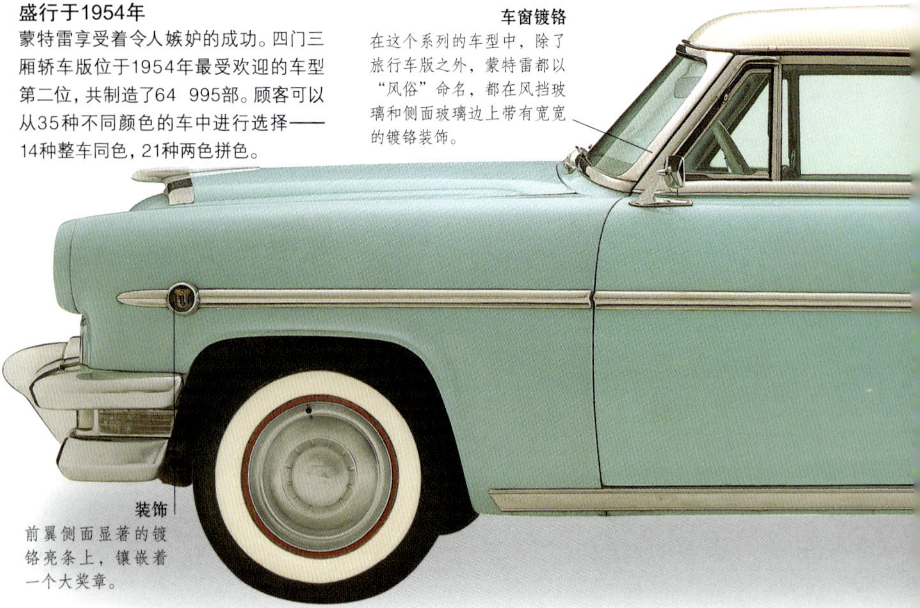

车窗镀铬
在这个系列的车型中,除了旅行车版之外,蒙特雷都以"风俗"命名,都在风挡玻璃和侧面玻璃边上带有宽宽的镀铬装饰。

装饰
前翼侧面显著的镀铬亮条上,镶嵌着一个大奖章。

水星 蒙特雷 373

内部
另外再加140美元,你就可以得到一个奔德士(译注:奔德士为美国零件生产商,始于1924年,以生产制动系统著称,也是ABS防抱死系统的发明公司)方向盘,制作非常精良,被当时的路试者称为最佳组合。

规格
车型:水星 蒙特雷(1954)
产量:174 238(1954年款)
车身风格:双门硬顶跑车,四门三厢轿车,敞篷跑车,旅行车
构造:钢质车身和底盘
发动机:4.1升 V8
输出功率:161bhp
变速箱:手动三速变速箱,可选择具有超速挡(译注:超速挡,机动车辆的一种齿轮装置,通过降低齿轮比率来减少将车速保持在一定范围内而需要的输出力)或者Merc-O-Matic 自动挡
悬挂:前轮螺旋弹簧独立悬挂系统;后轮叶片弹簧悬挂系统
刹车:四轮鼓式刹车
最高速度:161km/h
0—60MPH(0—96km/h):14秒
A. F. C:7km/l(20mpg)

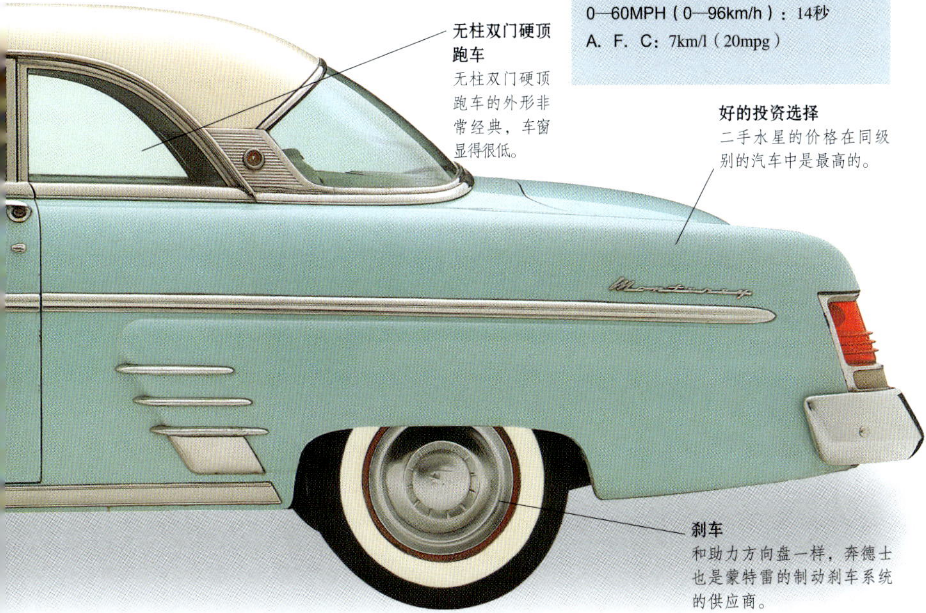

无柱双门硬顶跑车
无柱双门硬顶跑车的外形非常经典,车窗显得很低。

好的投资选择
二手水星的价格在同级别的汽车中是最高的。

刹车
和助力方向盘一样,奔德士也是蒙特雷的制动刹车系统的供应商。

时髦的选择
1954年,价值2452美元的双门硬顶跑车是水星汽车中最流行的一款。

气质忧郁而恢弘
厚重的格栅,发动机罩粗壮结实,蒙特雷的前部外观很一般,好像有些忧郁地皱着眉头。詹姆斯·迪恩(James Dean)和加里·库珀(Gary Cooper)这两位大明星都曾经拥有蒙特雷。

多种颜色
汽车的不同感觉反映在名字的不同颜色上,比如说公园径绿色(Park Lane Green)、国家公园黄色(Yosemite Yellow),以及乡村俱乐部棕色(Country Club Tan)。

水星 蒙特雷 375

可选择的自动挡
可以选择的包括Merc-O-Matic自动变速箱、助力方向盘、助力刹车以及四方向可调座椅。新型的V161发动机已经测试了640万公里，具有双"龙卷风"的燃烧室、合金活塞和一个霍利（Holley）四腔化油器。

可选择的敞篷
这张1954年的广告图片上展示的是当时即将推出的敞篷版汽车，售价2554美元。再加28美元，你就可以拥有当时美国第一部全透明车顶的汽车，就是售价2582美元的蒙特雷森凡利（Sun Valley）。透明车顶的前半部分采用了涂有颜色的树脂玻璃，但是这项设置使得车厢内温度上升了10℃。

内部装饰
内饰多种元素结合，采用了纯色、双色、乙烯基材质和真皮装饰。

开快车者的怀旧对象
这种后视图让我们想起早期的水星汽车，那时喜欢开快车的人超级热爱没有车顶的汽车，就像詹姆斯·迪恩（James Dean）在电影《无因的反叛》（*rebel without a cause*）中一样飙得飞快。在量产房车赛中，水星汽车排名第五。

节能
1954年的带有超速挡的手动蒙特雷V8发动机在当年的汽车燃油经济性比赛中达到7.5公里/升。

悬挂
新型的球窝接头前悬挂形式和1953年的林肯汽车一样。

水星 美洲豹

水星美洲豹（Cougar）取得的巨大成功，成为20世纪60年代"小马汽车"市场的确已经被涡轮增压所主导的明证。毕竟，这只是一款车身比野马（Mustang）稍长的高档轿跑车，没人料到小小林肯－水星（Lincoln-Mercury）分部会有什么作为（译注：1945年福特汽车成立了林肯－水星分部，由亨利·福特二世的胞弟本森·福特掌管）。然而他们却真的做到了！在首发的第一年也就是1967年，就卖出了15万部美洲豹，1968年又卖出了11万部——这可真是极度缺乏高性能汽车的美国急急忙忙拾回些许美洲豹"那难以驾驭的奢华风尚"。水星装配了三款1967年的美洲豹车型，包括基础款、GT和XR—7。GT配有6.2升的V8发动机，XR—7拥有4.6升的V8发动机和豪华内饰。《汽车时尚》（*Motor Trend*）杂志将年度最佳车授予了美洲豹，林肯—水星分部鼓吹这是"能够开钱买到的装备最棒的奢华运动车"。美洲豹拥有欧洲的风格和美国的动力，它的奢华可选配件表单拉得像百货公司的商品目录一样长。它正好填补了野马和雷鸟之间的鸿沟。

精力充沛的美洲豹
林肯—水星想要重新找回他们在20世纪40年代末和20世纪50年代初时享有的光辉岁月。而美洲豹正是复兴事业的里程碑，从美洲豹开始，这个系列都以上佳的性能和内敛的奢华而著称。

发动机
1968年发动机的标配是210马力5.1升V8。如果使用230的制动版本，动力还能得到些微提升。或者是将其提升为强大的335马力6.8升GT-E V8。

侧灯
1967年和1968年的侧灯并不一样。

水星 美洲豹

性能选项
为了达到更好的性能,购买者都倾向于选择GT-E性能包:巨大的发动机、双发动机罩通风口、钢质轮圈、四出排气和高性能悬挂系统。

制动系统
双液压助力制动系统使前后刹车能够独立工作,为汽车提供更加安全的制动保证。

可选的车顶
和野马汽车一样,美洲豹的可选配件表也是那么冗长。其中最怪异的莫过于提供一种"佩斯利"涡旋花纹(Paisley)的乙烯基车顶。

加大马力的美洲豹
为参加越野汽车大赛,美洲豹进行了改装以提高性能,包括加大马力以及将三速变速箱更换为四速。

男人的水星汽车

"一个男人与他的汽车之间的关系是非常特别的",1967年水星的促销小册子上这样写道。对于一向以生产"真正男人的汽车"而感到骄傲的水星公司来说,这样的宣传一点也不意外。

多彩的选择

美洲豹系列有16种颜色可以选择,外观内饰由打褶的乙烯聚合材料和全覆盖的地毯组成。

英俊的前部设计

剃刀一般的前格栅把前车灯隐藏了起来,再加上嵌入式前保险杠,美洲豹看起来真是英俊极了。直到1972年,一线车型XR-7的年度销量才首次超越最便宜的一款美洲豹。1974年,美洲豹基础款车型停产。

仪表盘上的警告指示灯

如果任何一个车轮的制动单元失压,在仪表盘上的警告指示灯就会亮起来。

前车灯

美洲豹的前车灯隐藏在真空助力的条状护板后面,当车灯亮起的时候,灯盖会自动翻起。

变速箱

三速手动变速箱是标准配置,但是四速手动变速箱和三速自动变速箱是可选配置。

水星 美洲豹

座椅安全带
加强级座椅安全带是标准配置,因为汽车厂家已经无法忽视安全性对一部汽车的重要。

内饰
所有的美洲豹车型都完美地表达了"小马汽车"的典型特征,比如标准的桶式座椅、桃木纹方向盘、中央控制面板,地板式变速操纵杆。

后部外观
连续排列的后车灯在雷鸟汽车上面也得到应用,如今是福特汽车的典型特征。后部外观的双排气十分凶猛,不过1968年推出的GT-Eliminator性能包会带来更加凶猛的喇叭形四出排气系统。

规格

车型:水星 美洲豹(1968)
产量:113 726(1968年款)
车身风格:双门四座硬顶跑车
构造:钢质承载式车身
发动机:4.8升,6.2升,6.8升 V8s
输出功率:210—335bhp
变速箱:三速手动变速箱,可选择四速手动或者三速Merc-O-Matic自动变速箱
悬挂:前轮螺旋弹簧独立悬挂系统;后轮叶片弹簧悬挂系统
刹车:四轮鼓式刹车,可以选择前轮盘式刹车
最高速度:169—209km/h(105—130mph)
0—60MPH(0—96km/h):7.3—10.2秒
A. F. C:5.7km/L(16mpg)

MG TC 侏儒

MGTC侏儒（MG TC Midget）就算是在崭新的时候，也看不出新来。1945年9月，MGTC侏儒在展出的时候，怎么看它都和"二战"前的"前辈车"长得一样。如果你的记性不太好，你可能会称为过时的时尚。它被称为开路先锋，但这名号并非来自它的性能，而是指它成功开启了全新的出口市场。

一个流行的说法是，曾经驻扎在英国的美国大兵（GI）尤其喜欢各种英国的奇怪玩意儿，当他们回到祖国以后，怎么会不想弄一部这样的英国范儿的汽车呢？不管怎样，在现实中，MGTC侏儒是第一个MG长线出口的成功案例。不过，它与出自汽车城底特律的产品毫无相似之处。它的驾驶舱非常狭小，操控感不好，乘坐起来也不舒适。但是当在崎岖的路面上行驶的时候，其他汽车就只有"吃烟"的份儿了。TC侏儒会把那些柔软、舒适、如坐弹簧沙发似的汽车远远甩在身后。当你熟练掌握了正确驾驶它的方法后，你就会感受到强大的驾驶乐趣。

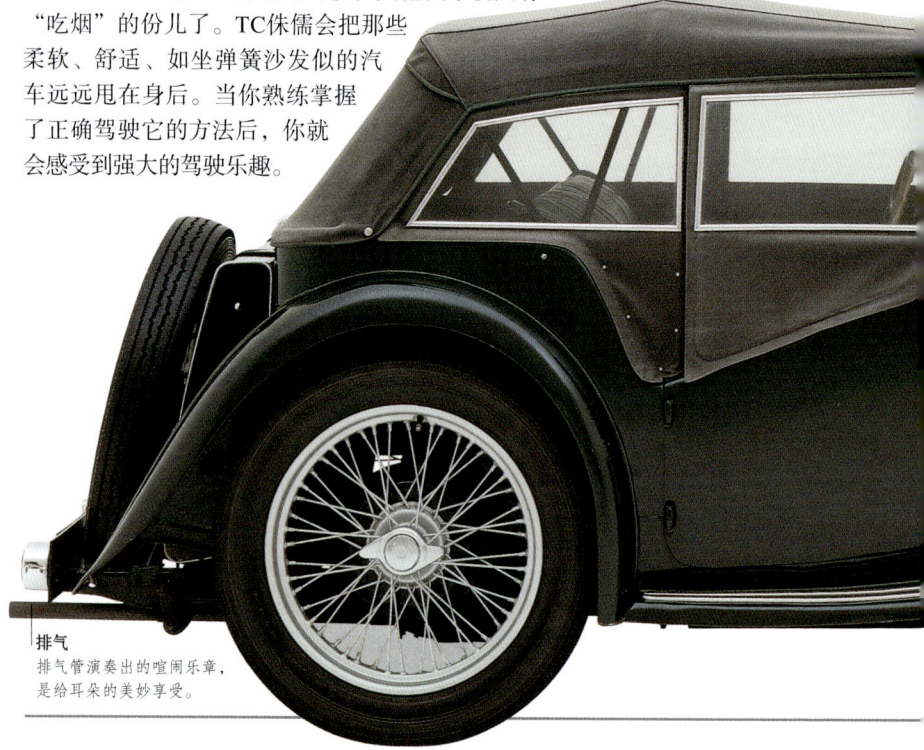

排气
排气管演奏出的喧闹乐章，是给耳朵的美妙享受。

传统的经典

TC的车体设计布局四四方方,整整齐齐,真是一个标准的大写字母T,毫无疑问是一部经典汽车。它的前部外观方正,设计了独立的前车灯、前侧翼一直扫至车身后、精短的车门,不折不扣是一部引人心神荡漾的经典汽车。

生猛的动力

或许TC不够优雅,但是它身上却富含着让买家疯狂的最重要的因素——疯狂的发动机。它开起来能让大风狂吹你的头发!出众的发动机让TC脱颖而出,在市场上闹车荒的20世纪40年代,成为最受追捧的、被疯狂抢购的运动车。

发动机

TC的另一个吸引人之处,在于它的价格非常大众化,而且易于保养。1939年,XPAG发动机(1.2升)第一次应用于一些TB 侏儒汽车上,自此就成为MG的标准配置,直到1955年,被1.5升版本所替换。TC是非常流行的一款运动车,尤其在美国。凭借着TC,菲尔·希尔(Phil Hill)开创了他的职业生涯,取得了无数桂冠,尤其包括一个世界冠军。

海外的大赢家

TC在英国本土的销量,仅仅是其海外销量的一半。

驾驶舱

虽然TC的驾驶舱比早期侏儒汽车的驾驶舱空间大,但是与同时代其他不那么运动的汽车比起来,还是显得局促了一些。

右舵

虽然在美洲大陆卖掉了2000多部车,但是所有的TC都是右舵驾驶的。

内饰

巨大的积家仪表彰显典型的英伦运动车风范,转速表在驾驶者的身体正前方,而时速表则在前排乘客身体的正前方。如果汽车时速超过当时英国城市内的速度上限48公里/小时(30mph),仪表盘上时速表左边的警示灯就会闪起来。

MG TC 侏儒 383

规格

车型：MG TC 侏儒（1947—1949）
产量：10 000
车身风格：双门两座敞篷跑车
构造：槽形阶梯状底盘，炭灰色钢质车身结构
发动机：四缸顶置气门发动机1.2升，两个SU化油器
输出功率：54bhp at 5200rpm
变速箱：四速同步器式变速器
悬挂：四轮均为带有半椭圆叶片弹簧的刚性车桥非独立悬挂系统
刹车：洛克希德品牌的鼓式刹车
最高速度：117km/h（73mph）
0—60MPH（0—96km/h）：22.7秒
A. F. C：9.9km/l（28mpg）

持续的成功

TC在出口上的巨大成功只是一个开始，接下来的TD的海外销量竟然是TC的3倍！

替代车型 TD

TD是TC的后续车型，它的轮圈尺寸较小，配有镀铬的轮心盖和保险杠。不过一些MG的死忠粉丝总是认为TD的血统不如TC纯正。

刹车

洛克希德（Lockheed）鼓式刹车系统很好地平衡了有限的输出动力。

MG A

MGA(MGA)首次发布于1955年9月,是MG公司(MG)首批推出的颇为时尚的跑车之一。MGA的底盘、发动机和变速箱都被进行了全新设计,还包括由勒芒赛事激起灵感而开发的流线型车身。它的前辈TF仍然采用老式运动车的理念,与之相比,MGA明显更具未来感。买家显然也这样认为。而且MGA的价格比同类型的竞争者如凯旋3(Triumph TR3)和奥斯汀-希利100(Austin Healey 100)都要便宜许多。这些使得MGA在出产的第一年就卖掉了1.3万部。公司位于阿宾顿(译注:英国牛津郡南部城镇,位于泰晤士河畔的古老集镇)的小工厂,与牛津比邻。它们成功地将8.1万部车出口到美国,这是非常惊人的成绩。一具双凸轮轴发动机为MGA提供强劲的动力,使其在竞争中赢得了让人羡慕的好声望。

通风设备
镀铬质地的前部风口,起到了良好的散热作用。

发动机
强悍的B系列、推杆活塞发动机非常高效,运转良好,并一直在MGA上采用。位于发动机舱前端的加热器是可以选择的配置。1.6升发动机能够达到80马力,并且采用前部盘式刹车系统。

轮圈
多孔的钢质轮圈是标准配置。

材料
车门、发动机罩和行李箱盖都采用轻合金制造。

赛车血统
MGA拥有流线型的车身,是为参加勒芒大赛而生,是最早一批能够达到187公里/小时(116mph)的汽车之一。量产后的MGA与赛车版非常相似,都具有光滑优雅的发动机罩流线,以及斜向后方的侧翼流线,这些都能够帮助汽车达到更高的速度和更低的油耗。

构造
MGA采用非承载式底盘,车身是用螺栓固定在底盘上的。车身其余的焊接、喷漆以及装饰工作都是在英国考文垂的莫里斯车身工厂(Morris Bodies)里完成的,然后被送至阿宾顿进行其他机械装备的最后安装和调校。

规格
车型:MG A(1955—1962)
产量:101 081
车身风格:双门两座敞篷跑车
构造:钢质
发动机:四缸1.4升,1.5升,1.6升(双凸轮轴)
输出功率:72bhp,80bhp,85bhp
变速箱:四速手动变速箱
悬挂:前轮独立悬挂系统,后轮叶片弹簧悬挂系统
刹车:前轮盘式刹车,后轮鼓式刹车;四轮盘式刹车的配置只有在De Luxe车型和双凸轮轴车型中才会出现
最高速度:161km/h(100mph);181km/h(113mph)(双凸轮轴)
0—60MPH(0—96km/h):15秒(13.3秒,双凸轮轴)
0—100MPH(0—161km/h):47秒(41秒,双凸轮轴)
A. F. C:7—8.8km/l(20—25mpg)

MG B

MG B（MG B）简洁自然，因其永不过时的优雅外观和敏锐精确的操控性，而得到广泛的尊崇。1962年，它的出现引起了轰动。如今著名的那句广告词"你的妈妈不会喜欢它"可是大错特错了。MG B非常可靠耐用、质感上乘。1965年，MG公司又推出了更加实用的MG BGT版（MG BGT）。这段时间是MG B的太平盛世——镀铬保险杠、真皮座椅和辐条轮圈。1974年，为了追求现代感，也为了迎合美国（MG B的主要市场）的安全规范，新出厂的MG B不得不换上了难看的橡胶保险杠，提高车身离地间隙，采用俗气的条纹尼龙座椅，使得汽车变得又慢又丑，你简直没法想象会有多丑。然而MG B还是继续缔造了神话，成为有史以来最热销的一款运动汽车，在全世界范围内一共找到了51.2万个买家。

简单的机械装置
从1947年开始，所有的MGB车型都采用简单的1.8升B系列四缸发动机。我们现在看到的这部MGB独具魅力，这都有赖于它非常罕见的鸢尾蓝色喷漆，以及非常罕见的钢质盘式轮圈。大部分的MGB都采用辐条轮圈（译注：鸢尾蓝色是一种蓝色和紫色的混合色）。

车篷
早期车型采用产自ICI的氯丁胶材质的折叠车篷。

永不过时的车身设计
MGB的外形是小型汽车的奇迹。一片式钢质一体车身既强劲又宽敞。

MG B

规格

车型：MG B（1962—1980）
产量：512 243
车身风格：铝质发动机罩，钢质车身，前置发动机，双门两座敞篷跑车
构造：一片式一体车身
发动机：四缸1.8升
输出功率：92bhpat 5400rpm
变速箱：带有超速挡的四速变速箱
悬挂：前轮螺旋弹簧独立悬挂系统，后轮半椭圆叶片弹簧悬挂系统
刹车：前轮洛克希德（Lockheed）盘式刹车，后轮鼓式刹车
最高速度：171km/h（106mph）
0—60MPH（0—96km/h）：12.2秒
0—100MPH（0—161km/h）：37秒
A. F. C：8.8km/l（25mpg）

MG汽车的内部

MG内饰散发的古老传统主义精发到了极点。真皮座椅、细暗纹黑色金属仪表盘、如船舵一般的方向盘。其他小仪表和开关都宛如卵石般地散布在仪表盘上，设计上很少考虑人体工程学原理。

后观镜支撑杆
风挡玻璃中间的那条线也是汽车后视镜支撑杆。

发动机罩
发动机罩是由轻质化的铝制成的。

悬挂
前悬挂是带有Y形臂的螺旋弹簧独立悬挂系统，让我们想起20世纪50年代的MGTF。

摩根 普鲁斯4型

他们至今还在生产汽车,这可真是不寻常。但是那些头顶布帽、身穿曼彻斯特裤子(灯芯绒裤子)的老先生们恐怕会对此心存感激。

从1936年的首批四轮摩根汽车(Morgan)身上取得灵感,摩根普鲁斯4型(Morgan Plus Four)成为"二战"后摩根汽车公司的救生圈。要知道,当时有许多英国汽车工业的老支柱产品纷纷倒塌。比苏格兰旷野上狩猎季节的第一天还要豪放,普鲁斯4型是最英国范儿的一部汽车。这部车在美国和世界其他地方也引领了销售热潮,成为具有特殊的政府背景的摩根公司的支柱产品。虽然摩根公司拒绝与时俱进,但是排队购买此车的名单却列得很长。摩根普鲁斯4型于1951年出品,配备了来自标准公司的先锋汽车(Standard Vanguard)和凯旋公司的(Triumph TR)的发动机,为非常老式的摩根汽车公司创造现代奇迹打下了坚实的基础。

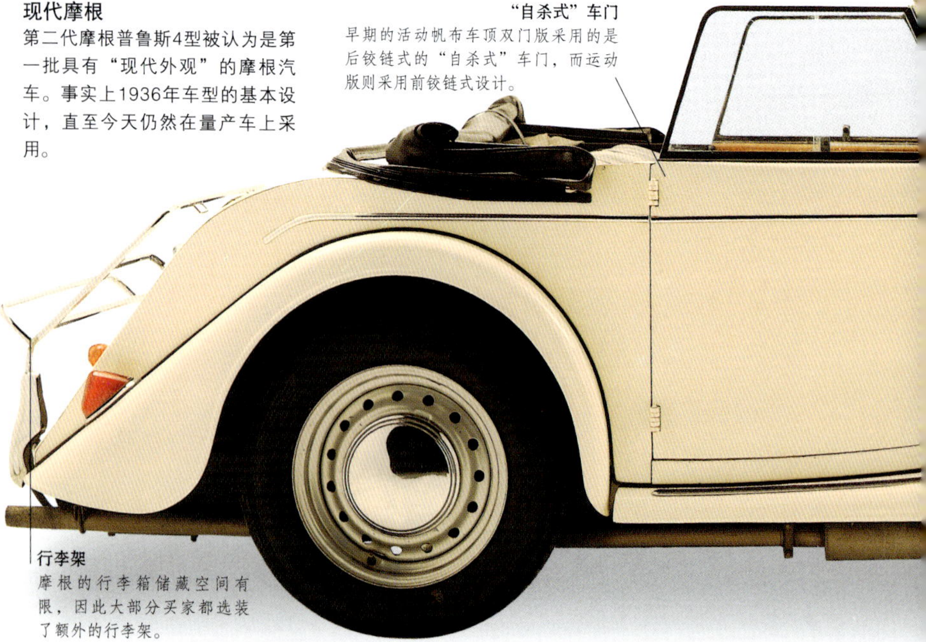

现代摩根
第二代摩根普鲁斯4型被认为是第一批具有"现代外观"的摩根汽车。事实上1936年车型的基本设计,直至今天仍然在量产车上采用。

"自杀式"车门
早期的活动帆布车顶双门版采用的是后铰链式的"自杀式"车门,而运动版则采用前铰链式设计。

行李架
摩根的行李箱储藏空间有限,因此大部分买家都选装了额外的行李架。

摩根 普鲁斯4型

后车灯
后车灯从来都不是摩根重点强调的地方。黄色转向灯被设计在15厘米宽的后车灯总成内部,有时会被行李架挡住。

规格
车型:摩根 普鲁斯4型(1951—1969)
产量:3737
车身风格:双门两座敞篷跑车,双门四座敞篷跑车
构造:钢质底盘、白蜡树木质框架、钢合金钣金
发动机:2.1升顶置阀门内联四缸发动机(先锋汽车);1.9升或者2.1升顶置阀门内联四缸发动机(TR汽车)
输出功率:105bhpat 4700rpm(2.1升 TR 发动机)
变速箱:四速手动变速箱
悬挂:前轮螺旋弹簧悬挂系统,筒式减振器;后轮叶片弹簧悬挂系统
刹车:四轮鼓式刹车,从1960年开始采用前轮盘式刹车
最高速度:161km/h(100mph)
0—60MPH(0—96km/h)12秒
A. F. C:7—7.8km/l(20—22mpg)

悬挂
摩根普鲁斯4型前部采用简单的柱式悬挂系统。

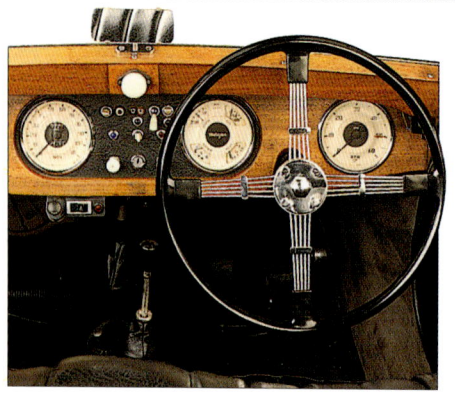

内饰
从1958年开始,摩根普鲁斯4型的驾驶舱变宽了,还配有新的仪表盘。时速表、开关、警报灯和其他小仪表都集中在仪表盘的中央。

车篷
与其他的软顶敞篷车不同,摩根普鲁斯4型的车篷可以部分折叠,部分开启。

改版特征
第二代摩根汽车的显著特征包括:经典的通风散热格栅和从1959年开始便加宽了的车身(如图所示)。加宽车身是为了给驾驶者和乘客提供更大的空间。车门是唯一可以装配旁观镜的地方。

车灯系统
安装在前翼的前车灯非常大。不过侧车灯的灯光却弱得像萤火虫的光。

摩根 普鲁斯4型

传统的白蜡树木质框架

如今四缸摩根汽车的制造方法与它的前辈同出一辙。底盘是Z形钢架,其上安置94块(两座车)或者114块(四座车)木质构件,外面再罩以钢铝合金面板。今天,摩根公司只出产两种车——普鲁斯4型和普鲁斯8型。

发动机

如图所示,迟些出现的凯旋3A 2.1升发动机提供了更强大的扭力。从1957年夏天开始,凯旋3A上就配备了2.1升发动机。较早的凯旋1.9升发动机还使用在两升内级别赛事的赛车上。

对折式发动机罩

与所有的摩根汽车一样,摩根普鲁斯4型采用两片式对折发动机罩。

莫里斯 迈纳 敞篷版

莫里斯迈纳（Morris Minor）是汽车的里程碑。它是第一部销量达到10〇万部的英国汽车，因而被称为"人民的汽车"。在英国，从家庭主妇到建筑商人，人人都开莫里斯迈纳汽车。1948年的新车型莫里斯迈纳由亚历克·伊斯哥尼斯（Alec Issigonis）设计，这位天才后来还设计了奥斯汀迷你（Austin Mini）。莫里斯迈纳以独特新奇的承载式车身为特色。莫里斯迈纳的0.9升侧式发动机有点过时，算是战前莫里斯 8的遗存，但是它良好的操控和驾驶舒适感大大弥补了动力的不足。独立的前悬挂，精确的齿轮齿条转向系统，使它的竞争对手黯然失色。莫里斯迈纳曾经引诱了年轻的斯特林·莫斯（Stirling Moss）高速急转弯，导致他的驾驶执照被没收1个月。在所有的150万部莫里斯汽车中，最被珍视的就是这款现存很少的敞篷版。

罕见的软顶敞篷轿车

直到1969年，也就是在所有迈纳产品下线的两年前，软顶敞篷版一直都是迈纳系列车型的一部分，但是产量很小。从1963年到1969年，只生产了3500部可折叠软顶敞篷汽车，而生产的双门沙龙车则有11.9万部。

悬挂
莫里斯公司精打细算的决策者要求采用老式的叶片弹簧桥式悬挂系统。

莫里斯 迈纳 敞篷版

两翼
汽车的前后两翼都由螺丝锁紧,非常方便拆卸。

侧车窗
最早的莫里斯 迈纳休旅车的侧车窗使用帘子,1952年换成了玻璃车窗。

迈纳的信号灯
迈纳的腰线以上就没有B柱和C柱。在双门敞篷车上的信号指示片较低,闪烁信号灯最后于1961年取代了信号指示片。如今已经很难找到原配信号指示片的迈纳汽车。

规格
车型:莫里斯 迈纳 敞篷版(1948—1971)
产量:162万
车身风格:双门沙龙车,四门沙龙车,双门敞篷跑车,旅行车,货车,皮卡
构造:钢质承载式车身
发动机:直列四缸,0.9升,0.8升,0.9升,1.0升
输出功率:28bhp(0.9升);48bhp(1.0升)
变速箱:四速手动变速箱
悬挂:前轮扭力杆弹簧独立悬挂系统;后轮叶片弹簧桥式悬挂系统
刹车:四轮鼓式刹车
最高速度:100—121km/h(62—75mph)
0—60MPH(0—96km/h):50秒(0.9升);24秒(1.0升)
A.F.C:12.7—15.2km/l(36—43mpg)

发动机
原来的0.9升侧阀门发动机于1952年和1953年被奥斯汀A系列（Austin A）0.8升顶置阀门发动机所取代，后来又采用了A系列0.9升，最后升级到1.0升。动力输出也从0.9升的28马力上升到1.0升的48马力。

方便进入的发动机
发动机罩下面的空间很大，使改动修理发动机十分方便，因此莫里斯 迈纳成为改装追随者的最爱。

低车灯
1950年，所有莫里斯的车头灯都移到了两翼的顶端。这里展示的早期车型被称为"低车灯"。

操控
即使采用斜交轮胎，它的操控仍被广受赞誉。曾经有汽车记者这样形容迈纳汽车——"现存慢车里面最快的一部"。

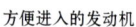

莫里斯 迈纳 敞篷版

内饰
早期简约的仪表盘基本从未改动过,后来只有时速表被移到了中控台上。方向盘很老式,不过齿轮齿条式转向装置非常轻便舒服。

风挡玻璃
分开两块的风挡玻璃于1956年换成了一片式曲面玻璃。

广告
宣传广告形容迈纳汽车为"世界上最棒的紧凑微型车"。

假敞篷
这些敞篷车如此抢手,近年来竟然有不少人将沙龙车的车顶切去,以伪装成原厂的敞篷车出售。

车型选择
量产车宽155厘米,比原型车宽了10厘米。从出产开始,迈纳就有双门沙龙车和双门敞篷跑车可以选择。后来这一系列中又加入了四门沙龙车、旅行车、货车和皮卡,使得产品线更加完善。

加宽的车身
保险杠上的束带是车身被加宽的另一个标志。

NSU *Ro80*

与雪铁龙 DS（Citroën DS,参见第178至第181页）一样，NSU Ro80比它的时代超前了整整10年。在惊人的低风阻外形设计下，是大胆创新的双转子发动机（twin-rotary engine）、前轮驱动模式、盘式刹车系统和半自动无离合器的变速箱。1967年，NSU Ro80被记者们评为欧洲"年度最佳车型"，更被许多人认为是"10年来最好的汽车"。撇开卓越的技术成分不谈，单说它的操控手感就像是一部小型赛车！NSU Ro80的稳定性、在不同道路行驶的抓地性、驾驶感、操控性以及车身配重都是超群的，远远超过大多数的运动车和GT跑车。但是NSU Ro80优秀的新式汪克尔发动机（Wankel power）却存在缺陷，由于十分严重的转子尖端的磨损,导致发动机在行驶2.4万公里至3.2万公里后便有不再工作的危险。NSU Ro80一直享有良好的声誉，直到最后被榨干。奥迪/大众接管NSU后，于1977年砍掉了NSU Ro80。

乘客空间
没有传动轴通道或者后驱传动轴，头部空间巨大，轴距很长，因此坐在后座的乘客会高兴地发现Ro80非常舒适。

转子发动机
现代科技使得汪克尔发动机表现出更加可信的性能。尽管如此，Ro80的销售还是相当困难。

未来主义设计风格
在1967年观察Ro80,的确带有相当浓厚的未来主义色彩。车身重心非常低，玻璃车窗范围巨大，还有依据空气动力学原则制造的流线型车身。高高翘起的车尾——10年后成为争相模仿的对象——支撑起又大又深的行李箱。

NSU R080

规格

车型：NSU Ro80（1967—1977）
产量：37 204
车身风格：前置发动机，四门五座沙龙车
构造：一体底盘，压制钢一体车身
发动机：双转子汪克尔发动机，1.9升
输出功率：113.5bhp at 5500rpm
变速箱：三速半自动变速箱
悬挂：四轮独立悬挂系统
刹车：四轮盘式刹车
最高速度：180km/h（112mph）
0—60MPH（0—96km/h）：11.9秒
0—100MPH（0—161km/h）：25秒
A. F. C：7km/l（20mpg）

发动机罩之下

由菲利克斯·汪克尔（Felix Wankel）设计的绝妙的双转子发动机相当于2升的循环活塞发动机，动力输出变化是通过菲希特尔萨克斯的电动-气动扭力转换器和三速NSU的变速箱完成。

内饰

ZF的助力方向盘，仪表板的安排是日耳曼人高效性的典范。

发动机位置

发动机安装在变速箱两侧带有伸缩减振功能的4个橡胶垫上端。

轮圈

可以选配设计感很强的五辐合金轮圈。

奥兹莫比尔 斯达费尔（星火）

1964年，美国总统林登·B. 约翰逊（Lindon B. Johnson）签署了减税法案；《冷暖人间》成为电影大热门；可口可乐公司推出了一种新的单卡路里苏打水，命名为Tab。汽车制造业也忙得不亦乐乎，他们允诺消费者，汽车上的凹背折椅和中央控制面板必将丰富他们的生活。奥兹莫比尔（Oldsmobile）鼓吹他们的斯达费尔/星火（Starfire）双门运动跑车会提供"近在眼前、刻不容缓的伟大冒险"！1964年版的斯达费尔并没有在原型车的基础上进行更多改动，因为更早期的1961年的斯达费尔的速度已经非常快，配备了奥兹莫比尔最强劲的动力，6.3升V8发动机敲开了时速193公里/小时（120mph）的大门。在奥兹莫比尔斯达费尔推出的头几年里，石油荒也没能阻止购买者的热情。买家钟情于它的大体型、柔软的悬挂、超强持久性，一路咆哮着，还带有各种便利配置。车型优雅而朴实，奥兹莫比尔斯达费尔使传统的白人中产阶级看上去和他们的自我感觉一样良好，因而成为市郊中产阶级用车中缓缓升起的一颗新星。这招的确奏效了。

销售并不突出
斯达费尔的车身是在迪奈米克88（Dynamic88）车身外壳的基础上改造而成，因此斯达费尔从来也没能因为足够与众不同而赢得特别突出的销量。《汽车时尚》（Motor Trend）评论道："斯达费尔最缺少的就是一副与众不同的外观，好比雷鸟那样。"但是专业评论却认可了斯达费尔的时速193公里/小时（120mph）"超级棒，太让人振奋了！"

可调方向盘
售价43美元的可调方向盘能调整7个角度。

广告语
1964年的奥兹莫比尔汽车上市时，主推下面的广告语："带来活力刺激。"

轴距
与迪奈米克88一样，斯达费尔的轴距也是312厘米。

奥兹莫比尔 斯达费尔(星火) 399

发动机
在斯达费尔双门跑车和敞篷车上安装的标准配置发动机都是巨大的铸铁6.3升V8发动机,辅以罗切斯特(Rochester)四腔化油器,能产生强劲的345马力动力。然而与早期1961年的车型相比,性能表现却是普普通通。

规格

车型:奥兹莫比尔 斯达费尔(星火)(1964)
产量:25 890(1964年款)
车身风格:双门五座硬顶跑车,双门敞篷跑车
构造:钢质车身和底盘
发动机:6.3升 V8
输出功率:345bhp
变速箱:三速液压自动式变速箱
悬挂:四轮螺旋弹簧悬挂系统
刹车:四轮鼓式刹车
最高速度:193km/h(120mph)
0—60MPH(0—96km/h):9秒
A. F. C:4.2km/l(12mpg)

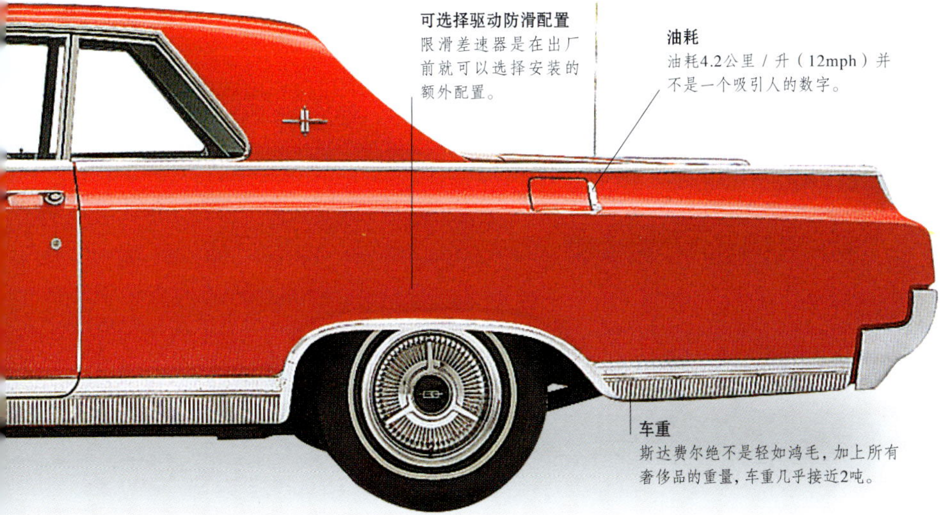

可选择驱动防滑配置
限滑差速器是在出厂前就可以选择安装的额外配置。

油耗
油耗4.2公里/升(12mph)并不是一个吸引人的数字。

车重
斯达费尔绝不是轻如鸿毛,加上所有奢侈品的重量,车重几乎接近2吨。

内饰
奥兹莫比尔为斯达费尔配备了相当舒适的内饰。标准配置包括液压自动式变速器、凹背座椅、安全软包仪表盘、中控台、转速表、真皮内饰,当然还有助力方向盘、助力刹车系统和电控车窗。

替代产品
到了1967年,斯达费尔就被奥兹莫比尔特罗那多(Oldsmobile Toronado,参见第402至第405页)完全取代了。

前车灯
当会车的时候,前车灯会自动变暗。

奥兹莫比尔 斯达费尔(星火) **401**

曾经的速度王

最初的1961年斯达费尔在速度方面,的确给人无限惊喜。但是这个系列在接下来的三年中,不断增加奢华的内饰配置加重了车身自重,于是它就变得没有从前那么快了。

简洁的线条

斯达费尔简洁的线条,扁平的车身,是20世纪60年代的典型特征,几乎看不见那个年代常有的如同自动点唱机一般的车身风格。线条干净利落,对于当时富裕的新兴的社会阶层有很大吸引力。

尾鳍

到1964年,汽车上的尾鳍被越截越短。1965年,它们基本上消失了。

敞篷可选项

斯达费尔很容易上手操控,同时又具有强大的动力。汽车城底特律的厂商们意识到,"小妇人们"如今已经在家庭采购方面越来越成为拿主意的人,于是开始在大型商城里推销他们的汽车。早期的斯达费尔只有敞篷版,带有特别的发动机配置和超级奢华的内饰,以吸引女人们的关注。

奥兹莫比尔 特罗那多

奥兹莫比尔特罗那多（Oldsmobile Toronado）是自20世纪30年代科德810（Cord 810）出现之后的第一款大型前驱"陆地游艇"。奥兹莫比尔特罗那多是汽车制造史上的里程碑，同时也是买家最想得到的一款奥兹莫比尔汽车。它有6.8升V8发动机、独一无二的链条传动式的自动变速箱、巨大的动力输出、出众的公路表现、更有能冲爆217公里/小时的时速。然而最初的销售并不理想，很多持重清醒的买家更钟情于传统的里维拉（Riviera）。但是到1971年，里维拉的设计落伍了，开始让位于特罗那多。直到20世纪70年代中期，特罗那多每年的销量都高达5万部以上。然而20世纪70年代中期之后，更加迷人的凯迪拉克埃尔多拉多（Eldorado）的销量超越了之前这两款车。在专有装配线上完成的特罗那多几乎没有缺陷，这对于一部技术大胆创新的汽车来说简直不可思议。如今，再没有比1966—1967年的奥兹莫比尔 特罗那多更能吸引超级汽车收藏家的眼球了。

独特的设计
特罗那多是梦幻的汽车设计作品。虽然与通用公司的其他车型——比如说里维拉和埃尔多拉多——共享同一底盘，特罗那多仍然展现出其独特之处。《汽车季刊》（*Automobile Quarterly*）杂志赞赏它"条理分明、充满想象而且绝对独一无二"。《汽车贸易》（*Motor Trade*）杂志将其评为1966年的年度汽车。

发动机的温度
发动机温度非常高，巨大的罗切斯特（Rochester）4GC 四腔化油器让发动机罩下面如同着了火一样。

定价
标准版的售价为4585美元，豪华版价格是4779美元。

前轮驱动
1967年，前轮驱动模式是一个创新，对于通用来说可是一个突破。

奥兹莫比尔 特罗那多 **403**

发动机位置
发动机置于前车轮之上,带来了几近完美的重量配比。

发动机
扭矩转换器装配在6.8升发动机的后面,变速箱装配在左汽缸组的下面,都由链条和扣链轮齿连接。而发动机直接安装在前轮的上方。

风格
C柱略微向下倾斜,车顶线条流畅,车身整体呈现出帅气的长坡度车顶的汽车外形。

车轮罩拱
向外凸出的轮罩拱使车身外形呈现曲线波动,非常漂亮。而车身前后装饰较少,非常清爽整洁。

轮胎
标准轮胎规格是8.85/15。

顶级资历

特罗多时髦、均衡而且精准。转向不足和前轮不稳都被控制在最小的程度,这么大尺寸的车开起来就像一部紧凑小型车。加速性能足以匹敌捷豹跑车,当它全力加速的时候,甚至咬得上Hi-Po款野马(Mustang)的尾巴!

后部风格

虽然是一部巨大的汽车,特罗那多却是一部时髦的滑背车(译注:滑背,向尾部倾斜的、具有长坡度的汽车顶)。

排气

6.8升的咆哮声通过双出排气释放出去。

规格

车型:奥兹莫比尔 特罗那多(1967)
产量:21 790
车身风格:双门五座硬顶跑车
构造:钢质车身和框架
发动机:6.8升 V8
输出功率:385bhp
变速箱:三速涡轮液压自动式变速箱
悬挂:前轮扭力杆弹簧悬挂系统;后轮固定轴叶片弹簧悬挂系统
刹车:四轮鼓式刹车
最高速度:217km/h(135mph)
0—60MPH(0—96km/h):8.5秒
A. F. C:3.9km/l(11mpg)

内饰

内饰标准包括涡轮液压自动式半导体收音机、助力方向盘和助力刹车、斯特拉图-本驰(Strato-bench)前座椅、奢华扶手、点烟器、泡沫座椅靠垫,还配备了乙烯基、真皮或者布料材质的内饰。

创新的前部外观

急藏式的前车灯以及水平网状的前格栅是好像天才一般的创新,不过特罗那多却于1968年用更厚重的前部外观设计取代了之前的成果,结果并不那么好看。特罗那多的设计出自1962年奥兹莫比尔举办的一次自由设计竞赛的获奖作品。至今仍然是奥兹莫比尔出产的顶级车型之一,相当于别克的里维埃拉。特罗那多是通用公司首次尝试前轮驱动的作品,而到了1980年,前轮驱动将成为整个公司信奉的神旨。

翻灯
独特的翻灯设计是经典的第一代特罗那多的特色。

奥兹莫比尔 4-4-2

1971年是奥兹莫比尔4-4-2（Oldsmobile 4-4-2）最后辉煌的时光，它是通用公司出产寿命最长的一部肌肉车。回顾它的发展轨迹，在那令人陶醉的1964年，最初4-4-2只是作为奥兹莫比尔卡特拉斯/短剑F-85（Cutlass F-85）的性能包推出的。作为单独车型系列被推出之后，它被公认为通用公司出产的速度最快、最精良的汽车之一，奥兹莫比尔4-4-2凭借英俊的外形，超凡魅力和强壮的肌肉感，而广受赞誉。4-4-2的意思是四腔化油器、四速手动变速箱和双出排气。奥兹莫比尔聪明地"抢劫"了汽配店，在车上使用的都是从前只能在警车上配备的热门配件。这票生意很便宜，而且汽车在大街上行驶的声音简直是震耳欲聋。售价3551美元的双门硬顶跑车，有7.2升V8发动机，拉力（Rallye）悬挂系统、斯特拉图（Strato）凹背折椅，最高时速为201公里/小时（125mph）。这部配备如此强有力的高性能4-4-2要不是遭遇了1971年的石油危机，很可能会永远地跑下去。说起来真是令人惋惜，因为自奥兹莫比尔4-4-2发布之后很久，我们都看不到这样强动力的汽车了。

初始的性能选择
1964年至1967年间，4-4-2只是作为F-85系列中的一个性能包选项推出，但是却大受欢迎，于是1968年，奥兹莫比尔决定将其开辟为单独的车型——包括硬顶版和敞篷版

发动机
奥兹莫比尔总是不知疲倦地宣传——他们的7.2升V8发动机是量产车上最大的发动机。

颜色选择
除了这款蓝色以外，1971年的奥兹莫比尔汽车还添加了金红色、石灰绿、土星黄等可选的颜色。

奥兹莫比尔 4-4-2

肌肉车传奇

虽然联邦立法限制了4-4-2无法采用太大的动力输出，而且最终导致4-4-2作为整车于1971年后被砍掉，但是4-4-2在汽车历史上的确占有一席之地，并将奥兹莫比尔推到顶级肌肉车品牌之列。

规格

车型：奥兹莫比尔4-4-2（1971）
产量：7589（1971年款）
车身风格：双门硬顶跑车，双门敞篷跑车
构造：钢质车身和底盘
发动机：7.2升 V8
输出功率：340-350bhp
变速箱：三速手动变速箱、或者四速手动变速箱；三速涡轮液压自动式变速箱
悬挂：前轮螺旋弹簧悬挂系统；后轮叶片弹簧悬挂系统
刹车：前轮盘式刹车，后轮鼓式刹车
最高速度：201km/h（125mph）
0—60MPH（0—96km/h） 6.4秒
A. F. C：3.5—5km/l（10—14mpg）

反射片

那个年代，联邦安全条例开始实行，要求汽车必须安装安全反射片。

排气

如果你没看到汽车的标志，那从这惊人的双出排气你也看得出，前面跑的是由狂野的司机驾驶的狂野的汽车。

动力限制
无铅汽油意味着发动机压缩比的降低,也就意味着汽车速度的减慢。

内饰额外配置
价值77美元的颐々运动的中控台,还有价值84美元的带有钟表和转速表拉力(Rallye)升级包,都是可选配置。

宣传口径
4-4-2总在宣传其发动机有多么优秀:"这是炙手可热的汽车。警察需要它!追随者热爱它!"4-4-2自1971年后再度作为单独的性能包选项推出,但是从1981年至1984年间,4-4-2性能包逐年衰落。1985年4-4-2借助终极版的后轮驱动卡特拉斯/短剑(Cutlass)又一次复兴,一直到1987年。

媒体赞誉
《汽车时尚》评论,虽然联邦有排放限制的法规,1971年的4-4-2依然能够引爆狂风骤雨!

内饰
虽然木纹乙烯基仪表盘看上去很廉价,但是4-4-2的驾驶室的确有赛车的感觉。凹背座椅、传统的助力方向盘以及赫斯特竞技(Hurst Competition)变速杆头是标准配置。

更多选择

1971年,卡特拉斯/短剑推出了敞篷版和双门硬顶版。4-4-2配备凹背座椅、宽百叶发动机罩通风口、高强度轮圈、超宽的白壁斜交轮胎。炙手可热的369美元W-30配置包括增压进气、高性能空气过滤器、合金进气歧管、车身喷条、运动后视镜以及特别的"W车"标志。

发动机

广告上声称"原厂配备已经足够强劲,无须改装,可以节省您的钱!"1971年的4-4-2配备的是野兽级的7.2升V8发动机,不过这一年是4-4-2的顶峰时期,自此之后,它的动力一年一年地减弱了。到了20世纪70年代末,4-4-2的性能包已经几近无力了。

奥兹莫比尔的销售数字

1971年,奥兹莫比尔销售了55.8889万部车,居全美汽车销量的第六位。

削弱的动力

4-4-2的广告宣传声称"4-4-2的性能绝对是顶级"。但是事实上,无铅汽油必然要给性能打折扣。不过尽管如此,4-4-2还是能在6秒钟内达到60公里/小时的速度。

帕卡德 霍克

与众不同、款式古怪、风格非常美国化，1958年的霍克（Hawk）模仿了欧洲汽车的风格。这是因为这部车是设计师在法拉利和奔驰等同类型车的激发下产生的设计灵感，而且下面这些装备足够它吹嘘自己了。打褶的真皮座椅、黑底白色控制台、捷豹风格的侧翼出风口、机加工的金属仪表盘和宽大的玻璃纤维"铲形鼻孔"。而且它还配备了机械增压装置。但是帕卡德（Packard）力图与那些来自汽车城底特律的老牌工厂们一争高下的尝试彻底失败了。售价4000美元，霍克售价过高，而精致不足，装饰过重。帕卡德于1954年与斯蒂贝克公司（Studebaker）合并，组成斯蒂贝克—帕卡德联合公司。虽然开始的时候是一个成功的联盟，但是到1956年，合作的供应商出了问题，加上又一次的转手则彻底葬送了公司的命运。霍克汽车只制造了588部，最后一部帕卡德于1958年7月13日在美国印第安纳州南本德市下线。如今，霍克被视为古怪的汽车，它是坚守并力图保持帕卡德血统的最后努力。它也是发烧友们最想得到的最后的帕卡德汽车之一。

后部视图

霍克汽车的外观非常欧洲化，而且没有哪部美国汽车会忘记在尾鳍上做文章，因而它就同时拥有了欧洲、美国两种风格的美。但是大家对于后部备胎印的设计不置可否。

帕卡德 霍克 411

吸引人的外观轮廓

霍克沿着侧车窗有一条塑胶门压条,这真是独一无二。它的侧翼并未大量使用镀铬元素,从而保证了清新美丽的外观。车顶线条采用航空学设计,车腹的线条收得很紧。

发动机

标准配置是Flight-O-Matic的自动变速箱配合强大的由皮带传动的麦克库洛奇(McCulloch)机械增压4.6升V8发动机。

规格

车型:帕卡德 霍克(1958)
产量:588(1958年款)
车身风格:双门四座硬顶跑车
构造:钢质车身和底盘
发动机:4.6升 V8
输出功率:275bhp
变速箱:三速Flight-O-Matic自动变速箱,可选超速挡
悬挂:前轮螺旋弹簧悬挂系统;后轮叶片弹簧悬挂系统
刹车:四轮鼓式刹车
最高速度:201km/h(125mph)
0—60MPH(0—96km/h):8秒
A. F. C:5.3km/l(15mpg)

打破旧俗的前部外观

即便是在创新良多的20世纪50年代,大多数买家也仍然认为霍克的前部外观太过于特立独行,而宁愿选择较为传统的拥有"百万镀铬笑脸"的老牌底特律厂商出品的汽车。霍克的外观实在不算好看,这是销量不佳的重要原因。

潘哈德 *PL17 泰格*

潘哈德（Panhard）是全球历史最悠久的汽车制造商之一，其起源最早可以回溯到1872年。但是到1955年，潘哈德已经失去了在市场上的良好形象，不得不由雪铁龙来拯救，并最终于1965被雪铁龙完全收购。"二战"后出产的戴娜（Dyna），是为了迎合市场对小排量、实用的经济型汽车需求而推出的。戴娜具有铝合金的车架、水平对置风冷式双汽缸发动机。1954年，改进过的戴娜成为前驱车，全新设计的车身圆润而富有流线造型。0.8升水平对置双汽缸发动机的确是一块璞玉，尤其搭载在1961年后出产的泰格（Tigrer）上，能达到60马力，时速达到145公里/小时（90mph），快得足以赢取蒙特卡罗拉力赛。PL17号称"引起轰动的一款汽车"，它又轻又快，而且非常省油，其性能远远超越当时的那个时代。

内饰
内饰极不寻常，采用椭圆形的脚踏板，杆式变速器，还搭配了并不成功的美国式内饰主题。

转向
凭借技术上的进步，转向系统采用齿轮齿条结构，方向盘回转只用两圈！

法国人的空气动力学
PL17的车身运用了空气动力学原理设计，声称拥有比1956年任何量产车都要低的牵引系数。它的重点在于减轻了车重，配备了独立悬挂系统、铝合金车架和相同材质的发动机舱。虽然法式的外形有些古怪，但是PL17在空气动力学效能上的确非常出色。

汽缸盖
汽缸具有半球状燃烧室，以及扭力杆阀动装置。

安全车窗
PL17主推车辆的安全性，推出巨大的全幅鼓出的风挡玻璃——这在1961年相当罕见。车厢内部没有传动轴通道，这意味着脚下的空间很宽敞、舒适。

潘哈德 PL17 泰格 413

发动机
发动机的设计要回溯到1940年。汽缸是整体铸造,汽缸盖为轻合金,带有散热片(防裂片)以及铸铁衬里。

规格

车型:潘哈德 PL17 泰格(1961—1964)
产量:13万(所有车型)
车身风格:四门四座运动沙龙车
构造:非承载式底盘,钢铝车身
发动机:0.8升双水平对置风冷式发动机
输出功率:60bhp at 5800rpm
变速箱:前轮驱动四速手动变速箱
悬挂:前轮叶片弹簧独立悬挂系统;后轮扭力杆弹簧悬挂系统
刹车:四轮鼓式刹车
最高速度:145km/h(90mph)
0—60MPH(0—96km/h):23.1秒
A. F. C:13.5km/l(38mpg)

有效的设计
设计简洁意味着很少配备可移动拆卸的部件、更多的动力以及更加省油。

标致 203

与同时代的那些呆板的沙龙车相比,标致203(Peugeot 203)如同一缕清风拂面而过给人带来清新的感觉。作为法国汽车制造商最成功的一款作品,标致203以一体车身结构(译注:一体车身结构有较好的封闭性和防撞性)和革新的发动机而闻名于世。当时,1.3升顶置阀门发动机的动力简直是艺术级的,带有铝质汽缸盖和半球形燃烧室,据说灵感来自著名的克莱斯勒"Hemi"发动机。车型全系包括双门硬顶跑车、双门敞篷跑车、四门敞篷轿车、旅行车。法国人非常喜欢203,喜欢它强劲的机械构造,诸多改装的可能性,以及灵活的驾驭感。到1960年此车消失为止,203的销售量打破标致的纪录,售出接近70万部。

广受赞誉

标致203在1948年的巴黎车展上广受赞誉,它光滑的车体通过风洞测试,号称得到了相当优秀的牵引系数——只有0.36——这可比后来的保时捷911(参见第450页至第451页)还要低。外形品质相当不错,比如发亮的不锈钢金属外饰部件。

燃油加注口
燃油加注口被一个盖片隐藏起来,这在1948年前可是闻所未闻。

标致 203 **415**

风挡玻璃雨刷器
"拍手"式的风挡玻璃雨刷器看起来仿佛老古董一般,但是它的驱动马达非常强劲,43年后504车型的后窗雨刷器仍然采用这种马达。

削减预算后的内饰
为了节省预算,内饰采用了橡胶地垫、金属仪表盘和织布座椅。

聪明的设计
发动机罩的开启由平衡弹簧完成,前格栅也由蝴蝶式螺母锁紧。

规格

车型:标致 203(1948—1960)
产量:685 828
车身风格:双门硬顶跑车,双门敞篷跑车,四门敞篷轿车,旅行车
构造:一片式全钢一体车身
发动机:四缸顶置阀门 1.3升
输出功率:42—49bhp at 3500rpm
变速箱:四速变速箱,带有超速挡
悬挂:前部叶片弹簧独立悬挂系统;后部潘哈德连杆螺旋弹簧悬挂系统
刹车:四轮鼓式刹车
最高速度:117km/h(73mph)
0—60MPH(0—96km/h):20秒
A. F. C:7—12.4km/l(20—35mpg)

标志
标致的雄狮标志可以追溯到1906年,当罗伯特·标致(Robert Peugeot,标致汽车公司执行董事)开创自己的公司——雄狮-标致公司(Lion-Peugeot)的时候。

内饰
由于"二战"后钢铁资源匮乏,在仪表盘下面的手刹制动和转向柱,都采用铝质。英俊的滑背式设计仍然给予了汽车很大空间。

持久使用的发动机
直到20世纪80年代,标致1.9升的505车型上的发动机也仍然沿用着此款发动机的基本设计理念。

发动机
49马力顶置阀门发动机是203最先进的特色之一。湿式汽缸外套、低压缩比、合金活塞,203的发动机运转滑顺,可以很快提高到高转区域,而且发动机的寿命很长。

变速箱
四速变速箱实际上只是三速变速加上一个超速挡。

车顶行李架连接点
给行李架预留的连接点工艺精良。

风格化的车尾
车尾大量运用极具风格的曲线线条,灵感来源于1946年的雪佛兰汽车。行李箱巨大,箱体较低,使得203成为理想的家庭用车。203的另一面是极佳的赛车性能,许多改装过的203都在拉力赛——比如蒙特卡洛拉力赛中——取得桂冠。

喷漆
在喷了几层合成漆后,车身还要经过高度抛光。

前部外观
1953年,203将风挡玻璃改为弧度设计,还改进了仪表盘和前部的三角窗。这部车登记于1955年。203的转弯半径非常小,只有5.39米,非常实用,方向盘由最左到最右只用3圈。虽然203只有18英担(907千克)的重量,动力输出也只算中等,不过标致的性能仍然十分活跃。

悬挂
前部采用叶片弹簧独立悬挂系统。

普利茅斯 *福瑞(激怒者)*

Fury

令人惊讶的是,1959年的福瑞(Fury)的目标顾客直接针对中产阶级——中等收入的美国人。更令人惊讶的是,福瑞的咆哮声简直和"小理查德(Little Richard)"一样,而其性感程度又好比简·曼斯菲尔德(译注:Jayne Mansfield,美国著名性感女演员,1967年死于车祸,终年34岁)。作为最具风格的公路车之一,未来派的福瑞具有真正的"超前外观",并且1959年款是所有福瑞中最喧闹的一款。刀锋般的外观设计使普利茅斯(Plymouth)成为受人追捧的名牌,尤其是顶级运动款的福瑞,带有个性化的铝牌,上面写着:"特别为某某定制",这对于喜欢它的人具有无尽的杀伤力。1959年,普利茅斯的销量不断攀升,89 114部的高销量使普利茅斯赢得了当时汽车行业排名第三的佳绩,而且福瑞成为公司下线的第1100万部汽车。动力强劲,外观看上去具有像要拦住飞驰的火车一般的气势,福瑞彻底征服了虔诚的美国人。但是这部拉风的汽车没潇洒多久,刀锋般的尾鳍就于1961年被悲惨地切掉了。

复古设计

克莱斯勒的首席设计师维尔吉尔·爱克斯内尔(Virgil Exner)乐于将经典车型的线条移植到新作中,行李箱上的备胎盖就是一个典型的例子。这部双门硬顶跑车的侧面图清晰地显示出汽车的完美比例。车型线条紧凑,犹如一只飞镖。

发动机规格

运动型福瑞可选择比普通版的260型号更大马力的发动机,它带有坚实的气门挺杆和卡特(Carter) AFB四缸化油器。

刹车

鼓式刹车是福瑞的标准配置。

普利茅斯 福瑞（激怒者） 419

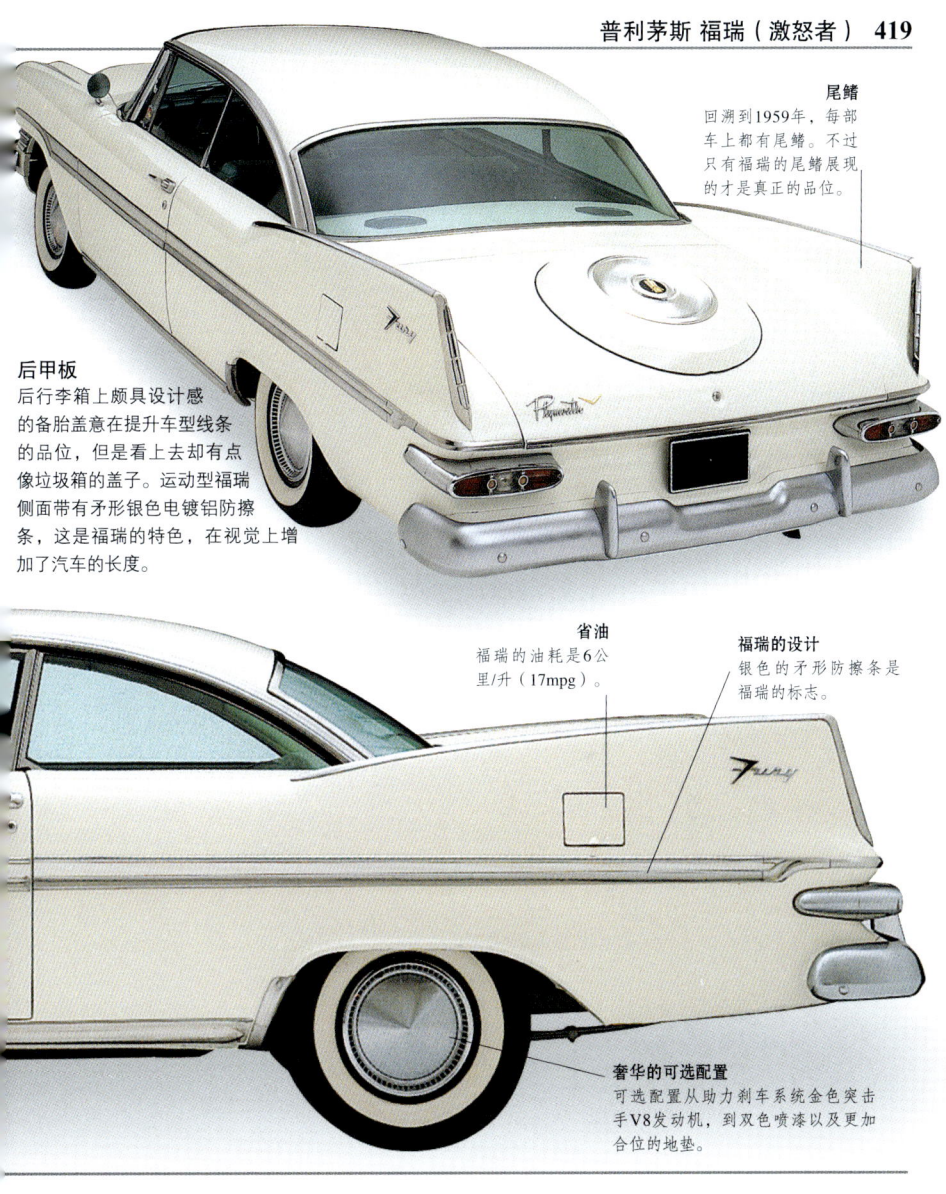

尾鳍
回溯到1959年，每部车上都有尾鳍。不过只有福瑞的尾鳍展现的才是真正的品位。

后甲板
后行李箱上颇具设计感的备胎盖意在提升车型线条的品位，但是看上去却有点像垃圾箱的盖子。运动型福瑞侧面带有矛形银色电镀铝防擦条，这是福瑞的特色，在视觉上增加了汽车的长度。

省油
福瑞的油耗是6公里/升（17mpg）。

福瑞的设计
银色的矛形防擦条是福瑞的标志。

奢华的可选配置
可选配置从助力刹车系统金色突击手V8发动机，到双色喷漆以及更加合位的地垫。

经典设计
驾驶舱的弧线完美,后车窗部分逐渐变细,一直与后面的尾鳍融为一体。与克莱斯勒中其他风格化车型一起,1959年的福瑞被认为是维尔吉尔·爱克斯内尔超越时代的完美作品。

前格栅
1959年车型里交叉板条的前格栅是全新的设计,看上去好像要咬人一样。

后观镜
可调角度的自动光线调节后观镜需要额外再花14美元。

内饰
汽车驾驶舱仿佛连环漫画里的飞船驾驶舱,设计了很多按钮。在运动版福瑞上的可旋转前后座椅方便了大肚子的司机和乘客。不怎么好看的包边助力方向盘需要额外加上12美元。

规格

车型:普利茅斯 福瑞(激怒者)
产量:105 887(1959年的全部车型)
车身风格:双门硬顶跑车
构造:钢质车身和底盘
发动机:5.0升V8发动机(运动型福瑞可选5.7升V8发动机)
输出功率:230bhp(运动型Fury260bhp,如选用5.7升V8发动机则为305bhp)
变速箱:可选超速挡的三速手动变速箱、或者三速托克弗莱特自动变速箱、帕沃弗莱特自动变速箱
悬挂:前轮扭力杆弹簧悬挂系统;后轮叶片弹簧悬挂系统
刹车:四轮鼓式刹车,可选助力刹车系统
最高速度:169—177km/h(105—110mph)
0—60MPH(0—96km/h):11秒
A.F.C:6km/l(17mpg)

发动机

虽然5.0升的V8发动机只有230马力的动力,但是克莱斯勒的设计师们已经开始尽力突破性能极限了。最高时速达到3位数,加速也非常快。这个大家伙加上如此细的轮胎,势必在达到速度极限的时候引起恐慌。

品位的象征

这个评价是不是真的呢?无论如何,普利茅斯的确将福瑞的大胆线条作为高尚品味的代表而大加宣传。还有其他的广告宣传称,福瑞领先时代"至少3年"!

明星地位

1983年,根据美国著名恐怖小说家斯蒂芬·金(Stephen King)的小说改编的黑色喜剧《克里斯汀》(*Christine*)中就使用了1958年的福瑞汽车。

普利茅斯 巴拉可达 1964

Barracuda

三大汽车厂商在20世纪60年代美国青年文化兴起的时刻,并没有将捞钱的脚步放缓。福特无法将其野马(Mustang)项目秘而不宣,克莱斯勒也不顾一切地想要分一杯羹。但是克莱斯勒恐怕不得不加快动作了。他们将普利茅斯瓦利恩特/勇士(Plymouth Valiant)的前端进行改进,又加上了一个巨大的"半环绕"的后窗,并将之命名为巴拉可达(Barracuda)。1964年4月,巴拉可达的出现轰动了整个汽车界。此时正是福特野马出产的前夜。这是一部性能、平衡性和精致装饰完美结合的汽车,使普利茅斯在盈利方面创造了奇迹。巴拉可达速度飞快,手感轻,驾驶稳定。4.3升的V8发动机使得汽车比野马要快,但是古怪的后窗非常过时。野马卖出10部,巴拉可达才能卖出1部。普利茅斯原本以为,"长机盖、短尾巴"设计的"小马驹"(野马)无法像后部陡然下滑的滑背运动型汽车(fastback)那样吸引消费者。然而,高达50万的野马买家告诉赫斯特联动普利茅斯,他们的赌注下错了。

滚烫的车里
在阳光灿烂的日子,温室一般的驾驶舱就变得滚烫无比。不过驾驶室的布局和装饰倒是非常精美和实用。标准配置包括前排凹背座椅、后排的凹背座椅形状的长椅。仪表都有亚光银镀铬的圆形外框装饰。软包仪表盘和木纹方向盘需要分别另加16.35美元。

变速箱
可以选配克莱斯勒新型的赫斯特联动手动变速箱。

刹车
标准配置是四轮强力鼓式刹车系统。

普利茅斯 巴拉可达 1964

后车窗
巨大的后车窗为巴拉可达提供了最佳的视野以及安全保障。

巨大的玻璃
和后翼完美连接的玻璃材质的滑背来自于匹兹堡平板玻璃公司（Pittsburgh Plate Glass Company），是当时量产车中最大范围使用玻璃的例子。这样设计的结果就是视野宽广，空间感巨大。

规格

车型：普利茅斯 巴拉可达 1964
产量：23 443（1964年款）
车身风格：双门滑背跑车
构造：钢质车身和底盘
发动机：2.7升、3.6升六缸发动机；4.3升V8发动机
输出功率：101—235bhp
变速箱：三速手动变速箱，或者四速手动变速箱；三速托克弗莱特自动变速箱
悬挂：前轮扭力杆弹簧悬挂系统；后轮叶片弹簧悬挂系统
刹车：四轮鼓式刹车，可选前轮盘式刹车
最高速度：161—177km/h（100—110mph）
0—60MPH（0—96km/h）：8—13秒
A. F. C：5.7—7.8km/l（16—22mpg）

软顶选择
电控软顶敞篷设计于1967年也加入这个系列，后车窗仍然采用了真正的玻璃。

差速器
新型的摩擦片式差速器是可选配置。

与野马的对比

与野马比较而言，巴拉可达的前端显得局促、混乱。不过不可否认巴拉可达的设计的确大胆，勇气可嘉。如果野马没有在同一个月上市，事情可能会变得相当不一样。

可调后视镜
可调角度的多棱后视镜可以避免在夜里后车直射过来的刺眼灯光。

推销其方向盘
巴拉可达的宣传单上写着，如果选择了木纹方向盘，"会给你赛车一般的感觉"。

旁观镜
可遥控的外部旁观镜是一个方便的选择，价值12美元。

媒体赞誉
《公路与赛道》(Road and Track)杂志评价道："无论就运动车的性能还是实用性而言，巴拉可达都完美无瑕。"

与瓦利恩特/勇士的渊源
巴拉可达是瓦利恩特/勇士（Plymouth Valiant）的衍生车型，相似度极高，而且与其共享同一动力和悬挂系统。

普利茅斯 巴拉可达 1964

可调座椅
凹背座椅可以方便地进行六方向调节角度。

颜色
内饰的可选颜色包括金色、蓝色、黑色或者如图所示的红色。

行李箱空间
后排座椅向前放倒后,就腾出了巨大的空间——行李箱空间居然长达2.14米!以面向大众市场的销量最好的一部瓦利恩特/勇士为基础,巴拉可达的目标买家是那些想要与众不同的有钱年轻人!

"方程式S"选项
巴拉可达的入门级发动机是2.7升倾斜式六缸发动机。其他还有3.6升六缸发动机和(带一个)双腔(化油器的)4.3升V8发动机。尽管"方程式S"提供了V8发动机和一些赛车配置,以普利茅斯的标准来看还是太过温驯了。举个例子,早在1961年的福瑞就已经拥有了5.0升的发动机,能够爆发239马力。

保险杠
保险杠价值11.45美元。

Did you know
that the 1965 Plymouth Barracuda has an optional Formula 'S' sports package that includes a Commando 273-cu.-in. V-8 engine; heavy-duty shocks, springs, and sway bar; a tachometer; wide-rim (14-in.) wheels, special Blue Streak tires, and simulated bolt-on wheel covers?
You do now.

普利茅斯 可达 1970

1970年出产的普利茅斯可达（Plymouth'cuda）引起了多方评论，它是美国汽车狂飙性能时代的最后绽放。它飞快无比，简直就是1964年第一款巴拉可达（Barracuda）的再次转世，而且足以毫无惧色地挑战街上那些发了疯的街车。桀骜不驯，普利茅斯甚至将这部好战的汽车命名为"高速铁路线"。1970年的巴拉可达有3种风格，其中可达是性能最强的一款，它可选配9种不同的发动机，其中包括顶级的令人瞠目结舌的6.8升Hemi发动机。克莱斯勒的广告上称配备了Hemi发动机好比"我们狂暴的车身包裹着金刚"。但是不断增长的保险单和新的排放标准的发布意味着肌肉车已经变成了危险的种群。1973年，普利茅斯的宣传册上印着一对年轻的夫妇坐在可达汽车里，微笑着的女人怀里抱着一个婴儿。一直以来的肌肉车派对，真是棒极了，可是就在此时真的终结了。

干净利落的设计

1970年可达的设计非常清新、紧凑，风格与道奇挑战者（Dodge Challenger）相似。经典的长发动机罩短行李箱的设计，让你一下就能认出这是一部"小马车"。由于政府立法和保险费率日益加强，这一年成为巴拉可达采用大排量发动机的倒数第二个年头。到了1971年，最大的发动机也只是5.4升V8发动机了。

空气过滤器

像图中所示的这样吵闹的空气过滤器在美国加利福尼亚州是无法上路行驶的，因为该州的驾驶噪声法令对此有严格规定。

前盖销

快速拆装的前盖销开关是可选配置。

普利茅斯 可达 1970

空气过滤器
空气过滤器在发动机罩的顶端咆哮着,这是可达的典型特点。

发动机
7.0升六缸野马发动机能够引爆386马力,3个两缸的霍利(Holley)化油器。基本版的发动机是6.1升的V8,能够产生335马力。

销售数字
1970年的可达足足卖出了惊人的30 267部!

规格

车型:普利茅斯 可达 1970
产量:30 267(1970年款)
车身风格:双门四座硬顶跑车,双门四座敞篷跑车
构造:钢质承载式车身
发动机:6.1升,6.8升,7.0升V8发动机
输出功率:335—425bhp
变速箱:三速手动变速箱,或者四速手动变速箱;三速托克弗莱特自动变速箱
悬挂:前轮扭力杆弹簧悬挂系统;后轮叶片弹簧桥式悬挂系统
刹车:前轮盘式刹车,后轮鼓式刹车
最高速度:220—241km/h(137—150mph)
0—60MPH(0—96km/h):5.9—6.9秒
A. F. C:4.2—6km/l(12—17mpg)

性能配件
超级性能弹簧和高品质的戴娜60后轴是所有440可达上的标准配置。

条纹
可选的如倒置钩子形状的条纹彰显着发动机的大尺寸。

鸟瞰风格

可达的设计风格整体上非常简洁——逐渐紧收的保险杠、风挡玻璃雨刷器、内嵌式的车门把手设计、流畅的后部造型、略微外展的轮拱罩。尽管车型如此优秀，和野马（Mustang，参见第278页至第285页）一样，从20世纪60年代中期开始占据并持续增长的第一代巴拉可达汽车，已经开始失去存在感。在即将到来的能源危机的影响下，它已来日无多。

隐藏的雨刷器
风挡玻璃雨刷器完美隐藏在发动机罩的后边缘下面。

赛车款旁观镜
再花上26美元，就可以订到赛车款烤漆车镜。

大家伙的速度
价值250美元的440-6是可达发动机的一个可选配置，它可以让汽车在14.44秒内跑上1/4英里（0.4公里）。只有652部1970年的硬顶可达选择了价值871美元的Street Hemi V8发动机。

变速箱
斯莱普斯蒂尔的T形手柄让快速手动换挡的构想成为可能。

普利茅斯 可达 1970

内饰
可达的内饰非常炫目,包括环绕式凹背座椅、赫斯特枪柄式挡把和木纹方向盘。这里展示的车上带有拉力仪表,包括转速表和油压表。

梭鱼的名字
参加底特律伍德沃德街汽车大游行(Woodward Avenue cruise)的人们给这部车起了名字叫梭鱼。

颜色选择
可达有18种颜色可以选择,它们的名字都非常时髦——如紫罗兰、柠檬黄,还有维生素C。

下降的销量
虽然1970年的可达硬顶版只卖3164美元,但是当年全部巴拉可达的销量仅为1.1万部。于是这个车系在1975年被砍掉了。

双排气
具有挑衅性的长方形双出排气发出专属于可达的轰鸣声。

庞蒂克 奇伏坦（酋长）

时光已飞奔到1949年，庞蒂克（Pontiac）看起来还像是"二战"前的遗存。当然，庞蒂克很可靠很坚固，但是它是一部给中产阶级中的中年人使用的汽车。庞蒂克在美国"二战"后的复兴期间发展得并不顺利。1949年是庞蒂克的分水岭，战后第一部重新设计的汽车在此时面世了。哈利·厄尔（Harley Earl）设计了全新车身，庞蒂克宣传这部车为所有"新车里最巧妙的一款"。但实际上，（在汽车发动机盖和后备箱盖上的）"银条（Silver Streak）"设计太老套了，看起来就像回到了20世纪30年代。而且在机械性能上也毫无新意——采用的是老式的平头式六缸或八缸发动机。无论如何，1949年的奇伏坦/酋长（Chieftain）敞篷车依旧标志着庞蒂克在设计上彻底完成了从战前到战后风格的转换。这些现代敞篷汽车，终于来到了属于他们自己的年代。

性价比非常高的汽车
广告宣传承诺"物美价廉，你无法抗拒庞蒂克"。奇伏坦（酋长）能够证明，庞蒂克并没有吹牛。六缸的奇伏坦（酋长）敞篷版售价仅仅2183美元，八缸为2206美元，的确是性价比相当高的选择。

发动机
直到1955年，庞蒂克的宣传册上才出现了V8发动机。

座椅加热
可以选配座椅加热装备。

底盘
1949年的底盘侧钢梁比较细，还带有筒式减振器。

庞蒂克 奇伏坦（酋长） **431**

发动机位置
发动机在汽车的前部，安装在箱式钢梁上。后排座位的位置在后轴之前，以保证提供庞蒂克宣称的"摇篮般的驾乘感受"。

内部舒适度
提供的可选配置包括面巾纸盒、指南针、奢华型电子表、手套箱灯，甚至还有百叶窗。

镀铬面板
奢华的防沙石撞击板只在豪华版里出现，增加了汽车的品位和奢华感。

装饰
五条平行的镀铬条是"银条"的标志性特征，被英国的奥斯汀·亚特兰蒂克（Austin Atlantic）所模仿。

后轴
可选的主传动比包括标准型、经济型和山地型。

聚光灯
安装在两侧的聚光灯是由杆式开关来操作的。

风挡玻璃
这叫做"安全的T视野"风挡玻璃。这只是庞蒂克命名讨巧的名字之一,其他还包括诸如"带得更多"行李箱、"大尺寸"安全方向盘和"方便进入"车门等。

敞篷版的额外配置
奇伏坦(酋长)敞篷汽车只有豪华版才配有车门门压装饰条、镀铬的挡泥板和头灯边框等。还有科洛尼亚尔纹路的真皮或者仿真皮内饰,仪表盘可以与车身喷成同样的颜色。

后保险杠
后保险杠设计得复杂且精细,同时避免了穿带裙环长裙的年轻小姐们开启行李箱的时候栽倒在行李箱里。

奇伏坦(酋长)标志
在发动机罩上的印第安人头标志也是极具设计感的装饰品——尽管他从未笑过。夜间行车的时候,会有一个2瓦的小灯泡照亮印第安人的头像,使它散发出柔和温暖的黄色光晕来。

庞蒂克 奇伏坦（酋长） **433**

发动机

六缸铸铁发动机带有4个主轴承,非常坚固的气门挺杆,和一个小型卡特（Carter）单腔化油器。只要再花23美元,就可以得到直列八缸发动机的配置包,但是也仅仅增加了13马力。直到1955年,庞蒂克才开始使用V8发动机。

内饰

车厢内部能够乘载5个人,但是没有配备助力方向盘和助力刹车。带有管柱式变速杆的三速同步变速箱是标准配置。但是在1949年,奇伏坦（酋长）提供先进的液压自动式四速变速箱作为可选配置也才刚刚第二年,售价为159美元。

规格

车型: 庞蒂克 奇伏坦(酋长)（1949）
产量: 不详
车身风格: 双门敞篷跑车
构造: 钢质车身和底盘
发动机: 3.8升 直列六缸发动机；3.9升直列八缸发动机
输出功率: 90—103bhp
变速箱: 三速手动变速箱,或者四速超级液压自动式手动变速箱(可选)
悬挂: 前轮螺旋弹簧悬挂系统,后轮叶片弹簧悬挂系统
刹车: 四轮鼓式刹车
最高速度: 129—153km/h（80—95mph）
0—60MPH（0—96km/h）: 13—15秒
A. F. C: 5.3km/l（15mpg）

庞蒂克 *博纳维尔*

在20世纪50年代晚期,汽车城底特律的厂商们都非常发愁。他们想破脑袋地想推出一款新奇产品,力图满足顾客对于新的性能配备、新材料和新风格的渴求。庞蒂克(Pontiac)1959年推出的"宽体版"的博纳维尔(Bonneville)确实造成了轰动。时任总经理的邦基·克努森(Bunkie Knudsen)将这一车型的特点定位为年轻与力量,博纳维尔包含了买家所有想要的一切。《汽车生活》杂志将博纳维尔评选为"最佳购买选择车型",消费者也的确买账。到1960年,不断攀升的销量让庞蒂克成为汽车工业中第三大公司。这部声名显赫的博纳维尔的确是驾驶者的梦幻之车。6.2升V8发动机的最大输出功率是345马力,当三威动力系统介入以后,最高时速可达201公里/小时(125mph)。车身宽1.93米,双门硬顶版根本没法开进洗车间,但是没人在意这些。1959年,美国人花费3亿美元嚼口香糖,超级市场成为美国人的圣殿,美国国歌变成了顺口溜。美国人在追求舒适和便捷的理想国中迷失了自我,就此误入歧途。

广告趣味

被胜利冲昏了头,庞蒂克宣称他们是"全美国最棒的公路车"的制造者。博纳维尔的广告言辞夸张,宣称"当你驾车到达,会被无数聚光灯包围,灯光闪烁,人们无限艳羡,这都来自这部惊人而优雅的汽车"。

发动机选项

无须另加费用,你就能得到带有特殊凸轮轴和双腔化油器的超经济型暴风雨 420E 发动机,但是并没有几个买家对此感兴趣。

庞蒂克 博纳维尔 **435**

动力转向系统
当液压转向装置失灵的时候,新的塞基诺回转阀助力转向系统能够提供帮助。

后挡风玻璃
宽大的玻璃车窗、巨大的发动机罩和无支撑的车顶在当时被认为是非常时髦美观的。

更多尾翼
买家们嚷着要彰显个性的汽车,所以庞蒂克的设计者们不是给博纳维尔加上两个尾翼,而是4个!这种宽体外观设计很有男子气概,结实而又具有挑逗性,非常对公众的胃口,仅1959年就卖出了27 769部。

荣誉称号
《汽车时尚》杂志评选1959年的庞蒂克为年度之车。

1958年的博纳维尔

庞蒂克1958年的博纳维尔比1959年的"宽体版"短了23厘米,窄了13厘米。最突出的区别在于前格栅,1958年的博纳维尔的前格栅是一整块。

内饰

热闹的内饰采用了和外观一样多的镀铬元素,买家可以特殊定制奇异吧收音机、电控伸缩天线、涂色玻璃、软包仪表盘、纸巾盒。仪表盘下面的空调系统是在汽车入市之后的后市场选装配置。

前格栅

1959年款的前格栅是分开的两块。其后第二年,暂时恢复到一片式前格栅,但是马上又分为两块,并成为整个20世纪60年代庞蒂克的特色。

销售顺口溜

为推销1958年的博纳维尔,销售称博纳维尔"开创了奢华汽车的新纪元"。

庞蒂克 博纳维尔 437

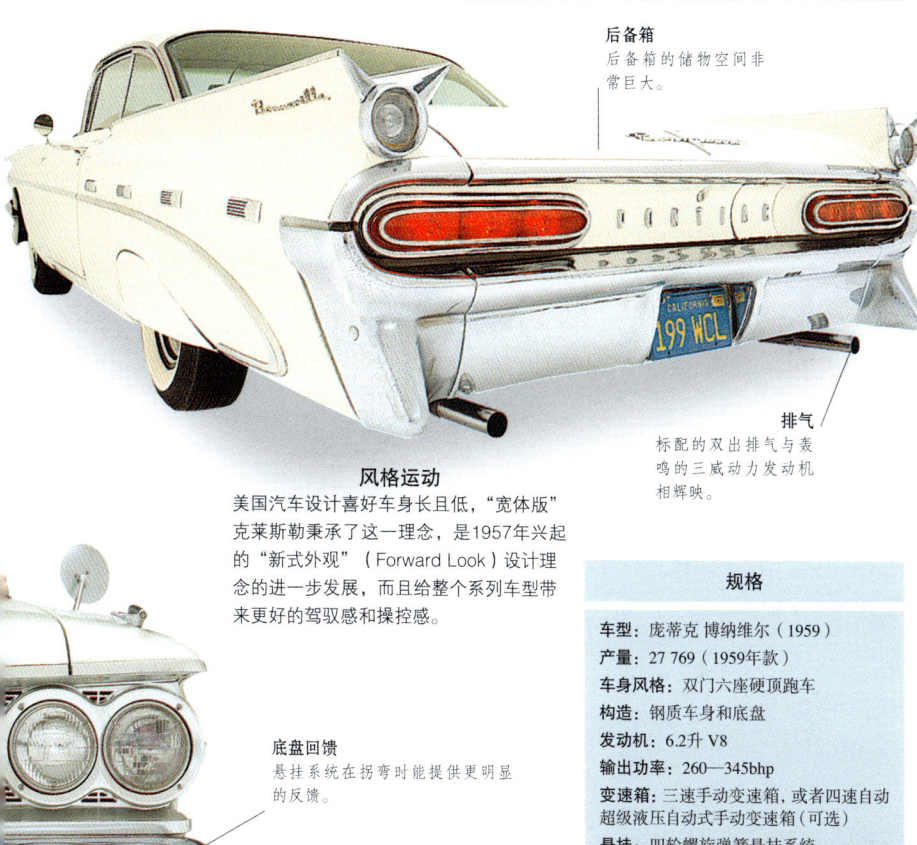

后备箱
后备箱的储物空间非常巨大。

排气
标配的双出排气与轰鸣的三威动力发动机相辉映。

风格运动
美国汽车设计喜好车身长且低,"宽体版"克莱斯勒秉承了这一理念,是1957年兴起的"新式外观"(Forward Look)设计理念的进一步发展,而且给整个系列车型带来更好的驾驭感和操控感。

底盘回馈
悬挂系统在拐弯时能提供更明显的反馈。

前部外观
安全性如此重要,但博纳维尔的转向指示灯却是在汽车将要出厂的最后关头,才匆忙嵌在前保险杠里面。不过,内部绚丽的三色装饰使博纳维尔英俊帅气,仍然让年青一代一见倾心。内部尺寸犹如车库一般巨大,让它成为一款真正的六座汽车。

规格

车型:庞蒂克 博纳维尔(1959)
产量:27 769(1959年款)
车身风格:双门六座硬顶跑车
构造:钢质车身和底盘
发动机:6.2升 V8
输出功率:260—345bhp
变速箱:三速手动变速箱,或者四速自动超级液压自动式手动变速箱(可选)
悬挂:四轮螺旋弹簧悬挂系统
刹车:四轮鼓式刹车
最高速度:177—201km/h(110—125mph)
0—60MPH(0—96km/h):9—11.5秒
A. F. C:5.3km/l(15mpg)

庞蒂克 *GTO*

这是庞蒂克（Pontiac）为了迎合年轻人而推出的一款车，年轻人既有新鲜想法，又有大把现金。底特律的汽车商充分开发了年青一代的反叛精神在汽车上的表现，将汽车设计得雄武无比，充满了仿佛要燃烧起来的男子气概。1964年，庞蒂克的首席工程师约翰·德罗宁（John DeLorean）将最大尺寸的V8发动机硬塞进空间局促的庞蒂克暴风雨（PontiacTempest）紧凑型汽车里，产生了令人激动的效果。他们强化了刹车系统和悬挂系统，并配合发动机装进三个双腔化油器，并将此车命名为GTO，这个名字来自于法拉利的著名跑车GTO。1966年，这款车凭借本身优异的表现被量产，于是汽车城底特律第一批肌肉车就此产生了。有权威评论这些第二代的GTO的流畅线条使它们的外形才能脱颖而出。发动机的性能也非常让人满意，标准配置335马力6.2升V8发动机能够列入360马力高输出功率的名单。但是截至1967年，受到新兴起的社会意识形态转变（20世纪60年代的青年狂躁时代已经过去）和联邦政府干涉的影响，GTO的销售缩水15%。此后，秀车的时代只能被记录在历史书中了。

初始的肌肉车
约翰·德罗宁想把高规格的发动机装在标准的庞蒂克暴风雨的车身上，确立了一种全新的汽车风格，并在1964年立刻给庞蒂克带来了巨大的成功。如果福特没在同一年发布他们的野马（Mustang）系列，我们现在看到的GTO将会成为当之无愧的年度之星，还会取得更好的销售成绩。

超强动力
庞蒂克是第一家将大马力和超轻的车身结合在一起的主流厂商。在测试中，1966年的敞篷GTO能够在6.8秒内达到60mph（96公里/小时）。

轮圈
一套五辐的拉力II型（RallyII）运动轮圈是价值72美元的可选配件。

庞蒂克 GTO

规格

车型：庞蒂克 GTO 敞篷版（1966）
产量：96 946（1966年所有车型）
车身风格：双门五座敞篷跑车，双门五座硬顶跑车
构造：钢质承载式车身
发动机：6.2升 V8
输出功率：335—360bhp
变速箱：三速手动变速箱，或者四速手动变速箱（可选）、或者三速自动液压自动式
悬挂：四轮螺旋弹簧悬挂系统
刹车：四轮鼓式刹车（可选盘式刹车）
最高速度：201km/h（125mph）
0—60MPH（0—96km/h）：6.8—9.5秒
A. F. C：5.3km/l（15mpg）

销售成功

1966年，该车销售达到了高峰，平均年龄25岁的年轻人渴求动力强劲的汽车，GTO正满足了他们的要求，竟然卖出了9.5万部的佳绩。其中敞篷版是系列中最具有审美情趣的一款。

GTO印象
GTO常常和恶作剧等词汇联系在一起。

长度
GTO看上去好像很长，事实上它依然比庞蒂克最长的一款车还短了38厘米。

高性能的后部
GTO的高性能避震筒、避震弹簧还有平衡杆均为汽车标准配置。

可选配件
GTO的可选配件还包括拉力·科拉斯特的仪表、密齿轮比四挡手动变速箱、中控台以及胡桃木的仪表盘。

座椅
可以选配靠背能够放倒的前座。

内饰
GTO的装备与庞蒂克暴风雨勒芒系列的高配置一样,包括烟缸灯、点烟器、地毯以及电控可折叠车顶。空调和助力转向系统分别可以以343美元和95美元的价格买到。

头灯
1965年的庞蒂克新装配了叠放的前车灯,并在GTO这个车系中一直保存到20世纪60年代末。

绰号
肌肉车的疯狂粉丝都称呼GTO为"山羊(Goat)"。

庞蒂克 GTO

发动机可选项
HO车型能够在14.2秒内完成0.25英里加速赛（译注：也称为0-400米加速赛）。

GTO名字
《公路与赛道》(*Road & Track*)杂志评论庞蒂克从法拉利那里盗窃了GTO名称的行为是"不可饶恕的欺诈"。

发动机
基础版的335马力6.2升发动机拥有一个高输出的带有三威动力系统的兄弟，如果再花上116美元，你就能拥有它。它能够爆发出360马力。1967年，这个系列扩大了，包括了经济版的255马力6.4升V8发动机，以及360马力Ram-Air 6.4升发动机，但是后者每分钟的转数更高。

转向灯
转向灯放在前格栅上，模仿的是欧洲风格。

1966年的大改版
第一代GTO在1966年之后改版，采用了更具侵略性的分离式前格栅和横向排列的前车灯设计，后侧翼更是略微向上翘起。然而，正如图中所示，1966年的GTO才一直是庞蒂克最受欢迎的车型，销量接近10万部。

庞蒂克 火鸟

20世纪70年代，美国政府第一次干预汽车工业的发展。随着1973年石油危机的爆发，汽车工业的三巨头被勒令勒紧裤腰带。新车设计暂时停下来，这部搭载了大马力发动机的Trans Am就成为当时最后一批真正极速的跑车。1969年，肌肉车火鸟（Fire bird）的Trans Am版本面世后就一直大受欢迎，它的车身肌肉膨胀凸起，看起来仿佛车身里面有什么东西要将车身皮肤撑破一般。不管燃油是否短缺，大家都喜欢这部1973年的Trans Am，直接表现为销量呈四倍的速度增长。庞蒂克（Pontiac）试图勇敢地无视关于动力设计的法律限制，那可是扼杀驾驶快感的东西，它使用了输出310马力的455超级V8发动机，有人评价Trans Am上的大马力输出455恐怕是有史以来使用在任何一部"小马车"上最强劲的发动机了。然而游戏很快就结束了。在几个月内，庞蒂克不得不对Trans Am做出多项修改，将马力降低到290马力，以符合排放标准的规定。劲爆的455仍然在这部车上服役直到1976年；颇具运动感的溜背式车顶和车身一直使用到1982年。但是，从1967年至1973年，狂热的肌肉车时代一去不复返了，那些奇妙的大马力发动机妖怪将永远无法再现。

存在时间超长的肌肉车

作为美国汽车工业最古老的斗士，火鸟（Firebird）是唯一一款在目录册上存活30年的肌肉车。在卡马罗（Camaro）的F车身基础上改造而成，火鸟于1967年初次登场，但是更加狂野的Trans Am版本直到1969年才推出。奇怪的是，在1970年再次改变风格之前，却没怎么对Trans Am进行大肆宣传。

发动机罩孔
向后的"调酒器"状的发动机罩孔昭示着Trans Am的强大动力。

庞蒂克 火鸟 443

仪表盘
第二批Trans Am配有机加工的仪表盘饰板、拉力仪表、凹背座椅和方程式方向盘。转速表最大8000rpm的数据显然过于乐观。时速表并不能够达到其显示的最高时速257公里/小时（160mph）。

规格

车型：庞蒂克 火鸟（1973）
产量：4802（1973年款）
车身风格：双门四座滑背跑车
构造：钢质承载式车身
发动机：7.2升 V8
输出功率：250—310bhp
变速箱：手动四速变速箱，或者自动三速液压自动式
悬挂：前轮螺旋弹簧悬挂系统;后轮叶片弹簧桥式悬挂系统
刹车：前轮盘式刹车、后轮鼓式刹车
最高速度：217km/h
0—60MPH（0—96km/h）：5.4秒
A. F. C：6km/l（17mpg）

车轮罩板
车轮拱罩向外延展，使汽车看起来更加凶悍。

定风翼
1973年推出的掀背版，车身后面加了非常宽的定风翼。

装饰图案

用"尖叫的凤凰"这一图案装饰发动机罩的创意,在1973年还是相当新鲜的。这个图案出自设计师约翰·希奈拉(John Schinella)之手,是在美国土著印第安人凤凰图腾的基础上修改而成的现代版。Trans Am现在看起来和它开起来一样与众不同。

费舍尔制造的车身

庞蒂克大力宣传Trans Am的车身是由古老的制造四轮马车的费舍尔工厂(Fisher)制造的,以增加贵族感。

1973年的复兴

公平地讲,急剧上升的保险率和国民不再只追捧汽车的性能这一趋势应该会让Trans Am的销量降低。不过在1973年,发动机罩上"尖叫的凤凰"图案和超级的V8发动机使Trans Am犹如发射的导弹一般被众买家从展厅里飞速拖走。后来,在几乎被通用公司砍掉的情况下,Trans Am还是服役到20世纪八九十年代。

前部

从1973年开始,前杠下面配备了小型扰流板。

庞蒂克 火鸟 **445**

发动机
大块头Trans Am是美国汽车"性能至上"理念的最后致礼。455超级发动机能够在6秒内达到96公里/小时的速度，最高时速能达到217公里/小时（135mph）。

名字的纠纷
Trans Am的名字借用自美国运动汽车俱乐部（Sports Car Club of America，SCCA），于是SCCA威胁要从每部车的销售额中提取5美元作为版税，否则就将诉诸法律。Trans Am是一部非常有男子气概的汽车，《汽车与驾驶》杂志称它为"雄赳赳的肌肉车、闪电般移动的突击队员"。

排气
双出排气系统配备了镀铬的尾喉。

保时捷 *356B*

大众甲壳虫（VW Beetle）的设计师费迪南德·保时捷向世界奉献了一部"人民的汽车"，但是他的儿子费利·保时捷则与卡尔·卢比一起缔造了无与伦比的保时捷356B。如今，保时捷的品牌意味着精准、极佳的性能、纯粹和完美，而我们现在介绍的356就是这个完美故事的开篇。其实也不能叫做开篇，356之所以命名为356，是因为它是保时捷设计工作室出品的第356个产品。同时，它也是第一部以保时捷命名的汽车。"二战"后的经济拮据，迫使大家不得不在汽车工业上依靠甲壳虫汽车一类的基础产品，但是356则是蜕茧成蝶的代表。后置发动机的设计来自于早期的甲壳虫汽车（译注：早期的甲壳虫，采用后置发动机形式），但是更具运动感，356已经转变为一款真正的运动汽车。汽车外形别致，操控敏捷，对于甩尾控制极佳，精致的356成为保时捷引以为傲的运动传统的坚实根基。

完美的工程
第一部保时捷356是精巧的设计构思和完备的动力系统的完美结合，将大众甲克虫的诸多元素带入新型的运动汽车设计中。车迷们非常喜爱最早的保时捷356，充满感情地将其称为"果冻模子"。

进入车体的盖子
这不是一个千斤顶的盖子，从盖子下面的洞中可以调校扭力杆。

驾驶舱
座位很宽大，椅背几乎垂直，方向盘手感很轻，乘客座位配有扶手。

外加行李架
由于车前部的行李箱空间有限，后部的外加行李架提供了另外一个放置行李的地方。

保时捷 356B

卡雷拉的选择
1962年的356卡雷拉2（Carrera2）搭载1.9升的发动机。

赛道之王
第一批保时捷356在1951年的勒芒赛事上取得桂冠，总排名达到第20名，立时一举成名。自此之后，保时捷的名字就一直与高性能联系在一起，并坐拥令人艳羡的赛道和拉力赛桂冠的纪录。

刹车
1963年，在356C中，鼓式刹车系统被换成了盘式刹车系统。

传动装置
保时捷专利的同步啮合技术，快速而积极的咬合带来了顺畅的齿轮变换。

轴距
356的轴距达到了210厘米。

1962年的发动机
1962年356B发动机的排量是1.5升。

看上去是分开的前窗
在敞篷车上,后观镜安装在一条纤长的镀铬杆上,从车前看上去,前车窗仿佛是分开的一样。

发动机
356B采用的大众甲壳虫的机械构造和传动系统,决定了356B后置发动机的布局。水平对置四缸发动机,即水平对置汽缸"拳击家"布局,并非纯粹来自甲壳虫,而是一个改良过的版本。发动机从1.0升进化到1.9升。

重新设计
356B车身上,前车灯和保险杠都比前款高了一些。

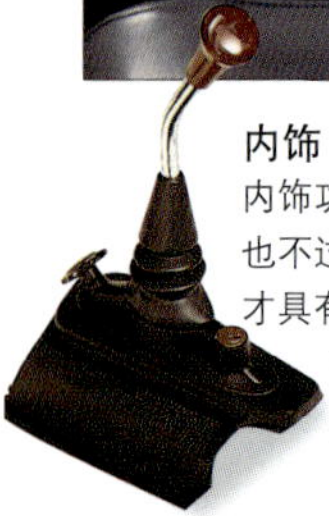

内饰
内饰功能性讨人喜欢,既不夸张也不过分简朴,也正因为如此它才具有永不过时的特点。在软包仪表盘下面,是经典的黑底绿字仪表。

911的先驱

356原型车的车身比现在要更低一些,而且车型也更肌肉。这里展示的汽车是1962年的356B超级90,出产于911车型(参见第450页至第451页)推出的两年前。虽然911与超级90是不同种类的汽车,但是我们还是能看出它们之间一些传承的痕迹。

后部外观
356B双出排气位于保险杠的下侧两端,忙碌的风冷式发动机活塞的对撞声是不可错认的标志性声音,也是千万买家都无比喜欢的声音。

规格

车型:保时捷356B(1959—1963)
产量:30 963
车身风格:双门2+2硬顶跑车,双门敞篷跑车
构造:钢质承载式车身,压制钢平板底盘
发动机:风冷水平对置四缸双化油器发动机,1.5升
输出功率:90bhp at 5500rpm(super90)
变速箱:同步啮合手动四速变速箱后轮驱动
悬挂:前轮扭力杆螺旋弹簧独立悬挂系统、防倾杆;后轮扭力杆弹簧独立悬挂系统
刹车:四轮液压鼓式刹车
最高速度:77km/h(110mph)
0—60MPH(0—96km/h):10秒
A. F. C:10.6—12.5km/l(30—35mpg)

保时捷 卡雷拉 911 RS

卡雷拉 RS（Carrera RS）是一个传奇，是一部经典的911。它广受推崇，被称为"超越了所有时代的终极公路车"。卡雷拉911RS拥有简化的内饰和更轻的车身，简直就是一部轻如鸿毛的跑车。经典的水平对置六缸发动机能达到2.7升排量，还配备了高性能的燃油喷射装置和平顶锻造活塞——这一改进能够使汽车以210马力的功率发射出去。保时捷在销售RS方面没有遇到任何问题，一共制造了1580部，只用了一年就全部售罄。标准版911曾经因为驾驶中尾部甩动而受到批评，然而卡雷拉911 RS在这一点上改进了许多，它是一部配重超级平衡的汽车。赛车的血统给驾驶者带来了终极的驾驭享受。RS配备了有史以来最强劲的一款发动机、顶级底盘、243公里/小时的最高时速，RS能够与世界上顶级的跑车对抗。收藏者和保时捷的车迷都认为这是最棒的一款911，当然它的价格也与其尊贵身份相符。另外，RS还是世界上最早的采用风冷构造的超级跑车之一。

轻量化双门跑车
聚酯纤维保险杠，薄钢板车身以及超轻的"格莱弗贝尔"玻璃，使得RS的重量刚过900千克。标准版的保时捷重量为995千克。另外，车重配比以及后置发动机的布局，要求驾驶者对待油门必须非常小心温柔。如果粗暴地驾驶911，它就会转向不足。

风挡玻璃
向后倾斜的风挡玻璃帮助911塑造了欺风的外形。

前车灯
经典的倾斜前车灯已经背离了早期的大众甲壳虫垂直前车灯设计。

保时捷 卡雷拉 911 RS 451

规格
车型：保时捷 卡雷拉 911 RS（1972—1973）
产量：1580
车身风格：双门两座硬顶跑车
构造：薄钢板钣金
发动机：水平对置六缸发动机，2.6升
输出功率：210bhp at 5100rpm
变速箱：近齿轮比手动五速变速箱
悬挂：四轮扭力杆弹簧悬挂系统
刹车：四轮铝质卡钳、通风盘式刹车
最高速度：243km/h（150mph）
0—60MPH（0—96km/h）：5.6秒
0—100MPH（0—161km/h）：12.8秒
A. F. C：8.1km/l（23mpg）

后置引擎
风冷式2.7升水平对置发动机能够爆发强劲动力。从外形上，人们只能从汽缸冷却散热格栅上看出此车为后置发动机布局。

轮罩拱
后轮拱罩微微向外展开，以容纳下宽度为18厘米的轮圈。

后扰流板
RS配备博译玻璃纤维后扰流板，以在高速行驶的时候有效减少车尾升力。

漫步者 安拜斯德（大使）

当美国政府告诉消费者，"现在正是买汽车的最好时机"（译注：这是1958年汽车城底特律鼓励民众购买汽车的宣传口号）的时候，美国汽车公司（American Motors）老板乔治·朗姆尼（George Romney）用实际行动告诉总统："消费者现在对美国汽车的尺寸、马力和过多的装饰品感到厌倦了。"1958年的经济衰退时期，美国汽车业有史以来第一次出口量低于进口量，而朗姆尼（Romney）的漫步者（Rambler）是这一时期唯一的行业成功故事。安拜斯德（Ambassador）是朗姆尼（Rambler）的经济型旗舰车，路试人员喜欢它的速度、大空间、简单实用以及较高的转售价值空间（保值率）。同时，这部车的价格也非常合理，还有安全配置选装包、强力防锈保护汽车顶棚和一具颇具现代感的一体结构车身。但是，买家还是不买账。厂商通常想要兼顾汽车的性能与价格，但是别忘记汽车的外形还必须酷。安拜斯德虽然实用，外形却丑陋而细长，只有古板的中年人才会喜欢它。

重新设计

AMC的设计师爱德华·安德森（Ed Anderson）出色地完成了1958年的车型设计。他聪明地在1956年以及1957年的车型基础上改进设计，加上更长的发动机罩，更换了格栅和尾灯。不过，安拜斯德内敛的尾鳍和朴素的车臀，无法扮演受女观众心中最受欢迎的男明星。它不像一部高档的汽车，反而更像是一部出租车。全系包括6个车型，其中有3个旅行版本。

装饰
弧光曲棱车身特征线是在装饰上少有的几个让步之一，但是却帮助破除了车身侧面死板的造型。

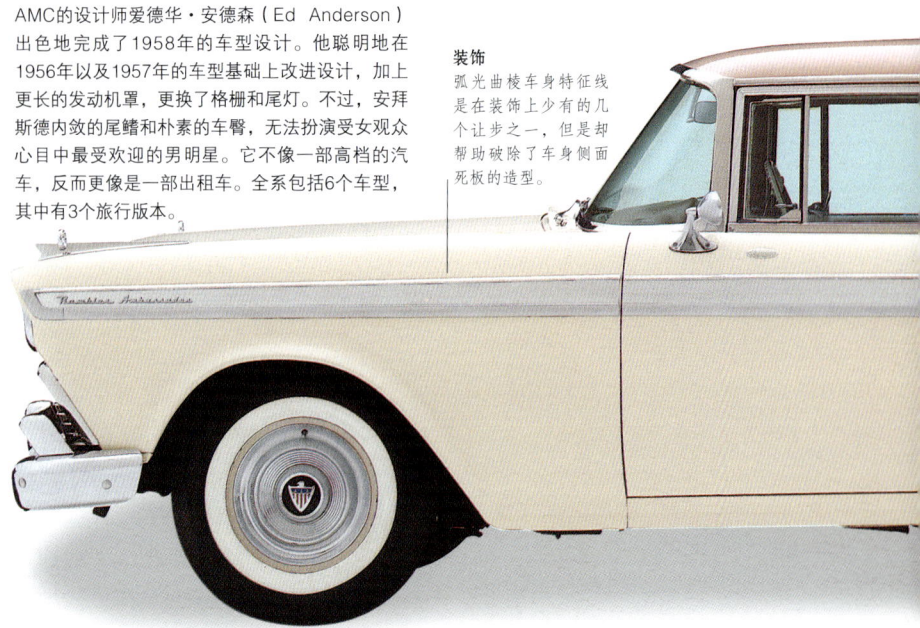

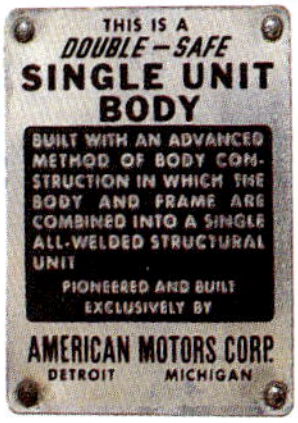

漫步者 安拜斯德（大使） 453

什么？没有车架？

无车架车身结构是纳什/AMC的传统，许多欧洲著名的汽车厂商也采用这种结构来设计，比如捷豹汽车公司。不过很少有美国汽车厂商对这种设计感兴趣。虽然安拜斯德的规模适中，看上去只是一部中型车，但是却具有超强的容纳度，车顶篷的线条很高，这意味着可以容纳6位乘客。

规格

车型：漫步者 安拜斯德（大使）(1958)
产量：14 570（1958年款，所有车型）
车身风格：四门六座三厢轿车
构造：钢质一体车身
发动机：5.2升V8
输出功率：270bhp
变速箱：三速手动变速箱，带有超速挡；或者是三速自动Flash-O-Matic变速箱
悬挂：四轮螺旋弹簧独立悬挂系统；后轮可选配空气悬挂系统
刹车：四轮鼓式刹车
最高速度：169km/h（105mph）
0—60MPH（0—96km/h）：10秒
A. F. C：6.4km/l（18mpg）

节油
6.4公里/升（18mpg）的油耗让人印象深刻。

后车窗
巨大的后车窗给驾驶者提供良好的视野。

个性签名
带有个性化签名的三厢轿车售价2822美元。

无车架
9000个电子焊接件取代了传统的螺栓,减少了车内异响。

后尾鳍风格
促销广告语上赞誉安拜斯德(Ambassador)具有"最舒适、最合理的尾鳍高度",不会阻碍后部视野,是安全驾驶的保证。广告上还大力宣传了安拜斯德超级节油的能力和良好的操控感。

操控
四轮螺旋弹簧独立悬挂系统帮助提升汽车操控性,加上可选配的帕沃洛克差速器就更加出色。

内饰
可以选装特别定制的方向盘,再配备上助力系统,一共售价89.5美元。三速自动Flash-O-Matic变速箱的操控既可以使用传统的杆式操作也可以通过仪表盘上的按钮实现操控。天气眼加热器(Weather-Eye)是另一个可选配置,被认为是最有效率的设计之一。

车顶
长方形的车顶和方正的侧车窗,并没有使安拜斯德的外观质感得到提升。

发动机罩之下

5.2升V8铸铁发动机能够爆发270马力,尽管仅仅辅以一个单腔化油器,仍然能在10秒钟内达到60mph(以96公里/小时的速度)。1957年漫步者的叛逆者(Rambler Rebel)也同样搭载了这款发动机。选配的"动力保护"风扇(Power-Saver)强化了发动机的散热器,因而也能够节省燃油。

雷诺-阿尔派 A110 柏林尼塔

雷诺-阿尔派 A110（Renault-Alpine A110）的体积虽然不大，但是声誉却非常好，尤其在它的故乡法国。虽然挂着雷诺的标志，这部微型火箭却是完全出自一个人的诚意奉献——那就是让·莱德雷（Jean Redélé，1922.5.17—2007.8.10，生于法国迪耶普Dieppe，逝于巴黎）。他是一位狂热的运动汽车迷，也是位于迪耶普的雷诺授权代理商的儿子。他从父亲处接管了车厂，便致力于将雷诺汽车改装后推上赛道。他以雷诺的发动机和机械构造为基础，打造出全新的汽车。A110的玻璃纤维车身和骨干式底盘，正是他的巅峰之作。这部车从1963年发布开始，就在世界各地竞争激烈的汽车赛事中击败了无数对手。如果开在公路上，它就是一部极富质感的伪装赛车，像山羊一样敏捷，性能耀眼，表现夺目，让车迷们在蓝旗亚斯彻特斯（Lancia Stratos，参见第332页至第335页）出现之前的日子里得到了最大的快乐。

最棒的机器

车身又低又宽，操控灵活敏捷，宽体车轮成八字张开，阿尔派无论从哪个角度看上去都那么坚定果敢。爬进窄小的驾驶舱，你立刻会感到与这部车合二为一，启动它，一阵美妙的咆哮让你心驰神往。一旦开动起来，阿尔派尾部发动机的嗡嗡声好像愤怒的昆虫一直跟着你，真是让人兴奋啊。

紧凑的尺寸
这是一部紧凑微型车，只有1.16米高，1.5米宽，3.85米长。

GT4
阿尔派A110那短命的GT4 2+2版本从来都没有像柏林尼塔版本那么魅力四射。

雷诺-阿尔派 A110 柏林尼塔

规格
车型：雷诺-阿尔派 A110 柏林尼塔（1963—1977）
产量：8203
车身风格：双门两座硬顶跑车
构造：玻璃纤维整体车身，管状钢质骨干式底盘
发动机：四缸6.9升到1.8升不等
输出功率：51—66bhp（0.9升）到170bhp（1.8升）不等
变速箱：四速或者五速手动变速箱，后轮驱动
悬挂：前轮高/低连杆螺旋弹簧悬挂系统；后轮拖曳臂式悬挂系统
刹车：四轮盘式刹车
最高速度：212km/h（132mph）（1.5升）
0—60MPH（0—96km/h）：8.7秒（1.2升），10秒（1.4升）
A.F.C：7.6km/l（27mpg）（1.2升）

卡丁车般的操控

虽然方向盘很轻，轮胎抓地力很强，但是当汽车开起来的时候，车尾依然还会如摇尾狗一样晃动。从始至终，这款车的非凡外形基本从来没有变动过，只在一些内饰细节上稍加修整。这在如今可谓极其罕见。

半开的发动机罩

赛车版发动机罩设计为微微张开，以帮助散热。

发动机
雷诺生产过很多发动机,但是在哥帝尼(Gordini)或者米格诺特(Mignotet)调校下的阿尔派确实与众不同,好像飞起来一样。第一批阿尔派使用"多菲内"发动机(Dauphine),从R8、R16一直进化到补充前两者中间空档的R12。这部1967年的汽车搭载1.4升发动机,发动机装配在后轴之后,而变速箱在后轴的前面。

拉力赛的成功
阿尔派无数的拉力赛桂冠包括两次蒙特卡洛大奖赛的桂冠和1973年世界杯的冠军。

左舵车
英国的收藏家可能会感到遗憾,阿尔派 A110全部为左舵驾驶。

外部发动机开关
外部发动机开关是赛车的必要配置,这样维修人员可以在车外关掉发动机,以避免在赛车事故中引发火灾。阿尔派的外部发动机开关位于汽车的后翼。

雷诺-阿尔派 A110 柏林尼塔

汽车内部
仪表盘的布局是当时运动型跑车的典型布局，短而粗的变速杆就在手边，便于操控。非赛用公路版上没有配备赛车座椅，但是内部装饰要好得多，而且驾驶乐趣也丝毫不减。然而由于车顶较低、车门槛较高，上下车并不是非常方便。

名字
汽车最开始的时候叫做阿尔派-雷诺（Alpine-Renault），后来随着雷诺影响力的增强才改作雷诺-阿尔派（Renault-Alpine）。

组装
虽然A110只制造了8000多部，但是却分别在西班牙、墨西哥、巴西、保加利亚和法国等国组装。

经销商的选择
从1969年开始，阿尔派就通过雷诺的经销商体系进行销售，带有雷诺的质量保证。

劳斯莱斯 银云 III

1965年,5500英镑可以购买一栋带有7间卧室的大房子,11部奥斯汀迷你,或者是一部劳斯莱斯银云(Rolls-Royce Silver Cloud)。众所周知,劳斯莱斯汽车传达的气息带有大地产贵族和工业新宠的意味。但是到了20世纪60年代早期,英国的社会结构发生了变化,连玛格丽特公主都宣布要嫁给一个离过婚的人,更不用提贵族们越来越缺钱花,不得不将豪宅房产卖给社会成功人士或者企业家。在这样的社会剧变中,劳斯莱斯银云系列可谓是不合时宜的辉煌之作。每部车都要花费3个月的时间制造,车重2吨,要喷上12层漆。车身安装在巨大的底盘之上,采用鼓式刹车,因为盘式的刹车可能发出难听的、又长又尖的噪声。机盖下沉睡的是直列六缸或者V8发动机,输出功率从未对外公开,只是简单描述为"动力充足"。银云成为崇尚高贵血统和特权的旧秩序的辉煌纪念碑。

车型的历史

银云 I 发布于1955年,并一直存活到20世纪50年代末——劳斯莱斯用V8发动机取代了六缸发动机并将助力方向盘变为标准配置。银云II则存活到1962年,那一年银云II进行了第一次较大规模的改型——降低发动机罩,还采用了时髦的双前车灯。

厚重的镀铬

劳斯莱斯宣称自己出产的汽车上的镀铬层要比世界上所有的汽车都要厚。

劳斯莱斯 银云 III

内饰
好似纷繁世界中的避风港，银云豪华的内部装饰简直就是小型的皇帝寝宫。采用最精良的胡桃木和真皮，还有威尔顿（Wilton）地垫装饰。变速杆的位置在方向盘下方。

发动机
面向美国市场的银云II和银云III采用6.2升五轴承V8发动机，都挤在并不宽裕的发动机槽里。

规格
车型：劳斯莱斯 银云 III（1962—1965）
产量：2044标准钢
车身风格：四门五座沙龙车
构造：大梁底盘，压制钢车身
发动机：6.2升五轴承V8发动机
输出功率：220bhp（估计）
变速箱：四速自动变速箱
悬挂：前轮叉臂螺旋弹簧独立悬挂系统；后轮液压减振器叶片弹簧悬挂系统
刹车：四轮机械助力鼓式刹车
最高速度：187km/h（116mph）
0—60MPH（0—96km/h）：10.8秒
0—100MPH（0—161km/h）：34.2秒
A. F. C：4.4km/l（12.3mpg）

巨大的头部空间
在豪华汽车的传统中,车顶线条总是非常高——于是乘坐此车的贵宾们就有足够的空间戴上高礼帽。宽大的后柱可以为后排的贵宾遮挡外部窥视的目光。

非常安全
车门安装了高品质的耶鲁(Yale)车门锁,为乘客提供了最好的安全保障。

工具箱
每部银云汽车的行李箱里都配有一整套工具箱。

数字
罗马数字令汽车更加庄重。

劳斯莱斯 银云 III

古典风格
银云系列的每一个细节都显得那么古典，比起一部汽车，它仿佛更像是一栋美丽的建筑物。标准钢质车身由英国牛津的"压制钢件"公司（Pressed Steel）制造。为了减轻车重，车门、发动机罩、行李箱盖都采用手工铝质。

真皮内饰的舒适度
车内后部空间看起来非常舒服，但是实际上小小的奥斯汀莫里斯（Austin 1100）的腿部空间更大。在标配的胡桃木的小餐桌上享用法式面包和鱼子酱真是太棒了。后部带有液压减震器的叶片弹簧悬挂系统使得汽车驾驶起来非常平稳。

前部外观
根据北美安全条例，150瓦14厘米大小的卢卡斯（Lucas）双前车灯是必需的。银云III的转向灯从雾灯旁边移到了侧翼。

标志
将欢庆女神的形象与银色的贝壳相结合的标志，需要好几个人花上5个小时才能擦亮。

萨博 99 增压版

每隔10年左右,就会出现一部伟大的汽车,对当时大众广为接受的汽车理念提出全新的挑战。1978年,英国《汽车》(*Autocar*)杂志在刚刚测试了萨博99增压版(SAAB 99 Turbo)后写道:"这部车令人难以置信地激动,肾上腺素在身体里急窜,即便最冷酷麻木的人也能感受到。"萨博公司首次将涡轮增压技术运用到家用汽车上,这便是99增压版。它很快又衍生出了一部马力十足的赛车版,勇夺世界汽车拉力锦标赛的桂冠。这让所有的汽车制造商大为震惊。萨博增压版在燃油喷射EMS模型的基础上进化而成为博士燃油喷射技术(Bosch K-Jetronic),还配备了更为强有力的变速箱和盖内特(Garrett)涡轮增压系统。此车曾经制作了100台样车,试验里程更长达480万公里,才最终制造出了这部让他们满意的萨博汽车。虽然它很昂贵,但是没有任何别的汽车能与之相提并论。稀有罕见、充满神秘,并且占有重要的历史地位,这部突破陈规的99增压版无可争议地成为汽车历史上经典中的经典。

官方姿态
模仿了涡轮增压叶片形状的特制英卡合金轮圈、前后扰流板以及钢质天窗,让汽车看上去很酷。

内饰
20世纪70年代的内饰看上去有点廉价——红色天鹅绒座椅和仿木纹装饰。

悬挂
后部悬挂是轴梁式悬挂结构;前部是Y形臂和螺旋弹簧组成的悬挂系统。

萨博 99 增压版

发动机
发动机的特点为：五轴承链式传动、单凸轮轴、1.9升、八阀门、水冷式、四缸、低压缩比。

规格

车型：萨博 99 增压版（1978—1980）
产量：10 607
车身风格：双门/三门/五门四座运动沙龙车
构造：一体钢质车身
发动机：1985毫升四缸涡轮增压发动机
输出功率：145bhp at 5000rpm
变速箱：四轮驱动四速/五速手动变速箱；或者自动变速箱
悬挂：前轮双Y形臂螺旋弹簧独立悬挂系统；后轮带有梁形横轴的螺旋弹簧悬挂系统，倍斯登（Bilstein）避震器
刹车：四轮助力盘式刹车
最高速度：196km/h（122mph）
0—60MPH（0—96km/h）：8.2秒
0—100MPH（0—161km/h）：19.8秒
A. F. C：9.3km/l（26mpg）

涡轮增压
涡轮增压的性能非常可靠，但是在大力加速的时候会有两秒的延迟，这是它的阿喀琉斯之踵。

操控
99增压版的车身配重非常平衡。前轮驱动带来精准的转向，更有巨大抓地力的倍耐力（Pirelli）195／60尺寸的P6型轮胎。

西姆卡 *阿宏德 培兰希尔*

通过模仿美国20世纪50年代的汽车风格,对其产品进行重塑,西姆卡(Simca)从一家专门制造菲亚特汽车的工厂转型为法国顶级私家车制造商。

阿宏德(Aronde,在古法语中为"燕子"之意)正是西姆卡一部得意的转型之作。亨利·西奥多·皮戈齐(Henri-Théodore Pigozzi,西姆卡私家车制造厂的创始人)缔造的西姆卡阿宏德(Simca Aronde),成为"二战"后第一款拥有大西洋彼岸线条广受欢迎的法国车。产品线寿命长达12年,共售出了130万部阿宏德。1955年,西姆卡将标致和雪铁龙收归旗下,车身制造由著名的法希公司负责(Facel,出产法希维加,参见第228页至第231页)。阿宏德虽然在机械构造方面较为寻常,却具有高级定制一般的精致品质,最重要的是对买家来说,价格并非高不可攀。1958年,受美国汽车设计风格的影响,西姆卡连发动机的名字都改成"新鲜而特别"一类的美国风格名字。无论如何,阿宏德都是一部奇特的混血汽车,成为20世纪50年代汽车城底特律设计风格影响无所不在的明证。

各种影响

毫无疑问,这部车与法希有着剪不断的联系。环绕式风挡玻璃和气泡一般(鼓起来)的驾驶室,都与法希维加HK500(Facel Vega HK500)颇为类似。后带有尾鳍,前车翼上刻有流线型签名,运用得洒脱随意的镀铬元素,倾斜的后车灯,这些都与1957年的雪佛兰颇为接近。胡子形状、薯条切割器一般的前格栅和嵌入式的前侧灯使阿宏德看起来非常典雅,非常有质感。

名字是什么意思?

培兰希尔(PleinCiel)的意思是"露天",这与空气流通的驾驶室和大范围的车窗玻璃正相吻合。

颜色

阿宏德有22种双色搭配可以选择。

西姆卡 阿宏德 培兰希尔 467

车型系列
其他的西姆卡车型还包括培兰希尔双门跑车（PleinCiel Coupe）和海洋敞篷系列（Ocean），都是在阿宏德的基础上进行改造。直到1963年前，这些车型还能买到。1963年，当1300和1500畅销之时，它们就消失了。

现代主义
1958年，这种嵌入式可锁的汽油加注口盖可算非常先锋的设计。

轮圈装饰
全宽辐抛光镀铬轮圈罩和轮心装饰环都是典型的美国风格。

车顶线条
虽然车顶后部的线条倾斜下滑,但是阿宏德依然是一部四座车。

乘客舒适度
半椭圆叶片弹簧悬挂系统给予车上乘客舒适的驾乘感觉。

行李箱容量
阿宏德圆鼓的车身的确有它的道理。加长的尾鳍意味着行李箱的空间巨大。但是行李箱的槛太高了,放东西进去需要费些力气。

内饰
阿宏德的内饰纯粹模仿庞蒂克(Pontiac),采用了6种不同的塑料——驾驶室满眼看去简直就是一场双色大杂烩。唯一的仪表是时速表。

西姆卡 阿宏德 培兰希尔

发动机特性
"新鲜而特别"发动机具有强大的低扭,更强劲的曲轴和大端轴瓦。

发动机
"新鲜而特别"四缸57马力推杆发动机能够产生1.2升的排量,单化油器来自索莱克斯(Solex)。四速手动变速箱通过一个美式风格的变速杆操控。

规格

车型: 西姆卡 阿宏德 培兰希尔(1957—1962)
产量: 170 070(法希车身的阿宏德)
车身风格: 双门硬顶跑车,双门敞篷跑车
构造: 非承载式钢质底盘、车身
发动机: 1.28升四缸推杆发动机
输出功率: 57bhp at 4800rpm(Flash Special)
变速箱: 四速手动变速箱
悬挂: 前轮叉臂螺旋弹簧独立悬挂系统;后轮半椭圆形叶片弹簧悬挂系统
刹车: 四轮鼓式刹车
最高速度: 140km/h(87mph)
0—60MPH(0—96km/h): 15.6秒
A.F.C: 9.9km/l(28mpg)

操控

阿宏德的操控与其外观一样出色。但是由于它没有传统的法国汽车那种牛奶冻一般的乘坐感,因此法国汽车界对这部车的操控感持不同意见。尽管如此,阿宏德的运动性能依然非常好,就算没有助力,刹车性能也非常优秀,再加上稳固的底盘就更加不同凡响。

斯蒂倍克 阿文蒂

阿文蒂（Avanti）可是斯蒂倍克（Studebaker）公司的明星产品，也是斯蒂倍克公司在1953年以后第一次对车身进行全新设计的产物。作为一代传奇雷蒙德·罗维（Raymond Loewy）设计的最后一部汽车，阿文蒂和拉克（Lark）共享同一底盘，配备Studey4.6升V8发动机。阿文蒂外形简洁，这也是罗维最引以为傲的特色之一。从时髦的可口可乐自动贩售机，到质朴的好彩（Lucky Strike）香烟包装，罗维的设计创意都是在瞬间创造经典，而这部阿文蒂汽车更是所有创意中最为出色的一个。这部斯蒂倍克出品的奇车设计相当大胆，玻璃纤维车身，外加防倾杆和空气动力学配置。然而，经销商却没能满足顾客如潮水般的订单要求；更倒霉的是车身玻璃纤维外壳的可挠性（抗弯曲变形能力）也出现了问题。于是导致不耐烦的买家变节转而去购买克尔维特坎普（Corvette Camp）。阿文蒂的产量不足4650部，1963年12月停产。其后，阿文蒂被卖给了几个斯蒂倍克的经销商，他们重组了阿文蒂汽车公司，并艰苦地将阿文蒂维持到20世纪80年代。

欧洲线条
阿文蒂看上去更像一部欧洲车，而不是美国车。前鼻很长，前翼犹如刀锋一般，而且没有设计前格栅。我们从能够反映出罗维意图的早期设计草图上可以看到"如同捷豹、法拉利、阿斯顿·马丁以及梅塞德斯等"的字样，这颇能说明问题。从订货到交货，阿文蒂的设计加工只有让人难以置信的13个月，而与汽车等大的陶土模型面世也就用了40天！

发动机
4.6升V8发动机是斯蒂倍克最优秀的V8发动机，标准的R1版本能够爆发出240马力。增压后的R2和R3版本更分别能够爆发290马力和335马力。

车身设计风格
时髦滑顺的外形从未经过风洞测试，只是罗维凭感觉制造出来的。

斯蒂倍克 阿文蒂

规格

车型：斯蒂倍克 阿文蒂（1963）
产量：3834（1963年款）
车身风格：双门四座硬顶跑车
构造：玻璃纤维车身，钢质底盘
发动机：4.6升，4.8升V8发动机
输出功率：240—575bhp（304cid R5 V8 燃油喷射发动机）
变速箱：三速手动变速箱；或者助力自动变速箱
悬挂：前轮高低叉臂螺旋弹簧悬挂系统；后轮叶片弹簧悬挂系统
刹车：前轮盘式刹车，后轮鼓式刹车
最高速度：193km/h（120mph）
0—60MPH（0—96km/h）：7.5秒
A. F. C：6km/l（17mpg）

前部外观
早期的（1963年款）阿文蒂配备了圆形的前车灯，这从任何角度都无法错认。不过1964年的车型就换成了运动型的方车灯。

内饰
内饰标准配备包括内部行李箱开关和发动机罩的开关，以及乙烯基的凹背座椅。

后车灯
干净、整齐的后车灯是永不过时的经典设计。

新宾 泰格(虎)

把美国的V8发动机装在一个别致的英国底盘上,没什么稀奇的。毕竟,卡罗尔·谢尔比(Carroll Shelby)正是这么干的。他用AC艾斯创造出了令人敬畏的眼镜蛇(Cobra,参见第16至第19页)。当英国的鲁特斯集团(Rootes)决定在新产品新宾阿尔派(Sunbeam Alpine)上做同样的事的时候,他们也委托卡罗尔·谢尔比进行设计。虽然当时鲁特斯已经与克莱斯勒汽车建立了紧密的联系,但是美国人谢尔比还是决定再次使用福特的V8发动机。为了与4.2升的V8发动机相配合,阿尔派的底盘和悬挂都进行了升级。在1964年晚些时候,凶猛的泰格(Tiger)终于诞生了。1967年,泰格II使用了更大排量的4.7升福特V8发动机,可这竟是泰格的绝唱。因为克莱斯勒接管了鲁特斯,不再批准鲁特斯使用竞争对手福特出产的发动机。被称为"穷人的眼镜蛇"的泰格,在它走向终结的最后时刻,依然给买家带来了很多驾驶乐趣。

发动机
第一批泰格使用4.2升的福特V8发动机,后来换成了著名的289(cid)——也就是4.7升版本的发动机。图中展示的正是这版发动机。根据汽车的状况不同,这些发动机与安装在谢尔比眼镜蛇(Shelby Cobra)车上的发动机进行了不同的调校,所以尽管发动机的型号一样,但是数据不尽相同。

新宾 泰格(虎)

显赫的特征
MkⅡ泰格的前格栅犹如装鸡蛋的板条箱,它也正凭着这一点与阿尔派区分开来。早期的车型想要区分出来就没这么容易了。不过泰格侧翼上的镀铬条倒是一个识别方法,再加上车身上的徽章。

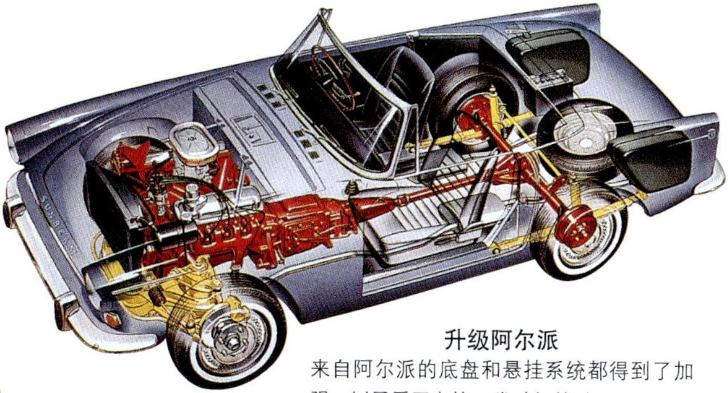

升级阿尔派
来自阿尔派的底盘和悬挂系统都得到了加强,以承受巨大的V8发动机的重量和火爆的动力。颇具成效的改装包括更强劲的后轴、更高性能的悬挂系统和更稳固的底盘。

赛车发动机罩
拉力赛用版本的泰格在发动机罩上设置了翘起的进气口,以增加气流通过量。

过热
泰格的发动机舱总是过热。

规格

车型:新宾 泰格(虎)(1964—1967)

产量:6469(MkⅠ,1964—1967);571(MkⅡ)

车身风格:双门2+2敞篷跑车

构造:钢质一体车身底盘

发动机:福特V8 4.2升或者4.7升发动机(260cid或者289cid)

输出功率:164bhp at 4400rpm(4.2升),200bhp at 4400rpm(4.7升)

变速箱:四速手动变速箱

悬挂:前轮叉臂螺旋弹簧悬挂系统;后轮半椭圆形刚性轴叶片弹簧悬挂系统

刹车:前轮助力盘式刹车,后轮鼓式刹车

最高速度:188km/h(117mph)(4.2升),201km/h(125mph)(4.7升)

0—60MPH(0—96km/h):9秒(4.2升);7.5秒(4.7升)

A.F.C:7km/l(20mpg)

丰田 *2000GT*

丰田 2000GT（Toyota 2000GT）本应该获得更高的评价。这部英俊的跑车有着良好的性能和装备，与它的俊朗外观相得益彰。它比在全世界都创造了销售奇迹的竞争对手达特桑240Z的出现还要早一些。丰田2000GT的销量不过300部的部分原因可能是由于汽车的排量太小，而更主要的原因是发布的时机不当。丰田 2000GT是在日本汽车的"大规模出口潮"之前发布的，所以只能在日本国内市场销售，而当时大部分日本人对精良的运动汽车还缺乏认识。作为一次设计尝试，丰田2000GT证明了日本的汽车制造业已经达到世界先进水平，生产的产品能够与最先进的汽车竞争。只是非常遗憾，并没有多少人能够有机会在第一时间欣赏这么出众的一款跑车。

演化
丰田2000GT的设计基于由阿尔布莱西特·格尔茨爵士（Albrecht Goertz）操刀的较早车型基础之上，正是这位天才创造了宝马507（参见第62页至第65页）和达特桑240Z。尼桑抛弃了这一设计后，丰田却将其购买，并将之演化为2000GT。

快拨变速杆
带有木制挡把手的快拨变速杆。

内饰
2000GT温暖而舒适的驾驶室以胡桃木镶板的仪表盘为突出特征，还有运动方向盘、快拨变速杆、贴身合体的座椅，以及很深的搁脚空间。八声道的立体声在当时非常时髦。

丰田 2000GT

刹车
四轮都采用了盘式刹车系统。

车灯
高科技含量的翻灯技术与固定车灯相结合,塑造了非常漂亮、极不寻常的前部外观。

发动机罩外观
车身右侧面板下隐藏着GT的电池,而车身左侧面板下则隐藏着空气过滤器。这样的布局使得发动机罩能够保持足够低。带有3个化油器的六缸雅马哈发动机能够输出150马力。赛车版发动机则能够输出200马力。

规格

车型:丰田 2000GT(1966—1970)
产量:337
车身风格:双门硬顶跑车
构造:钢质车身、骨干式底盘
发动机:雅马哈(YAMAHA)直列六缸双顶置凸轮轴(DOHC),1.9升
输出功率:150bhp at 6600rpm
变速箱:五速手动变速箱
悬挂:四轮叉臂螺旋弹簧独立悬挂系统
刹车:四轮液压盘式刹车
最高速度:206km/h(128mph)
0—60MPH(0—96km/h):10.5秒
0—100MPH(0—161km/h):24秒
A. F. C:11km/l(31mpg)

凯旋 TR2

如果评选一部最能代表英国斗牛犬精神的运动车,那非凯旋TR2(Triumph TR2)莫属。凯旋TR2的风格英国得不能再英国,诞生于属于英国运动车的那个黄金年代,但是它的目标市场确是大有赚头的美国市场。在1952年在伦敦举行的伯爵宫汽车展览(Earl's Court Motor Show)中,奥斯汀-希利(Austin-Healey)赢得了最高频率的关注,但是凯旋运动车在这次展览中初次登场中,也颇受好评。制造一款昂贵的运动车,对于在此类车的市场份额中并没有记录的公司来说,的确是一次勇敢的尝试。它那敦实的后部,可不是照着油画来描的。从操控的角度来说,主要测试人员肯·理查德森(Ken Richardson)形容驾驶它为"嗜血的谋杀"。凯旋TR2当然不具备传统意义上的美,但是直上直下的前脸在削减成本预算的运动车竞技场上可是个中强手,而且奠定了运动车的粗壮外形传统。

不同寻常的风格

瓦尔特·贝尔格罗夫(Walter Belgrove)对本车的设计,和他在早期创造的锐利的凯旋威望(Triumph Renown)和五月花(Mayflower)沙龙车截然不同。即使称不上美丽,TR2结实的外观、端庄的风采也非常吸引人。

车篷
TR2配备了可折叠软顶车篷,其后的TR3配备了可拆卸的硬顶可选项。

赛车孔
车窗沿儿上的小孔是为了安装赛用汽车玻璃。

轮圈选择
首批TR2全部标配压制钢盘式轮圈,但是大多数买家都更喜欢更换成超密齿轮圈。

凯旋 TR2

俯视图
车门很低,意味着你可以直接从车门上面跨过去。直到1957年的TR3A才配备了外部车门扶手。

底盘
TR2的底盘因其紧凑的结构和优秀的路感而广受赞誉。

燃油加注口
超过10.6公里/升(30mpg),TR2的节油性让人印象深刻。

风挡玻璃
风挡玻璃稍有曲度,是为了防止汽车在高速运行时顺风倒塌,而这种情况的确曾经在装有平面无弧度的风挡玻璃的汽车上发生过。

运动车的胜利
TR2在1954年的RAC拉力赛上取得了第一名和第二名的好成绩。

新的尾部
全新设计的车尾部、全新底盘,加上其他改良之处,全新标准版TR2在1953年3月的日内瓦汽车展上艳压群芳。它的原型车尾实际上颇为短粗,量产的时候加上了一个开阔的行李箱。

规格

车型:凯旋TR2(1953—1955)
产量:8628
车身风格:双门两座敞篷跑车
构造:压制钢底盘,独立钢质车身
发动机:四缸顶置阀门1.9升,两个SU化油器
输出功率:90bhp at 4800rpm
变速箱:四速手动变速箱,带有雷考克超速挡选项,开始时只在最高挡位,后来前三高的挡位都带有超速挡选项(1955年)
悬挂:前轮叉臂螺旋弹簧悬挂系统;后轮半椭圆形刚性轴叶片弹簧悬挂系统
刹车:四轮洛克希德(Lockheed)液压鼓式刹车
最高速度:169km/h(105mph)
0—60MPH(0—96km/h):12秒
A. F. C:10.6+km/l(30+mpg)

前部外观

嵌入式前格栅使汽车看上去有些怪,但是较低的车前部使这部车的最高时速能达到169公里/小时(105mph)。TR2在装饰方面可谓简朴,你甚至都找不到车门把手。

车轴

与奥斯汀-希利(Austin-Healey)一样,TR的底盘位于后轴之下。

量产车设计

压制钢底盘的设计中并无革新之处,只是在原来的底盘上加上了一个X形的支架。

内饰

短变速杆设计和遍布的仪表使TR具备了非常强烈的运动感,方向盘非常大,低车门设计为驾驶员把手搭在外面的炫酷姿势提供了方便。

凯旋 *TR6*

大部分凯旋的车迷都认为,凯旋TR6(Triumph TR6)才是凯旋汽车神话的终结。凯旋TR6是这一系列最后的辉煌,其后的凯旋TR7则背叛了凯旋汽车光荣的传统。在20世纪60年代,TR系列正值辉煌,TR6保持继续向上的势头,卖掉了所有早些时候的存货而且一度脱销。TR6是对早期的TR2的发展和改进,TR6的车身是从TR4/5发展而来,动力系统则取自TR5。TR6具有干练的风格,凌厉而漂亮的外形,搭载来自TR5的2.5升六缸发动机,在早期的燃油喷射技术的推动下,能够给驾驶者带来飞驰的152马力的动力。这些正是TR系列的特点,然而有些批评的声音表示,如同大尺寸希利汽车(Healey)一样,它的动力大大超出了它的平衡能力。但是正因为如此,驾驶它才更有乐趣。

卡曼风格
TR4、TR5与后来的TR6存在着巨大差别。由于卡曼(Karmann)重新进行了设计,TR6相比而言更加犀利,线条更加干净简洁,不仅看上去更现代,行李箱的空间也更大。尾相对更短,这是出于空气动力学的考虑。

车篷选择
你可以选配一片式的硬顶车篷,它比起早期的两片式实用得多。

美国的销量
尽管由于排放规定不得不进行部分更改,TR6还是在美国热销了7.8万部。

宽车轮
TR6的特点为宽轮宽胎,汽车前部配备了防倾杆。

凯旋 TR6

驾驶室空间
TR6的车内空间比之前的TR系列要宽敞得多，舒适的座椅保证了驾驶位置的舒适。巨大、敞开的车门使进入汽车非常容易，这一对比让人想起早期TR2和TR3的窄小车门。

线条顺滑的TR6
实际上，TR6取消了TR5发动机罩上的巨大凸起和带着兜帽一般的前车灯设计。

动力降低
从1973年开始，改进的燃油喷射装置和重新调校的凸轮轴使汽车的动力降低了。美规版的化油器反应不太灵活，并且油耗较大。

最畅销车型

TR6外形靓丽,产品生命线长,是TR系列中卖得最火的一款车。1975年2月,TR6在英国市场基本停止了销售,但是在美国市场却一直热销到1976年7月。虽然美国销售的车型速度可能比英国车型要慢些(19公里/小时,12mph),但是TR6在美国的销量却是英国的10倍。

发动机

第一代发动机,如同在这部1972年的TR6上看到的一样,能产生152马力,但是迫于公众对汽车要求更"斯文些"的压力,1973年推出了125马力版本。进入美国的车型则不得不降到刚过100马力的水平,而且没有燃油喷射装置。

方向盘

1973年,汽车许多地方发生了变化,包括变小的方向盘尺寸。

内饰

内饰依然传统,但是比早期的TR系列更精致了。木制仪表盘、巨大的仪表和速拨换挡把手,TR6的内饰风格真是运动。

凯旋 TR6

合并
TR6首次发布于1968年英国利兰公司（Leyland）与BMC合并之后不久。凯旋的发动机来自于利兰公司，所以利兰的标志就出现在TR6的车身侧面。

发动机声音
双出排气设计仍然是TR6的一大诱惑。

更长的车尾
TR6的方形车尾比早期TR系列都要长。尽管如此，行李箱里也只够放下一套高尔夫球杆和一只过夜的背包而已。

规格

车型：凯旋 TR6（1969—1976）
产量：94 619
车身风格：双门两座敞篷跑车
构造：梯形底盘，整体钢质车身
发动机：线列六缸发动机，2.5升，燃油喷射装置（美国车型则采用化油器）
输出功率：152bhp at 5500rpm（1969—1973），125bhp at 5250rpm（1973—1975），104bhp at 4500rpm（美国）
变速箱：四速手动变速箱，在第三和最高挡位带有超速挡选项
悬挂：四轮螺旋弹簧独立悬挂系统，前部叉臂，后部多连杆
刹车：前轮盘式刹车，后轮鼓式刹车
最高速度：191km/h（119mph, 150bhp），172km/h（107mph，美国）
0—60MPH（0—96km/h）：8.2秒（150bhp），9.0秒（125bhp），10.6秒（104bhp）
0—100MPH（0—161km/h）：29秒
A. F. C：8.8km/l（25mpg）

塔克 托培多（鱼雷）

"二战"后，再没有一部车如同普雷斯顿·塔克（Preston Tucker）于1948年推出的未来感十足的托培多（鱼雷）（Torpedo）那样先进和引人注目。四轮独立悬挂系统、后置贝尔（Bell）直升机发动机、防弹安全风挡玻璃、防皱座椅，这些装备和技术领先时代至少20年。托培多的广告语这样鼓吹这部车："当你驾驶着1948年塔克托培多时，你就必定踏入了一个新的汽车时代！"这句允诺劝服了大约30万消费者订购此车，但是这些消费者的梦想却没能得到实现。由于发动机和变速器均发生问题，加上严重的资金流危机，导致只有51辆托培多下线，离开位于芝加哥的工厂。更糟糕的是，塔克和他的5个合作伙伴被安全交易委员会（Securities Exchange Commission）以欺诈罪告上法庭。而无罪的宣判来得太迟，没能把这款美国最特异的汽车从颜面尽失的惨剧中挽救出来。

车身很低

堪称是美国公路上飞奔得最快的一款车，塔克汽车的车身很低，占尽了空气动力学的便宜。车身从中间向头尾两边逐渐变细，这是为了减少行驶时的升力，风阻系数只有0.30。塔克托培多的最高时速是193公里/小时（120mph），油耗能达到令人惊讶的10.6公里/升（30mpg）。

坐垫

汽车的前后坐垫都可以互相调换，以均衡磨损。

谨慎的布局

创新的发动机设计在后排乘客座椅底下，以减少噪声、发动机产生的热气和味道。

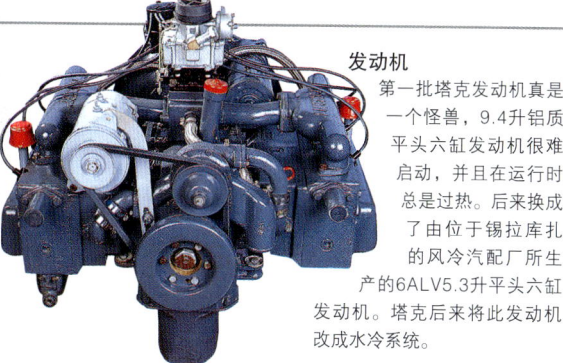

发动机
第一批塔克发动机真是一个怪兽,9.4升铝质平头六缸发动机很难启动,并且在运行时总是过热。后来换成了由位于锡拉库扎的风冷汽配厂所生产的6ALV5.3升平头六缸发动机。塔克后来将此发动机改成水冷系统。

内饰设计
内饰由奥黛丽·摩尔(Audrey Moore)设计,她曾与雷蒙德·罗维(Raymond Loewy)在斯德贝克共过事。

行李箱空间
因为车前部没有发动机,所以行李箱的空间巨大。

车鼻设计
光滑的前部设计用以行驶时降低风阻。

规格	
车型:	塔克 托培多(鱼雷)(1948)
产量:	51
车身风格:	四门三厢轿车
构造:	钢质车身和底盘
发动机:	5.3升,平头式六缸发动机
输出功率:	166bhp
变速箱:	三速塔克自动式自动变速箱,四速手动变速箱
悬挂:	四轮独立悬挂系统
刹车:	四轮鼓式刹车
最高速度:	193km/h(120mph)
0—60MPH(0—96km/h):	10.1秒
A. F. C:	10.6km/l(30mpg)

即时大热

车迷们爱死了塔克汽车,不仅因为它舒适、马力强劲、安全,还由于它的设计风格与战前的普通轿车完全不同。车型设计在60天内就完成了,有5000多人参加了首发仪式。

通风口
发动机工作时产生大量热量,通风口可以帮助散热。

宽车轮

当时,塔克托培多称得上是建造在4个轮子上最与众不同的完美汽车。它的轮圈是当时所有汽车中最宽的,而且配有四轮独立悬挂系统,橡胶扭力元件与伊斯哥尼斯(Issigonis)的迷你(Mini,参见第44页至第47页)类似。

后车灯
后车灯,如同塔克的其他部分一样,也是代工产品,是由战前的道奇公司设计提供的。

发动机
发动机安装在后轮两个独立弹簧悬挂之间。

塔克 托培多（鱼雷） 487

独眼头灯
独特的独眼头灯能够随动转向。

塔克标志
方向盘上的标志并不突出，这是出于安全考虑，并以塔克专属的鸟羽标志装饰。

内饰
坊间流传，汽车城底特律的一些汽车商们意图销毁塔克，但是塔克托培多的方向盘来自林肯泽福（Lincoln Zephyr），是福特公司免费提供的，意在表示支持。虽然内饰设计意在保证安全性，但是塔克的销售团队还是认为它过于简朴了。

保险杠
斯蒂尔霍思保险杠让这部车万众瞩目。

独特而令人兴奋

塔克托培多的前部与其他美国汽车都大不相同，圆形车头灯罩内部的车灯能够随动转向，前部面板曲线顺畅，优雅地与前保险杠和前格栅融为一体。塔克由前奥本-科德-杜森博格（Auburn-Cord-Duesenberg）设计师阿莱克斯·特穆勒斯（Alex Tremulis）设计，车身非常低，只到一个成年男子的肩膀处。

大众 甲壳虫 卡曼

一旦谈起早期甲壳虫（Beetle）由两块玻璃组成的后车窗，或者从1953年至1957年的甲壳虫汽车标配椭圆形车窗等早期甲壳虫专属问题，那些甲壳虫的纯粹主义者都会热情高涨、充满爱意。甲壳虫卡曼经过一系列让人眼花缭乱的进化，一直保持卓尔不群的地位。顶篷可以缓缓开合的甲壳虫卡曼不只令人愉悦，更让人显得潇洒时髦。这是一部没有阶级的汽车，它不仅驰骋在德国的公路上，在美国好莱坞比弗利山庄的林荫大道上，而且也出现在法国的戛纳、英国的国王路上。甲壳虫卡曼的车篷可折起，它完美展现了甲壳虫的精神——启动快、能够高速运行、性能超强的发动机以及不断进化的优秀操控性。奇怪的是，这部毫无压迫感的甲壳虫一度以希特勒青年团的口号"欢乐的力量"作为品牌口号。如今的欢乐汽车以实力向数以百万计的车迷传达了喜悦和欢乐，成为无可争议的国民的汽车。

双座敞篷轿车计划

在卡曼削掉这只"虫子"的顶盖之前，就曾经有过在甲壳虫的基础上制造一款双门敞篷跑车的尝试。专门从事汽车车身的设计和制造的汉姆勒公司（Joseph Hebmüller & Sons）就曾经制造过一款很短命的汉姆勒版（Hebmüller）的双门敞篷跑车。但是由于厂房着火摧毁了这个项目，仅生产了696部。

冲浪汽车
敞篷汽车是冲浪文化的象征，比如这部登记于加利福尼亚州的敞篷汽车便是如此。

刹车
1966年开始采用前轮盘式刹车系统。

大众 甲壳虫 卡曼

内饰
甲壳虫内部装饰依然简朴,仪表盘上只有一个仪表,在这款车型里,时速表和燃油表合二为一了。软包仪表盘取代了原来的金属仪表盘。

规格

车型: 大众 甲壳虫 卡曼 软顶敞篷版(1972—1980)
产量: 331 847(从1949年至1980年)
车身风格: 双门四座敞篷轿车
构造: 钢质车身、独立底盘/车身
发动机: 后置发动机、风冷卧式四缸发动机,1.5升
输出功率: 50bhp at 4000rpm
变速箱: 手动四速变速箱
悬挂: 前轮麦弗逊独立悬挂系统,后轮双扭力杆弹簧、拖曳臂独立悬挂系统
刹车: 前轮盘式刹车、后轮鼓式刹车
最高速度: 133km/h
0—60MPH(0—96km/h): 18秒
A. F. C: 8.5—10.6km/l

发动机排量增加
甲壳虫的发动机排量从1.1升增加到1.5升,不愧为强劲的、极易拉升转速的发动机(rev-happy)。

KARMANN

卡曼汽车制造

和甲壳虫敞篷版一样,卡曼公司还制造了一款以甲壳虫为基础的双门两座跑车,并将之命名为大众卡曼-吉亚 Type 1(Type 1 VW Karmann-Ghia)。

后车灯

后来的设计变换很多,比如这个犹如大象脚印一般的车灯组,都是在美国法律的规定下制造出来的。

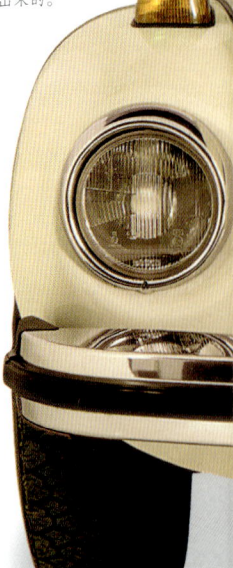

新鲜空气

当卡曼的车篷闭合时,驾驶舱显得有点幽闭。但是它仍然是永不过时的四座顶级汽车。不过,驾驶者的后部视野并不如早些时候分开的后车窗玻璃以及椭圆形的车窗那么好。

发动机

要感谢甲壳虫独特的风冷式水平对置四缸发动机,它发出的嗡嗡声使你在公路上还没看到它的身影就能感知它的到来。

单车型政策

大众公司早年采用的单车型政策取得了空前胜利,导致甲壳虫的销量一路飙升,直到1967年菲亚特公司接替大众公司成为欧洲最大的汽车制造商。直到1974后,大众的高尔夫(Golf)和波罗(Polo)才挽回了公司的声誉。

风挡玻璃
1972年，弧形全景式风挡玻璃取代了从前的平面风挡玻璃。

转向灯
开始的一批车的转向灯采用信号灯设计，后来的车型采用的（较小的）转向指示器则是安装在侧翼上。

大众 高尔夫 GTi

每隔10年左右就会出现一部伟大的汽车。在20世纪70年代,这一荣誉属于高尔夫(Golf)。如同在它之前的甲壳虫一样,高尔夫的设计意图在全球市场打开销路。当甲壳虫华丽变身为最完美的满足消费者需求的汽车后,高尔夫也延续这一发展思路。不过,至于后来"大热"的高尔夫 GTi车型,其实并非大众原有的计划。全因一群热情高涨的大众汽车工程师通宵达旦、不分周末疯狂工作,才缔造出给大众领导层深刻触动的高性能高尔夫汽车,使得GTi于1975年5月成为大众公司的正式项目。虽然当时GTi还非常年轻,但是它却和法拉利一样经典。后来大量伪GTi的出现更让高尔夫 GTi威名远扬。而且对于大众买家而言,这是一个能够负担得起的完美作品,性价比非常高,集优秀的性能、操控和安全性于一身。很少有汽车像高尔夫 GTi这样深刻地洞察中产人士心态,更少有汽车能如此超前地提供给买家这样优秀的驾驶感觉。

GTi升级
GTi的悬挂系统比普通的高尔夫车型要更低更硬朗,轮圈和轮胎的尺寸也更大。前轮制动采用通风盘式刹车系统,但是后轮依然采用鼓式刹车系统则是一个错误——早期的高尔夫刹车系统没那么容易让车停下来。

掀背车
MkI高尔夫是20世纪70年代第一批"装有上开式后车门"的高尔夫。

合金材质
广受喜爱的BBS出品的交叉齿辐合金轮圈既可以在出厂时装配好,也可以在买家购车后再安装。

大众 高尔夫 GTi 493

简单的前部外观
原厂规格的高尔夫GTi的前部外观很节制,仅有一个GTi的标牌和细细的红色方框环绕着前格栅。

规格

车型:大众 高尔夫 GTi(1976—1983)
产量:40万
车身风格:三门五座掀背运动车
构造:钢质一体车身
发动机:四活塞1.5升/1.7升
输出功率:110—112bhp at 6100 rpm
变速箱:四速或者五速手动变速箱
悬挂:前轮独立悬挂系统,后轮拖拽臂半独立悬挂系统
刹车:前轮盘式刹车,后轮鼓式刹车
最高速度:179km/h(111mph)
0—60MPH(0—96km/h):8.7秒
0—100MPH(0—161km/h):18.2秒
A. F. C:10.3km/l(29mpg)

发动机
能够跑24万公里,1.5升的四缸发动机通过博世K-Jetronic燃油喷射技术进行"呼吸"。

沃尔沃 *P1800*

从来没有一部沃尔沃（Volvo）汽车能够像P1800这样打破常规、不同以往。向来以冷静著称的瑞典人，在制造稳重轿车方面享誉全球，这次却任由想象力驰骋，梦幻了一次。作为一款运动跑车，P1800的每一条充满美感的曲线和斜线都展示着运动车的无限魅力。但是在更加犀利的外形下，大部分是沃尔沃亚马逊的机械构造。因此P1800并不是一部普通的车，而是一部几乎胜过MGB的车，但仅局限于直线速度上。P1800的另一个竞争者是E形捷豹，它与P1800同在1961年发布并且售价非常接近。但是P1800与E型捷豹的相似之处也就仅此而已。P1800的确风格非凡，而且具有纯正的沃尔沃特质——力量、耐久度和可靠。这使得它在运动车领域中的确非常罕见，可算是非常实用的一款运动跑车。

设计功劳
沃尔沃官方将P1800的设计得奖归功于意大利的费鲁瓦（Frua），事实上，这一设计的执笔者是瑞典人皮莱·皮特森（Pelle Petterson），那时他还只是吉亚（Ghia）汽车公司的一个培训生。在最终完成的设计中，我们可以清楚地看到意大利风格的影响。

杰森的签名
像这样的早期P1800都是由杰森公司（Jensen）在英国制造的。

后备箱空间
正如你所希望的那样，这部跑车装配了一个体面的后备箱。

沃尔沃 P1800

规格

车型：沃尔沃 P1800（1961—1973）
产量：47 707（所有车型）
车身风格：双门2+2硬顶跑车
构造：整体钢质车身及底盘
发动机：1.7升直列四缸顶置阀门发动机。1968年至1973年的型号中为1.9升直列四缸发动机
输出功率：100bhp at 5500 rpm（P1800），124bhp at 6000 rpm（P1800E P1800ES）
变速箱：四速手动、带超速挡的自动变速箱
悬挂：前轮叉臂螺旋弹簧独立悬挂系统；后轮：非独立的刚性轴、螺旋弹簧、潘哈德杆组成的悬挂系统
刹车：前轮盘式刹车、后轮鼓式刹车
最高速度：185km/h（P1800E/ES）
0—96km/h用时：9.7—13.2秒
0—161km/h用时：31.4—53秒
A. F. C：710km/l（20—25mpg）

发动机
早期的P1800配有1.7升四缸发动机和两个SU化油器，稍后推出了1.9升发动机，最后还采用了电子燃油喷射技术。这些配备和技术都非常可靠，发动机的性能表现非常积极。

安全措施
P1800都配备了软包的仪表盘和沃尔沃自己设计的安全带。

变速箱
超强韧性的变速箱有着绝佳的齿轮同步啮合传动装置。

轮圈
从轮圈上"假"辐条的装饰罩可以看出这部车是一款早期的P1800。

威利斯 吉普 MB

正如一位战地记者所说,"威利斯吉普 MB(Willys Jeep MB)像狗一样忠诚,像骡子一样结实,像野山羊一样机敏"。威利斯吉普可算是汽车面世以来公众最熟悉的吉普车了。就连艾森豪威尔将军都曾令人印象深刻地说过:"搭载着我们在'二战'的欧洲战场上取得胜利的有三样交通工具,那就是达科塔(Dakota,指道格拉斯C-47空中火车)、登陆艇和吉普车。"1940年,美国国防部发布了关于战时军队用车规格的严苛规定。除了规格要求严格,还必须在49天内交货。很多公司面对这看起来不可能完成的任务都打了退堂鼓,断然拒绝参与设计。结果,最后中标并投入生产的设计是福特、班潭(Bantam)和威利斯-奥佛兰(越野)三者理念和性能的完美结合,也让威利斯吉普从此青史留名。这款车的功能更胜于外形,这是实用主义的伟大胜利。吉普车不仅赢得了战争,更在"二战"后引领了四驱越野车的风潮,至今仍然站在时尚的最前沿。同时,威利斯吉普毫无疑问是至今为止我们所知最早的4×4。

动力
强韧的L型发动机能达到60马力。

安全带
车门会增加车的重量,所以采用侧面的安全带代替车门以保护司机的安全。

怪异的驾驶姿势
离合器很高,驾驶者放腿脚的搁脚空间很窄,座椅无法移动,迫使驾驶者开车的时候不得不张开两腿,分开膝盖。

底盘
箱形底盘非常结实,同时具备非常好的柔变能力,让汽车更加适应特殊路况。

威利斯 吉普 MB

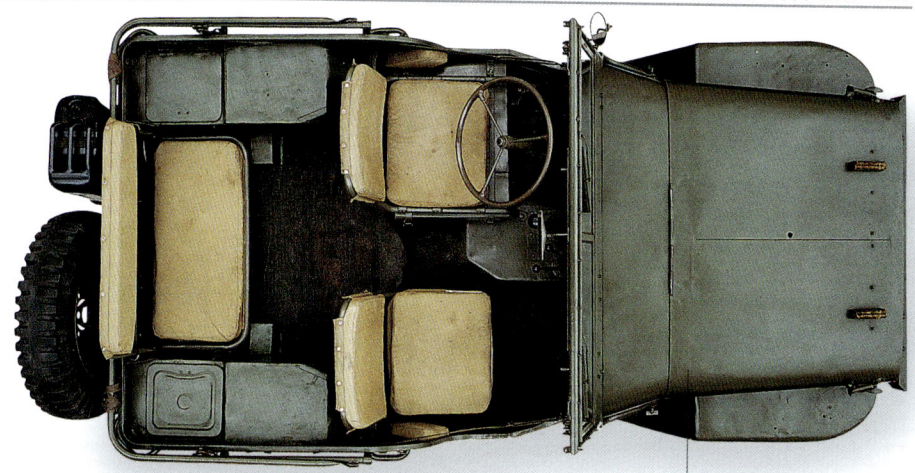

悬挂
叶片弹簧和液压减震筒会为驾驶员带来令人惊奇的驾驶感。

暴露在外的管柱
驾驶者的安全性并不是吉普车重视的问题,很多美国大兵甚至在低速碰撞下,都会被方向盘管柱刺穿身体而死。

吃油
吉普车固然有很多优秀的性能,但是它吃油的胃口可是大得很。

预期寿命
吉普车很好地解决了战争中的运输和转移问题,但是一部车的平均寿命还不到一周!

吉普车的名字
吉普车最早被称为"多用途汽车",后来又被称为MA,最后被定为MB,但是没人知道它为什么叫做吉普。有人说是General Purpose的异写,还有人认为吉普这个名字来自于1936年风行的《大力水手波派》的卡通漫画中的"尤金吉普(Eugene the Jeep)"。

规格

车型:威利斯 吉普 MB(1943)
产量:58.6万("二战"期间)
车身风格:开放型多功能吉普车
构造:钢车身及底盘
发动机:2.1升直列四缸发动机
输出功率:60bhp
变速箱:三速手动变速箱、四轮驱动
悬挂:四轮叶片弹簧悬挂系统
刹车:四轮鼓式刹车
最高速度:105km/h
0—60 MPH(0—96km/h):22秒
A. F. C:5.7km/l(16mpg)

散热器的变化
早期的吉普车使用板条式的发动机散热器前格栅设计,后来则换成冲压钢板的格栅,如图所示。整车轮廓显得很低,但是实际离地距离还很高,能够保证吉普车安全通过深达53厘米的河溪。防风雨设备被保留。

发动机
动力来自福特直列四缸发动机,它能带动吉普达到105公里/小时的时速。事实上,这超出了当时美军的驾驶规定速度。

风扇离合器
风扇离合器使吉普涉水穿越小溪和河流的时候,能够轻松快速地降低风扇转速,防止河水卷入发动机舱。

变速箱
华纳(Warner)出品的三速手动变速箱,驾驶者可以在高低不同的比率上选择两轮或四轮驱动。

前部外观
吉普的发动机罩的安全性依靠快速松脱的销栓来保证。上面的销栓可以用来固定下翻式挡风玻璃(当玻璃翻下来的时候)。光秃秃的两翼和巨大的全地形轮胎看上去很简陋,不过性能强悍。同时,吉普也因为尼桑(Nissan)、铃木(Isuzu)、发现者(Discovery)、览胜(Range Rover)等多功能车的大量生产而更加出名。

威利斯 吉普 MB 499

雨刷器
吉普采用手动风挡玻璃雨刷器。

换挡把
第一批出产的吉普，即吉普MA，标配柱式换挡把。

附加
汽油桶、锹和长把斧头。

简朴的内部
只有将军才能在战争中过得舒服，但是吉普车可绝对不提供不必要的装置。最早的吉普甚至都没有在仪表盘下面配备手套箱。

前车灯
这种两用前车灯能够向后旋转，照亮发动机舱，这在夜间修理维护汽车非常有用。

共同努力
威利斯和福特的吉普车被应用在"二战"的各个战场上，这两个车型几乎完全一样。一直到1945年8月，战争结束时，两家公司共计生产了60万辆吉普车投入战争中。美国军队直到20世纪60年代还一直在使用吉普车。

作者：昆汀·威尔逊，殿堂级汽车专家，更因在全球闻名的电视节目《汽车测试报告》(Top Gear)中担任主持人，而为数以亿计的车迷所熟悉。在这本《经典酷车》中，昆汀·威尔逊精选了世界上最迷人、最炙热的经典酷车，对每部车的每个细节都进行了详细的描述和评析，并以其丰富的专业知识和极具魅力的讲述，呈现出经典时代的一切。

译者：方鲁凝（Edward Fang），毕业于澳大利亚格里菲斯大学，曾任英国《Car》杂志中文版编辑，汽车专家。现定居加拿大，从事汽车测评及改装工作。

"试驾"最重要的汽车指南

本书精挑细选了近140部世界上最经典的汽车，解析深刻，并配有其鼎盛时期的全彩图片，完全还原了汽车的每个角度和细节。每部车都从多个视角进行拍摄，包括内饰以及发动机的近景特写。爱车的您，必定能在其中发现梦想之车——从非常美斯的AC 艾斯，布里斯托尔和以"玻璃纤维奇迹"闻名的雪佛兰克尔维特，到另类而五颜六色的兰博基尼缪拉和永不过时的MG B。还记得MG B那独具特色的广告语吗？——"你的妈妈绝不会喜欢它！"

狂热爱车分子的数据盛宴

每部经典酷车都配备了综合而富于深度的历史背景介绍、技术分析以及性能数据。无论您是开车的人，还是想要成为开车的人，昆汀·威尔逊的《经典酷车》都是一本非常重要且极具娱乐性的阅读选择。对于每一位热爱经典酷车的人来说，本书都是值得收藏的大师之作。

致谢及图片来源

DK 公司感谢以下人员及图片提供者：

Nicky Lampon for additional editorial assistance; Georgina Lowin for picture research; Acorn Studios PLC; Action Vehicles of Shepperton Film Studios; Sarah Ashun; Dave Babcock; Philip Blythe for supplying number plates; Bob and Ricky from D.J. Motors; Andy Brown; Geoff Browne at Classic Car Weekly; Phillip Bush at Readers Digest, Australia for supervising the supply of the Holden; Paul Charlton; Terry Clarke; Classic American magazine; Cobra Studios, Manchester; Coulsdon Mark; Cricket; Barry Cunlisse of the AAC (NW); Al Deane; Michael Farrington; Derek Fisher; Jenny Glanville and Kirstie Ashton Bell at Plough Studios; Rosie Good of the TR Owners Club; Andy Greenfield of the Classic Corvette Club (UK); Peter Grist of the Chrysler Corp. Club (UK); William (Bill) Greenwood of the Cadillac Owners Club of Great Britain; Rockin' Roy Hunt; Kilian and Alistair Konig of Konig Car Transport for vehicle transportation and invaluable help in sourcing cars; Dave King; Bill McGarth; Ken McMahon at Pelican Graphics; Bill Medcalf; Ben, Dan, and Rob Milton; Geoff Mitchell; Mr DeVoe Moore, Jeff Moyes of AFN Ltd; Colin Murphy; Terry Newbury; Colin Nolson; Garry Ombler; John Orsler; Paul Osborn; Ben Pardon; Tony Paton; Derek Pearson; Pooks motor bookshop and Cars and Stripes for original advertising material and brochures; Tony Powell at Powell Performance Cars; Antony Pozner at Hendon Way Motors for helpful advice and supply of nine cars; Kevin O'Rourke of Moto-technique; Dave Rushby; Peter Rutt; Ian Shipp; David and Christine Smith; Ian Smith; George Solomonides for help with sourcing images; John Stark; Richard Stephenson; Steve at Trident Recovery; Straight Eight Ltd; Ashley Straw; Dave and Rita Sword of the AAC; Tallahasee Car Museum, Tallahasee, Florida; Gary Townsend; Marc Tulpin (Belgian representative of the AAC); John Weeks of Europlate for number plate assistance; Rob Wells; and Margaret McCormack for compiling the index.

Dorling Kindersley would like to thank the following for allowing their cars to be photographed:
Page 12 courtesy of Anthony Morpeth; p. 16 A.J. Pozner (Hendon Way Motors); p. 20 Louis Davidson; p. 24 Richard Norris; p. 28 Valerie Pratt; p. 32 Brian Smail; p. 36 Desmond J Smail; p. 40 David and Jon Maughan; p. 44 Tom Turkington (Hendon Way Motors); p. 48 restored and owned by Julian Aubanel; p. 52 courtesy of Austin-Healey Associates Ltd, Beech Cottage, North Looe, Reigate Road, Ewell, Surrey, KT17 3DH; p. 56 courtesy of Mr. Willem van Aalst; p. 60 A.J. Pozner (Hendon Way Motors); p. 66 Terence P.J. Halliday; p. 70 L & C BMW Tunbridge Wells; p. 74 The Rt. Hon. Greg Knight; p. 78 "57th Heaven" Steve West's 1957 Buick Roadmaster; p. 82 Geoff Cook; p. 86 Tony Powell of Powell Performance Cars; p. 90 Tony Powell; p. 94 Liam Kavanagh; p. 98 Stewart Homan, Dream Cars; p. 102 Gary Darby, American 50's Car Hire; p. 106 Tim Buller; p. 110 William (Bill) Greenwood (COC of GB); p. 114 Alfie Orkin; p. 118 Dream Cars; p. 122 Mike and Margaret Collins; p. 474 Lord Raynham of Norfolk; p. 476 E.A.W. Holden; p. 480 Brian Burgess; p. 484 Mr. DeVoe Moore, Tallahassee Car Museum, Tallahassee, Florida; p. 488 Nick Hughes & Tim Smith; p. 492 Roy E. Craig; p. 494 Kevin Price, Volvo Enthusiasts' Club; p. 496 Peter Barber-Lomax.

t= top b= bottom c= centre
l= left r= right a= above

COMMISSIONED PHOTOGRAPHY
Most pictures in this book are by *Matthew Ward*, with a significant contribution by *Andy Crawford*.
Additional pictures are by:
Nick Goodall: pp. 19t, 366br, 479tr
Clive Kane: pp. 288–91
Dave King (US): pp. 148–49, 314–17, 484–87
AGENCY PHOTOGRAPHS

Aerospace Publishing Ltd: 62tl, 62–63bc, 63tl, 64cl, 64bl, 65br, 65–64tcr, 208tl, 208bc, 209tl, 210tc, 210clb, 211tc, 210–11b, 228bc, 229tc, 230tl, 230bl, 231tc, 231bl, 236tl, 236c, 236bc, 246tl, 246c, 246bc, 302tl, 302bc, 303tc, 304tl, 304–05bl, 305tcc, 305bcc, 324–25b, 325tc, 326tl, 326cb, 327tr, 327b, 474bl, 474–75bc, 475tc.
Peter Newark's Pictures: 277tr.
Poole Collection: 19tc.
Reader's Digest: 288tl, 288bc, 289tc, 289bc, 290tl, 290c, 290bl, 291br.